价值为纲

投资体系构建要点及案例分析

闫 磊 ◎ 著

中国铁道出版社有限公司
CHINA RAILWAY PUBLISHING HOUSE CO., LTD.

图书在版编目（CIP）数据

价值为纲：投资体系构建要点及案例分析 / 闫磊著．—北京：中国铁道出版社有限公司，2023.12
ISBN 978-7-113-30545-1

Ⅰ.①价⋯　Ⅱ.①闫⋯　Ⅲ.①投资–研究　Ⅳ.① F830.59

中国国家版本馆 CIP 数据核字（2023）第 170878 号

书　　名：价值为纲——投资体系构建要点及案例分析
　　　　　JIAZHI WEI GANG: TOUZI TIXI GOUJIAN YAODIAN JI ANLI FENXI

作　　者：闫　磊

责任编辑：张亚慧	编辑部电话：（010）51873035	电子邮箱：lampard@vip.163.com
封面设计：宿　萌		
责任校对：刘　畅		
责任印制：赵星辰		

出版发行：中国铁道出版社有限公司（100054，北京市西城区右安门西街 8 号）
印　　刷：河北宝昌佳彩印刷有限公司
版　　次：2023 年 12 月第 1 版　2023 年 12 月第 1 次印刷
开　　本：710 mm×1 000 mm　1/16　印张：14.75　字数：240 千
书　　号：ISBN 978-7-113-30545-1
定　　价：79.00 元

版权所有　侵权必究

凡购买铁道版图书，如有印制质量问题，请与本社读者服务部联系调换。电话：（010）51873174
打击盗版举报电话：（010）63549461

前　言

这本书的形成是一个必然，也是一次偶然。

自 2009 年开始，到 2023 年，我在投资这条路上已经走过十余载，一路走来，我主要从名家名著和巴菲特、芒格的只言片语中汲取养分。平心而论，我的心目中始终缺少一本能系统地把价值投资的方方面面诠释清楚、形成体系的巨著。在投资领域中，学院派和实战派的长期对立造成了市场人士普遍认同的著作极度匮乏。写书和搞学术本是学院派教授的工作和强项，但他们写出来的东西，市场人士往往都不认可。而市场人士越是成功，普遍越是惜字如金，他们不需要靠写书这种费心、费力的行为来证明自己，典型的如巴菲特、芒格。即便为了扬名立万而出了书的大家，由于缺乏学术氛围，著作的整体质量有限。偶尔有像费雪、彼得·林奇等所写得到普遍认可的好书，离巨著的水平还是相去甚远。至今，我个人认为投资界能称得上的巨著的也只有格雷厄姆的《证券分析》和《聪明的投资者》两本书。我想这里面很重要的原因还在于格雷厄姆本身是哥伦比亚大学的教授。

我的成长之路是磕磕绊绊、充满荆棘的。在我十余年的学习和实践过程中，道路越是曲折，我才越深知遇到过哪些困惑，是如何领悟和解决的，深知需要哪些养分来滋养自己、哪些武器来武装自己。走过的弯路多了，当最终"修成正果"之后，在我的内心深处渐渐地萌发出写一本能将价值投资体系里的知识诠释清楚的著作的冲动。碍于水平有限，我又有自知之明，这个冲动一直还只是以念头的形式存在。

2020 年年初，我读了署名为静逸投资的作者写的《投资至简：从原点出发构建价值投资体系》一书，我自己写一本书的念头顿时烟消云散了。我认为，这本书就是一部巨著。静逸投资是一家私募机构，主理人实际上是两位优秀的才子。《投资至简：从原点出发构建价值投资体系》正是我踏破铁鞋，苦寻多年而不得的好书，它将价值投资的知识诠释得相当完整和透彻，而且非常纯粹。我一直想做的事情，优秀的前辈先于我做成了，我就没有必要再班门弄斧了。但是写书的念头一直保留在我的心里。

2021 年年底，出版社编辑诚挚相邀，我考虑再三，答应了写这本书。其实，我仍是有顾虑的。这本书五年之后再写，可能更合适。我的水平有限，能力圈有限，再积累五年，可能会有更深的感悟，写出来的内容会更加厚重。我最终应邀，是基于三个方面考虑的：

（1）《投资至简：从原点出发构建价值投资体系》整体上虽然全面、深刻，却还是有遗憾之处，我还是有补充和发挥的余地的；

（2）我曲折的成长经历是巨大的财富，这使我最清楚在学习和实践价值投资的过程中，瓶颈在哪里，困惑在哪里，以我的所经所历为视角，将我遇过的"坑"讲清楚，我想对广大有志在价值投资的道路上不断进阶的读者来说是非常有意义的；

（3）作为我十余年所学所历的阶段性总结。

这本书的结构借鉴了《投资至简：从原点出发构建价值投资体系》，整体上分为三大部分：第一部分是"价值投资的框架体系"，主要探讨价值投资的理论体系和股票市场规律；第二部分是"价值投资者的自我修养"，主要探讨对商业的理解和价值投资者应该拥有的素质和能力，并着重阐述了财务分析能力的应用；第三部分探讨估值艺术问题和实战案例分析。我从一个市场人士的视角，注重理论与实践的结合，因此，本书具有很强的实用性。另外，本书所选的六个案例都是我很有代表性的实战案例，从不同的侧重点与理论部分相互印证。同时，为了展示分析公司的立体感和客观性，我对六个案例进行了非常完整和详细的剖析，有理有据，尽量避免片面的逻辑和牵强的结论。

价值投资是一门艺术，艺术的事情在很多时候只可意会，不可言传，因此，写一本深刻理解价值投资的著作是有难度的，且难免带上一家之言的感情色彩。但我勇敢地进行了尝试，我认为这是一件很有意义的事情。虽然我个人水平有限，但态度绝对真诚，希望广大读者能有所收获，并诚恳期盼对书中所持观点进行讨论、批评和指正。

最后，我要感谢在价值投资的道路上给予我深远影响的四位导师：查理·芒格、彼得·林奇、吴伯庸和静逸投资。查理·芒格将我从投资的局限中拉出来，教给我踏踏实实地获得投资智慧；彼得·林奇教会我不拘一格的风格和拿得起、放得下的人生态度；吴伯庸先生教会我看待事物要用深层次的底层逻辑；静逸投资促使我的投资体系最终完善。谨以此书献给他们，同时也献给我亲爱的女儿，这可能是为父能够给予你的最有价值的东西了。

闫　磊

2023 年 7 月

目录

第一章　基于内在价值判断的投资 / 1

第二章　价值投资的框架体系 / 5
 一、格雷厄姆的"烟蒂"还有没有用 / 6
 二、以内在价值为核心 / 10
  1. 自由现金流 / 11
  2. 折现率就是"不确定系数" / 13
  3. 未来到底有多远 / 16
 三、由内在价值看投资的真面目 / 17
  1. 投资是面向未来的,过去的表现对于企业价值来说毫无意义 / 18
  2. 净利润与企业价值并无直接关系 / 18
  3. PE、PB与估值毫无关系,高PE不代表危险,低PE也不代表安全 / 18
  4. 成长性是优秀企业的前提 / 19
  5. 高增长的企业并不一定有高投资价值 / 19
  6. 是否分红、分红多少与企业的投资价值无直接关系 / 20
  7. 企业的投资价值与是否具有周期性也无必然关系 / 20
  8. 确定性就是价值 / 20
  9. 价值投资是一场需要中途下车的长跑,长期持有只是客观的结果,不是一种策略 / 21

四、能力圈的边界和安全边际 / 22
五、市场是用来利用的，请勿与其较劲 / 26
    1. 认识市场先生 / 26
    2. 认识自己 / 27
六、正确的风险观 / 28
    1. 波动不是风险 / 29
    2. 本金的永久性损失或长期回报不足 / 29
    3. 股权思维和回撤 / 30
    4. 风险、失败和运气 / 31
    5. 风险应对 / 32
七、分红有那么重要吗 / 33
八、买入远比卖出重要 / 35
九、买入与持有的"悖论" / 37

第三章 价值投资者的自我修养 / 39

一、价值投资者是全能选手 / 41
    1. 合格的价值投资者是知识渊博的 / 43
    2. 合格的价值投资者是谦和的 / 44
    3. 合格的价值投资者具有客观的能力 / 44
    4. 合格的价值投资者是淡泊名利的 / 45
    5. 合格的价值投资者是孤独的 / 46
二、理解和评价生意 / 47
    1. 商业模式决定生意的基因 / 47

2. 生意特性 / 56

3. 商业模式决定估值水平的底层逻辑 / 58

4. "隐形冠军"市场 / 61

5. 对周期的认识 / 63

三、企业的成长空间和天花板 / 69

1. 决定企业成长的"五要素" / 69

2. 持续的高增长是悖论 / 70

3. 可持续的稳健成长才是好成长 / 72

4. 慎言"天花板" / 73

四、竞争优势与护城河 / 75

1. 典型的自创护城河种类 / 77

2. 品牌护城河 / 79

五、企业管理和企业文化 / 83

1. 赛车与赛车手 / 84

2. 好赛车与赛道 / 85

3. 赛车手与后勤保障团队 / 86

4. 制度与企业文化 / 88

5. 笃行致远 / 89

6. 听其言，观其行 / 91

第四章 学会使用财务工具 / 93

一、财务的用法 / 95

1. 财务分析的作用是证否 / 95

  2. 脱离了商业模式和业务实质的财务分析都是

   无稽之谈 / 97

  3. 财务体系的重要思想及会计的局限性 / 101

二、从权益净利率出发 / 104

  1. 什么是权益净利率 / 104

  2. 为何从权益净利率的角度观察企业 / 105

三、资产负债表透视 / 106

  1. 根据商业实质，重新界定货币资金 / 107

  2. 深入考察往来项目 / 108

  3. 存货的真实价值 / 110

  4. 固定资产和在建工程的关注点 / 111

  5. 长期股权投资和商誉的来龙去脉 / 113

  6. 金融工具 / 118

  7. 被忽视的无形资产 / 120

  8. 递延所得税的由来 / 121

  9. 带息负债才是最要紧的债务 / 122

  10. 少数股东权益的由来 / 125

四、利润的形成——利润表的逻辑 / 127

  1. 利润的"虚幻"与"多变" / 128

  2. 盈利能力和资产运营能力 / 130

  3. 真实的资本回报 / 132

五、从净利润到现金流 / 136

  1. 净利润与现金流的差异 / 136

2. 通过现金流结构特征为企业"画像" / 139

   六、警惕财务造假 / 143

   　　1. 财务造假的动机 / 144

   　　2. 财务造假的手段 / 145

   　　3. 财务造假的线索 / 150

第五章　估值艺术 / 155

　　一、估值的艺术性 / 156

　　二、我的 PE 观 / 158

　　三、"未来自由现金流折现"的实践 / 160

第六章　一场关于认知的实践之旅 / 165

　　一、公司研究的检查清单 / 166

　　二、贵州茅台 / 168

　　　　1. 茅台那点事儿 / 169

　　　　2. 茅台值多少钱 / 173

　　　　3. 点评 / 178

　　三、上海机场 / 179

　　　　1. 特殊情况下的上海机场 / 179

　　　　2. 上海机场迎来"救火队员" / 182

　　　　3. 点评 / 185

　　四、济川药业 / 186

　　　　1. 主要产品及地位 / 186

2. 济川药业的商业模式 / 188

3. 客观评价济川药业 / 189

4. 济川药业未来的发展路径 / 190

5. 点评 / 193

五、牧原股份 / 193

1."非瘟周期"的下半场 / 194

2. 为什么选择牧原股份 / 194

3. 为什么牧原股份扩张最快 / 195

4. 牧原股份低成本的来源 / 195

5. 点评 / 197

六、万华化学 / 197

1. 万华化学的投资逻辑 / 198

2. 万华化学 2020 年年报分析 / 200

3. 点评 / 207

七、南极电商 / 208

1. 中国电商领域的"好市多超市" / 208

2. 复盘南极电商的暴跌之旅 / 214

3. 点评 / 218

写在结尾的话 / 219

第一章

基于内在价值判断的投资

从 1602 年世界上第一家证券交易所荷兰阿姆斯特丹证券交易所成立算起，股票交易至今已有 400 多年的历史了。大规模的民间股票交易也有 200 多年的历史了。股票交易作为一种非常重要的投资活动，从诞生起是杂乱无章的状态。这种状态持续了百余年，其间也有像杰西卡·利弗莫尔这样混得风生水起的，但是总体来说那时的股票就是一个风险很高的"赌博"工具。当时的股票交易，用现在的话来说，就是投机活动。直到本杰明·格雷厄姆的出现，才给股票重新定义了内涵，并逐渐形成了以"企业思维、内在价值、安全边际和能力圈"为核心的价值投资体系。至此，价值投资横空出世，投资股票变得有章可循、有法可依。一部分先知先觉的人走上了价值投资的道路，并结出累累硕果。

我国的股票交易起步晚，上海证券交易所和深圳证券交易所于 1990 年成立，在三十多年里发展迅猛。一批早期的有识之士学习、接受了价值投资理念。在二三十年之后，这些最早的价值投资践行者基本都成为资本市场里的中坚力量。价值投资在中国市场上被证明可行。

随着价值投资理念的广泛传播，接受价值投资的人越来越多。这本是一个极好的现象，拥有投资理财的正确理念和专业素养会受益终身。然而，世人对价值投资的认可又多浮于形式，就像追求所有流行的东西一样，你不说你是价值投资者就没有面子。格雷厄姆定义了非常明确的标准，将投资和投机泾渭分明地区分开来。其实，这只是两种观念的差异，并无是非对错和高低贵贱之分。而现实中的情况远非如此。近年来，价值投资的地位节节攀升，似乎成了股票投资的主流。价值投资成为划分投资者成色的显著标志。这些现象本没有问题，价值投资理应得到提倡，但不幸的是，这只是假象。

价值投资只是绝大多数人冠冕堂皇的幌子而已，以价值之名行投机之实，披上了"伪价值"的外衣。在形式上，他们关注基本面，关心利润，关心市盈率，以预测利润的增长为主要工作，以历史市盈率作为标尺衡量一切。大家对这一系列操作是不是特别熟悉？包括机构在内，这不正是他们日常的所作所为吗？仔细想一想，这些做法和技术派的看图、画线、猜股价有本质区别吗？没有。技术派根据历史图形，根据趋势猜未来的股价；"伪价值"派根据历史市盈率，通过猜利润间接猜股价。平心而论，历史图形跟历史市盈率都是既定结果的经验总结，图形涵盖的内容远比一个利润维度丰富得多。根据基本面猜利润的难度丝毫不亚于根据趋势猜股价的难度。"伪价值"派的做法看起来并不比技术派的投机高明多少。"伪价值"之所以"伪",正是因为它虽披着价值的外衣,却丝毫没有触碰到价值投资的核心——内在价值。

价值投资要以对内在价值的判断为基础,没有这个基础,都是投机行为,本质上都是以各种手段猜股价而已。但有了这个基础,股价就有了根,一切所作所为就有了依据。依此行事,胜率是有极大保障的。任何确定性不是百分之百的事情,都具有"赌"的成分,价值投资也不例外。但价值投资之所以可行,是因为对内在价值科学、严谨的判断给了结果很大的确定性。以此为决策依据,并辅以科学的容错机制,胜率自然有保障。芒格将价值投资比作一场标错赔率的赌马,而计算赔率的参照物也是内在价值。同时拥有高胜率和高赔率,就是价值投资"攻城略地"的两大"法宝"。

如此有效的投资理念,为何少有人遵循呢?

其一,知道去寻找标错赔率的"马"很重要,但更重要的是知道该如何寻找。芒格还说,必须拥有足够的知识才能知道赔率是不是标错了。价值投资,知易行难。要支撑起整个价值投资的框架体系,足够的知识必不可少。这里的"足够"可不是简简单单两个字而已,构成人类现代文明的各种知识都是我们认识这个世界的武器。价值投资是一个认知变现的活动,而认知的基础是知识的获得。价值投资不是一门单一的专业,它是各种学科、各种认知能力的综合,对投资者的素质要求极高,这些素质是经年累月才能打磨出来的,没办法速成。而经年累月做同一件事情往往是枯燥乏味的。好奇心和求知欲对于大多数人来说是逐渐消磨、越来越稀缺的东西。

其二,知识和能力的获得只需坚持即可,而心性的磨炼绝非靠努力就可以达成的。

日常生活中最常听到的一句话是:要战胜自身的弱点。这些弱点被写进基因里,成为本能,那么在人类进化的漫长时间里,这些所谓的"弱点"一定是对人类生存有利的,才会被保留在基因里,世代相传。这些"弱点"只是在投资领域中不适用,而人类如果没有了投资,并不会影响生存。因此,要摒弃基因里保存的本能,谈何容易?贪婪、恐惧、追涨、杀跌等,这些市场里看似极不理性的行为背后都是再正常不过的本能反应。

因此，价值投资者"与众不同"，这是要承担孤独的后果的。这可能会与大多数人的愿望背道而驰。除了好的结果，过程没有任何吸引力。这远不如投机来得随性和令人亢奋。所以，大多数人注定无法摆脱本能的约束，价值投资注定是一条少有人走的路。

正因如此，我们这些正走在价值投资这条大道上的人，身上带有人的本性也是再正常不过的了。投机行为时有发生，结果不好时捶胸顿足、懊悔不已。这些现象，生而为人，不可避免。因此，只要大方向是正确的，小毛病慢慢克服，不必求全责备。价值投资者的修行之路终其一生。其实参悟了价值投资的本质，只要是基于内在价值判断的投资决策，就无须计较是投资还是投机的定性。就连巴菲特也时常做一做短期套利，并且收获颇丰。芒格将价值投资比作一场标错赔率的赌马，其实也就相当于变相承认了价值投资本身含有投机的成分。

对于践行价值投资的我们，我倒建议忘掉是投资还是投机的区分，甚至不如从一开始就承认，我们是在"投机"赚钱。因为我们创造不出任何直接的价值，本质只是利用我们的认知和眼光在获取财富。我们只是在做以内在价值判断为基础的胜率和赔率都很大的"投机"。

只要坚持以内在价值判断为中心，选择适合自己的投资决策，就是价值投资。而至于要不要做差价，是选择激进一点儿的成长股还是稳健一点儿的价值股，要不要长期持有，要不要满仓，是集中一些好还是分散一些好，甚至要不要融资加杠杆……诸如此类战术方面的问题，这些因人而异，不可定论。不同的人性格不同，所处的人生阶段不同，经历不同，对财富的理解不同，理想不同，所以，应该怎么去做不能一概而论。并且这个世界如此多元，你控制不了的别人不一定控制不了，你做不好的别人不一定做不好，你行不通的别人不一定行不通。什么是最好的？适合自己的才是最好的。战术问题无法统一，也不必统一。但战略问题没有任何变通的余地。整个价值投资体系是一套非常科学、严谨和完整的体系，我写这本书的初衷也是想将价值投资这套体系中的知识诠释清楚，给出自己的理解，以便探讨。下面就让我带着您开启一场关于价值投资的旅行。

第二章

价值投资的框架体系

价值投资起源于本杰明·格雷厄姆，因巴菲特和芒格而闻名于世。价值投资在不足百年的发展历程中，发生过翻天覆地的变化，最终形成了以内在价值为核心，以企业思维、安全边际、市场先生、能力圈为基石的完整投资体系。我们先从格雷厄姆体系的变迁说起，进而深入剖析构成价值投资体系的各大要素的内涵，价值投资的框架体系如图2-1所示。

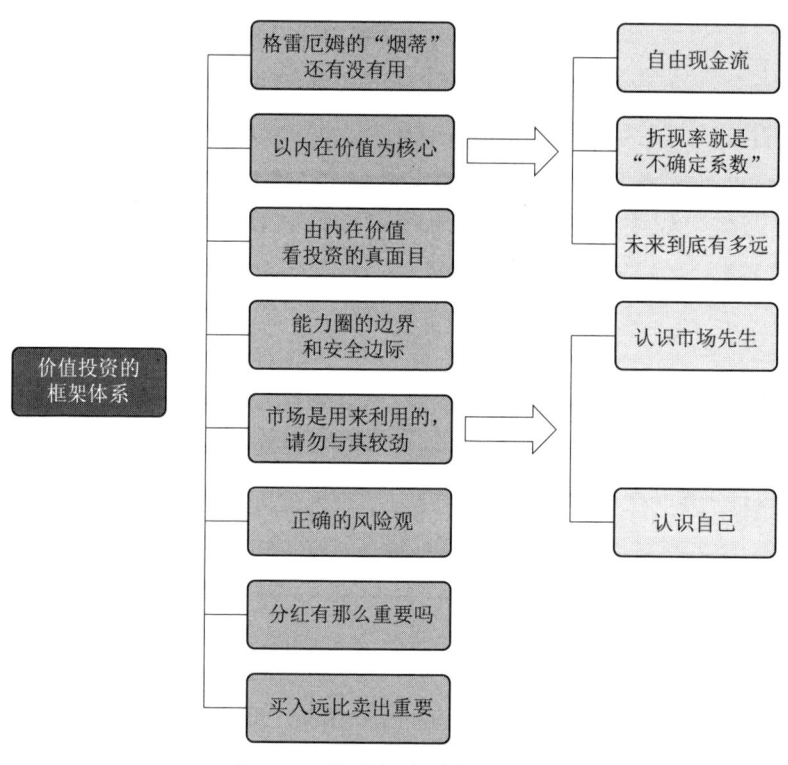

图2-1 价值投资的框架体系

价值投资的框架体系：
- 格雷厄姆的"烟蒂"还有没有用
- 以内在价值为核心 → 自由现金流、折现率就是"不确定系数"、未来到底有多远
- 由内在价值看投资的真面目
- 能力圈的边界和安全边际
- 市场是用来利用的，请勿与其较劲 → 认识市场先生、认识自己
- 正确的风险观
- 分红有那么重要吗
- 买入远比卖出重要

一、格雷厄姆的"烟蒂"还有没有用

本杰明·格雷厄姆开了价值投资之先河。无论在哪个领域里，"第一"的地位都是难以撼动的，我读过的第一本关于价值投资的书，正是格雷厄姆的《聪明的投资者》。可以说，我的价值投资的启蒙直接源于格雷厄姆。所以，我的这本书也从这位投资大师写起。

如果用两个字概括格雷厄姆体系的全部要义，那就是"便宜"。围绕"便宜"这个基点，格雷厄姆规定了非常严格的衡量标准。其中，最核心的标准是：股价低于清算价值一定幅度。"清算价值"可以说是格雷厄姆体系中最核心的一个概念，它的含义是假设让经营得好好的企业清算，变卖资产，所能获得的现金流。如果股价比这个"清算价值"还要低上一些，就是有投资价值的股票。这是一种对于"便宜"极度严苛的要求。格雷厄姆之所以形成这样的体系，是因为他所处的环境。通俗地讲，格雷厄姆跌怕了。在格雷厄姆而立之年，事业刚刚起步的时候，他经历了1929—1933年的大萧条，这是有史以来最严重的经济危机。可想而知，股市的暴跌给格雷厄姆一生都留下了极大的阴影。他所倡导的价值投资体系对风险显示出极度的厌恶。因此，他对"便宜"定义了极度严苛的标准，并将"便宜"视为投资的灵魂。

格雷厄姆的理念存在明显的缺陷。我们常说，便宜没好货，好货不便宜。这个通俗的大道理就预示了格雷厄姆买到手的都是一些"问题企业"，人们形象地给它们起了一个名字"烟蒂"。这些企业唯一的优点就是便宜，折价变卖了也有利可图，但这点"利"肯定是蝇头小利。别人弃之不要，格雷厄姆花很少的钱捡回来。

格雷厄姆体系最大的优点是安全，用极低的价格最大限度地扼杀了风险。但格雷厄姆的"烟蒂"也无法消除风险，他最大的风险是时间。在理论上，让企业清算，折价变卖资产，仍有利可图。但是，这是一家持续经营的企业，除非你控制了董事会，逼他清算，否则他是不会听你的，他会继续经营，接着把还值点儿钱的资产败光。时间是"烟蒂"企业最大的敌人，也是格雷厄姆最大的风险。因此，格雷厄姆体系要求一旦价值回归就要马上卖掉，因为你不确定随着时间的流逝，"烟蒂"是否还能被嘬上一口。我的价值投资之路始于《聪明的投资者》，当年急于验证这种"捡烟蒂"的方法，我在2013年罕见地发现了在清算价值的基础上打七折的郑煤机，由于它同时在A股和H股上市，H股更达到了惊人的四折。所以，我后来换成了H股。在随后的A股2014年大牛市中，郑煤机很快涨了三倍多，而H股就差多了。我没有及时变现，导致了后来长达五年的深套。时间是"烟蒂"企业最大的敌人，我有过血淋淋的教训。

可见，格雷厄姆体系已是一种很落伍的理念。现在的市场也远比他那个时候的市场聪明，像这种肉眼可见的"捡漏"机会已经很罕见了。所以，个人认为，如今"捡烟蒂"策略只能被用来短期套利，格雷厄姆体系早已不是价值投资的主流。

虽然格雷厄姆体系的具体方法过时了，但体系的指导思想永远散发智慧的光芒。我们来分析一下格雷厄姆做法背后的思想精髓。首先，格雷厄姆通过计算企业资产的价值来判断股票的投资价值，显而易见，他把股票当作企业在看，说明格雷厄姆具有"企业思维"，这在他那个年代已经是极大的进化了。其次，格雷厄姆在利用极其严苛的"清算价值"控制风险的同时，仍强调给清算价值打折，这就是格雷厄姆的"容错"思想，即他自己定义的安全边际。再次，格雷厄姆将"清算价值"作为标尺去衡量股价，说明他已经有了判断企业内在价值的意识，只是他对内在价值的确切含义还没有理解透彻。最后，市场先生的比喻也是格雷厄姆对市场的形象描述。如此看来，在以内在价值为核心，以企业思维、安全边际、市场先生、能力圈为基石的当代价值投资体系中，一大半内容的奠基者都是格雷厄姆。

但不可否认的是，格雷厄姆所倡导的具体方法并不明智。之后，菲利普·费雪发展了价值投资的另一个分支，也是由于第一人的缘故，我们称之为费雪体系。费雪明确了投资优秀企业的思想，一大批追随者将其发扬光大，巴菲特和芒格作为集大成者使其扬名天下。费雪体系代表了当今价值投资的主流，不仅继承了格雷厄姆体系的思想精髓，而且彻底摒弃了"捡烟蒂"的做法，发展出一系列考察优秀企业的标准，生意模式、盈利能力、发展前景、竞争壁垒、企业管理及企业文化成为深度研究企业时的关注重点。格雷厄姆体系作为最早价值意识的觉醒，起到的作用是唤醒沉睡中的意识，而费雪体系则发掘出了真正的价值的内涵。

巴菲特说，他是"85%的格雷厄姆+15%的费雪"。这句话曾困扰了我很多年，也误导了我很多年。就是因为这句话，有很多年，我轻视对生意的探究，过于看重财务报表，尤其是对资产负债表的分析。在走过这一段弯路后，我才对巴菲特真正想要表达的意思恍然大悟。但从结果来看，巴菲特确实"骗"了我很多年。

格雷厄姆体系和费雪体系究竟该如何取舍，是一个值得深思的大问题。我先列举出两种体系的差异。

（1）格雷厄姆体系钟情垃圾堆里还没有烂透却被当成垃圾扔掉的企业；费雪体系钟情价格合理的优秀企业。

（2）格雷厄姆体系重视资产、轻视盈利；费雪体系重视以自由现金流为标准的盈利能力。

（3）格雷厄姆体系赚的是价值回归的钱；费雪体系以赚取企业成长的钱为主，以赚取价值回归的钱为辅。

（4）格雷厄姆体系强调一旦价值回归就要马上出手，因为劣质企业通常是价值毁灭型企业，时间是它们的敌人；费雪体系钟情的优秀企业会不断创造价值，时间是它们的朋友，也只有通过时间的积累，才能实现内在价值的巨大飞跃，因此，费雪体系提倡长期持有。

（5）格雷厄姆体系对目标企业的研究深度无法与费雪体系相提并论。格雷厄姆体系仅仅需要评价资产的价值；费雪体系对企业进行全面的、立体的、系统的研究，对企业的发展前景有相当程度的把握。

（6）格雷厄姆体系注重定量分析，体现的是技术性的一面；费雪体系更注重定性分析，更体现艺术性的一面。

（7）格雷厄姆体系对投资者的能力要求也无法与费雪体系相提并论。格雷厄姆体系仅需要在接受理念之后学好财务分析，最多再添加一项资产评估能力；费雪体系需要不断提升看生意、看人的洞察力，需要以各种学科的知识和综合的认知能力为支撑，对投资者的素质要求非常高。学无止境，能力的积累也无止境，因此，综合能力也呈现复利增长的特征。

（8）投资者的生活状态也是迥然不同的。格雷厄姆体系需要不断寻找新的机会，打一枪换一个地方；费雪体系跟优秀公司一旦结缘，可以牵手许多年，无须频繁交易。

因此，两种价值投资体系除了背后遵循的核心思想没有差异，格雷厄姆体系全面处于劣势，基本"一无是处"，巴菲特放弃格雷厄姆体系也就理所当然了。但该如何理解"85%的格雷厄姆+15%的费雪"这句话呢？我的经历非常曲折。一开始，我完全按照字面意思理解，照搬照做，给了格雷厄姆体系充分的信任，到头来却发现自己错了。于是，我对巴菲特有了成见，认为"85%的格雷厄姆+15%的费雪"就是巴菲特在故弄玄虚。这样的声音不少，大家普遍认为在巴－

芒的体系里，费雪的成分至少占六成。甚至有人干脆说，应该是"85%的费雪+15%的格雷厄姆"。后来，随着不断进阶，我对价值投资的理解不断加深，越来越觉得巴菲特的诸多言论背后往往蕴含着深邃的哲理，远不是字面意思可以概括得了的。

"85%的格雷厄姆+15%的费雪"不是巴菲特在故弄玄虚，如果是肺腑之言，那么他的意思绝不是他的具体做法里包含了85%格雷厄姆的东西和15%费雪的东西。我认为巴菲特指的是他自己形成的体系里格雷厄姆和费雪对他的影响的比例。巴菲特说的"从猿到人"也不是对芒格的阿谀之言，芒格的体系大部分来自费雪，因此，可以说费雪使巴菲特"从猿到人"。但在巴菲特眼里，格雷厄姆使他从"低等生物"进化到"猿"。如此，"85%的格雷厄姆+15%的费雪"就顺理成章了。格雷厄姆是诸多价值投资核心思想的奠基人，恩师的教导影响了巴菲特的一生，无论后来他的具体做法怎样演进，都是根植于格雷厄姆的思想基础之上的。

之所以花很大的篇幅探讨"85%的格雷厄姆+15%的费雪"这件事，是因为我是有过深刻教训的，希望广大读者少走我的弯路。

二、以内在价值为核心

价值投资的核心是内在价值。内在价值的含义就是未来自由现金流折现。整个价值投资体系围绕内在价值展开。探寻企业的内在价值，等待市场先生给予接近或者低于内在价值的机会买入，当市场先生给出远高于内在价值的机会时卖出。价值投资，如此而已。内在价值就是价值投资的标尺，这把标尺可以丈量出市场先生的"抑郁与疯狂"，成为我们在股海里沉浮时的指路明灯。在市场里，任何个体都太过渺小，我们有可能把握住的只有企业的内在价值。

未来自由现金流折现的公式如下：

$$V = \sum_{t=1}^{n} \frac{\text{CF}_t}{(1+r)^t}$$

式中　V——企业的内在价值；

　　　n——企业未来的寿命；

CF_t——企业在某一年产生的现金流；

r——折现率。

由公式可见，决定一家企业内在价值的是一个变量和两个参数。一个变量，准确地说，应该是一系列变量，即在未来企业存活期间，每年所获得的自由现金流；两个参数分别是企业未来的寿命和折现率。下面就将这三个内在价值的决定要素掰开揉碎、探讨清楚，这样就能对内在价值有清晰的认识了。

1. 自由现金流

自由现金流，顾名思义，属于现金流的范畴，特色在于"自由"二字。现金流量表里的现金流分为经营性、投资性和筹资性现金流，并没有自由现金流一说。可见，自由现金流并不是一个会计学里的概念。自由现金流的概念出现在企业价值评估领域里，是企业价值评估领域里使用最广泛、理论最健全的指标。自由现金流诞生于学术界，不同的学者对自由现金流的理解不尽相同。尽管具体的计算方法五花八门，但基本的思路大体一致，即经营性现金流扣除资本支出和营运资本增加。自由现金流代表企业产生的在满足再投资需求之后剩余的现金流量，这部分现金流量是在不影响公司持续发展的前提下可供分配给企业资本供应者的最大现金额，是企业可以自由支配的现金。

在投资领域里有一个突出的现象，即学院派和实战派高度对立、泾渭分明。学院派以高等数学为工具搞出了以资本资产定价模型为核心的一系列现代金融理论。不同于其他领域里基础科学和应用科学相辅相成的关系，基础理论是应用科学的支柱，在投资领域里，这些看似高深、严谨的现代金融理论对于投资实践来说并没有多大用处，反而经过长期的市场检验，这些理论给出的结论多数让市场人士贻笑大方。这种现象背后的原因，我认为是理论成立的假设条件不切实际，从而使理论过于理想化，远远低估了人的复杂性和市场的非理性。

自由现金流也体现出这样的特点。自由现金流的理论是由学院派提出的，不难看出，他们的视角放在了企业为资本供应者留下了什么之上，由企业创造并为股东留下的可供自由支配的现金流就是企业的价值。但是，实战派不接受这一理念，他们拥有股权思维，认为企业拥有的就是股东拥有的，所以他们对学院派定义的自由现金流并不认可。但他们借鉴了学院派自由现金流的思想，并对其进行了改造，重新定义了自由现金流。

为此，他们引入了维持性资本支出和扩张性资本支出的概念，认为只有维持性资本支出才是需要从经营性现金流中扣除的。扩张性资本支出是企业的自由选择，企业原本也可以选择不扩张。以股权思维的视角来看，扩张性资本支出是企业不断将现金换成资产，再利用资产挣回更多现金的再投资过程，预示着股东所拥有的企业实力在增强，是真正的价值创造。

关于自由现金流，投资者的认识非常混乱，争议就在资本支出的扣除上。学院派的教科书会教你全部资本支出都要扣除，而市场中的实战派则会告诉你区分维持性资本支出和扩张性资本支出。作为投资者的我们应该明确，我们所说的自由现金流只是借用了学院派的名词，并不是同一含义。但事实上，将二者混为一谈的大有人在。实战派区分维持性资本支出和扩张性资本支出的"发明人"是谁无从知晓，但巴菲特和芒格的教诲恐怕是实战派自由现金流理念广为传播的关键原因。巴菲特在给股东的信里、芒格在《穷查理宝典》里都明确指出自由现金流扣除的是维持性资本支出。因此，对于价值投资者而言，自由现金流的含义非常明确，就是经营性现金流扣除维持性资本支出。

尽管自由现金流的含义非常明确，但是想给自由现金流定量也并非易事。企业的维持性资本支出并不是硬性的信息披露要求，没有哪家企业会主动披露维持性资本支出。因此，维持性资本支出的具体金额无从获得。在实践中，有人想了很多变通的办法，比如，用固定资产的折旧和减值来近似代替维持性资本支出。这样做显然不符合实际情况。正确的做法是深入了解企业的商业模式和具体业务，识别典型的维持性资本支出项目，给具体的资本支出项目定性，并尝试建立经营性现金流和自由现金流之间合理的逻辑关系。

区分维持性资本支出和扩张性资本支出，关键要看该支出能不能停下来，即企业对该支出有没有选择权。企业对维持性资本支出没有选择权，不想投也得投。典型的是京东方，每当市场技术升级，其 LED、LCD 都要更新生产线，从第一代到第 N 代，不更新就无法跟上市场竞争的步伐。从几亿元到 2500 多亿元的资本支出，需要不断增发募资来被动建设。如此庞大的资本支出才可让公司保持龙头地位。即便如此，企业赚到的钱也都投进了固定资产里去维持经营，让企业连续 10 年没钱分红。

维持性资本支出还有一个重要特点就是低效。当企业长期在资本支出端不断投入，但在效率端却表现平平时，企业的资本支出很有可能是维持性的。低效的资本投入意味着价值毁灭。没有人愿意长期忍受低效还要不断越投越多。这好比眼看着银行的存款利率越来越低，偏要把家里的钱往银行里越存越多一样，除非不得已。还以京东方为例，这些年，2 000多亿元的资本投入，一共换来200多亿元的利润。如此低的效率，就算它获得的经营性现金流翻了几倍，能说它的价值增加了几倍吗？从这一角度来看，企业进行资本投入，无论最初的意愿是维持性的还是扩张性的，只要结果是低效的，均应视为维持性资本支出。

另外，扩张性资本支出的特征通常都很明显，在对企业有了深入了解之后，很容易识别。企业的进击力，管理层的上进心，员工的朝气，都能明显感受得到。相反，只要拿不准是维持性的还是扩张性的，通常就已经有了答案。这也是一个原则，判断不清楚是维持性的还是扩张性的，那就是维持性的。就算真错了，那也能成为安全边际的一部分。对于经营性现金流和自由现金流之间的逻辑关系，主要通过对商业模式和业务模式的理解来进行定性。当由定性向定量跨越时，应留下容错的余地，拿不准就作为维持性支出扣除。

比如高速扩张的万华化学，资本支出里大部分是扩张性的，这是通过深入了解企业不难定性的。维持性的肯定有，MDI设备每年需定期停车检修，石化设备三年检修一次。设备的大修支出是典型的维持性资本支出。但是，从定性向定量跨越，很难建立起可靠的逻辑关系。所以，基于万华化学的实际和安全边际的考虑，在每年二三百亿元庞大的资本支出中，10%用于设备大修应属足够谨慎的假设了。

2. 折现率就是"不确定系数"

对于投资而言，折现思想是绕不开的基本功。要说明白折现及折现率，不如跳出枯燥的财务理论，以生活中的例子来理解折现率的内涵，这样既生动又便于理解。

我就从一件司空见惯的小事"换加班"说起。过年放假，你没被安排加班，准备回家过年。要加班的同事找你换加班，你肯定要跟他谈条件，以下几种条件你会同意吗（见图2-2）？

（1）同事说："老王呀，你看过年加班三倍工资。我家有事，把这个机会让给你？"

（2）同事说："老王呀，帮帮忙。今年你替我，明年我替你？"

（3）同事说："老王呀，帮帮忙。今年你替我，明年我替你。一天换两天？"

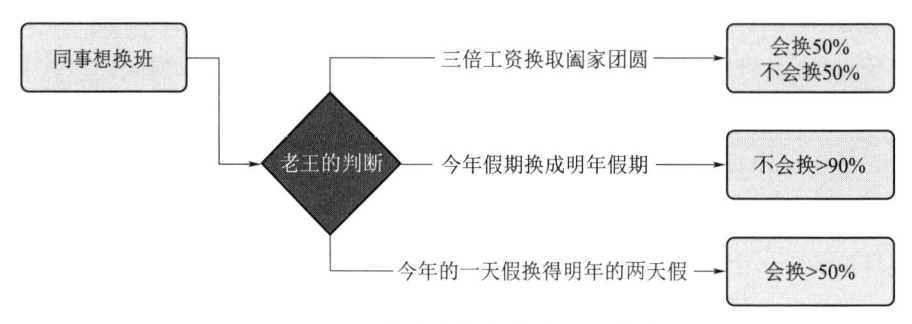

```
同事想换班 ──► 老王的判断 ──三倍工资换取阖家团圆── 会换50%
                                                    不会换50%
                        ──今年假期换成明年假期── 不会换>90%
                        ──今年的一天假换得明年的两天假── 会换>50%
```

图 2-2　同事找你换加班的几种条件

对于同事的第一个提议，你可能不会接受，也可能会接受，这取决于三倍工资和阖家团圆对你而言哪一个更重要。放弃阖家团圆的机会得到的是确定的三倍工资，这实际上是一种机会成本。当获得的确定利益大于机会成本时，你会接受；否则，你就不会接受。

对于同事的第二个提议，你一定不会接受。用明年的假期换我今年的假期，量上看似对等，但加上时间因素就蕴含风险了。在接下来的一年里，你如果离职了，我找谁换？你如果说话不算数，我怎么办？公司如果倒闭了，你的承诺怎么兑现？未来充满不确定性，等量加上风险因素一定变为不等量。

对于同事的第三个提议，你有可能会接受。同事用不等量的假期弥补了你一年后的不确定性所带来的潜在损失，这笔交易就有了成交的基础。当然，你同不同意，还会考察同事离职的可能性、同事的信誉、公司倒闭的可能性这些风险因素，风险越大，你的未来利益越不确定，你要的补偿会越大。

回到投资本身，和"换加班"是完全一样的道理。我们换出去的"阖家团圆"是今天手里的现金，"三倍工资"是没有风险的机会成本。现金的机会成本就是无风险利率，即货币的时间价值。未来是存在风险的，明年和今年的假期要想等量，明年就必须在量上给予补偿。现金流也一样，未来的现金流越不确定，面临的风险越大，要求的补偿就越多。这就是折现的原理。折现率的大小取决于需补偿的数量，折现率就是"不确定系数"。风险越大越不确定，越不确定折现率越大。因此，折现率由两部分组成：时间价值和风险溢价。时间价值用来补偿机会成本，风险溢价用来补偿风险因素。

时间价值很容易确定，通常用长期国债利率代表。风险溢价该如何衡量是确定折现率的关键。投资企业所面临的风险分为两大类：一是企业自身所蕴含的风险；二是对企业的认知风险。

企业经营及发展本身面临着同业竞争、政策导向、科技进步、行业变迁等诸多不确定性。我们只能按照合理的逻辑，对企业的未来进行预测。但超出可预测范围的旦夕祸福，我们是无能为力的。而这种概率总是存在的。这一类不确定性与企业的商业模式紧密相关。不同的商业模式蕴含的风险千差万别，传统的白酒、酱油相比于瞬息万变的高科技，不确定性的差异是显而易见的。识别企业自身所蕴含的风险，主要通过对企业的商业模式进行深入了解和评价。风险应对主要通过对待未来的保守态度，折现率是对意外情况加的一道保险。

对企业的认知风险是对企业的认知存在偏差而引起的误判。这种不确定性取决于对企业的理解深度。对企业的理解越深，越接近事物的本质，风险越小。折现率对于这种风险的意义是弥补理解力的不足。在其他条件等同的情况下，理解力越强，选取的折现率越低，内在价值的结果越大。如果以市场价格低于内在价值一定幅度为买入标准，以市场价格高于内在价值一定幅度为卖出标准，那么理解力的深度所带来的结果是更坚决地买入或更坚定地持有。企业自身蕴含的风险是客观存在的，而理解力的风险是主观的。市场的博弈本质上是理解力的博弈。理解力通过影响折现率进而影响每个人对于内在价值的看法，从而影响每个人在市场上的行为。

综上，折现是对付出现金的机会成本和承受额外风险的补偿。风险分为源于企业自身的和源于投资人理解力的两种，市场的博弈本质是投资人理解力的比拼。折现率是机会成本和各种风险因素的综合评价，是各种不确定因素的缓冲，折现率就是"不确定系数"。换句话说，折现率使不确定的自由现金流变得确定。

跳出内在价值的限制，可以更灵活地使用折现率。如果以投资人的要求回报率作为折现率，那么折出来的结果是投资人最高可接受的市场价格，我们暂且定义为"最高可接受价格"。要求回报率越高，可接受的市场价格越低，对价格的要求越苛刻。这样使用折现率的好处是绕开了内在价值对合理折现率的选择过程，直接以预期收益率面对市场价格，直截了当，回避了中间过程，对投资结果进行了事先锁定。这样做可以将投资过程简化为单纯地等待市场时机，省略对内在价值的纠缠，也不失为可行的策略。

3. 未来到底有多远

重申一下，内在价值的内涵是未来自由现金流折现。讨论完自由现金流和折现率，我们最后来看时间维度。如何看待未来？

定性地看，内在价值大的企业要同时满足两个条件：各年度获得的自由现金流大，并且以这样的状态生存很久，二者缺一不可，即巴菲特所概括的"湿湿的雪，长长的坡"。对于内在价值来说，企业未来的寿命和确定的自由现金流同等重要。短命的企业，其内在价值一定大不了。而企业究竟还能存活几年，通常事先是无法预计的。这就为估计内在价值增加了障碍。

正因为企业寿命的不确定性，多数企业的内在价值是不可测的。在理论上，要想计算内在价值，先得根据现金流特征构建折现模型，于是就有了不增长模型、两段增长模型、三段增长模型的区分。根据不同的预测期内不同的现金流特征，构建不同的内在价值模型，本无不妥，但标准的折现模型对不可预测期的处理过于简化、相当粗糙是最大的问题所在。标准模型通常都将不可预测期简化为永续期，更有甚者假设成永续增长。如此应对，犹如儿戏。世间万物的终点皆是消亡，产生—发展—鼎盛—衰败—消亡，这是任何事物都逃不掉的宿命，由此可见，永续假设是多么的不切实际。

永续假设是需要慎之又慎的。运用永续假设必然导致高估。企业实际寿命与永续存活差得越远，误差会越大。

价值投资者中意的标的企业预计会长期生存下去是一个前提条件，起码在可预见的未来看不到衰败的迹象。要满足这一点，企业的稳健相当重要，这就要求投资者对企业的商业模式、所处行业的竞争格局、自身的竞争壁垒、科技进步的影响、行业变迁的方向有深度把握。为什么巴菲特钟情消费股、排斥科技股？这就是因为行业变化小、稳健，科技进步只会促进行业发展，很难颠覆已存在千百年的行业；而高科技各领风骚三两年，未来不具有持续性，企业未来的寿命很难得到保障。

对于未来寿命有信心的企业是否可以运用永续假设，我的标准是看其能否撑过 30 年。时间越久远的未来，越不确定。当时间长到 30 年时，折现率至少要在 10% 以上，"折现率为 10%，期数为 30"的复利现值系数为 0.057 3，"折现率为 12%，期数为 30"的复利现值系数为 0.033 4。也就是说，超过 30 年，再产生的自由现金流折现后对现值的影响不会超过 5%，非常有限，可以忽略不计了。因此，预计未来寿命超过 30 年，运用永续假设产生的高估是可以接受的误差。未来到底有多远？我们的心仪对象应该尽量有撑过 30 年的潜力。

三、由内在价值看投资的真面目

我们通过对内在价值进行全面的剖析，理解了内在价值的内涵，紧密围绕这个核心，不难拨云见日，看清投资的本质。未来自由现金流折现就是股票投资的"第一性原则"，它揭示出了投资的本质。从内在价值的角度来看投资，我们会无比清晰地发现现实中许许多多司空见惯的观点都是错误的，同时也能得出许多不可思议的结论。

下面我们就来去伪存真，如图 2-3 所示。

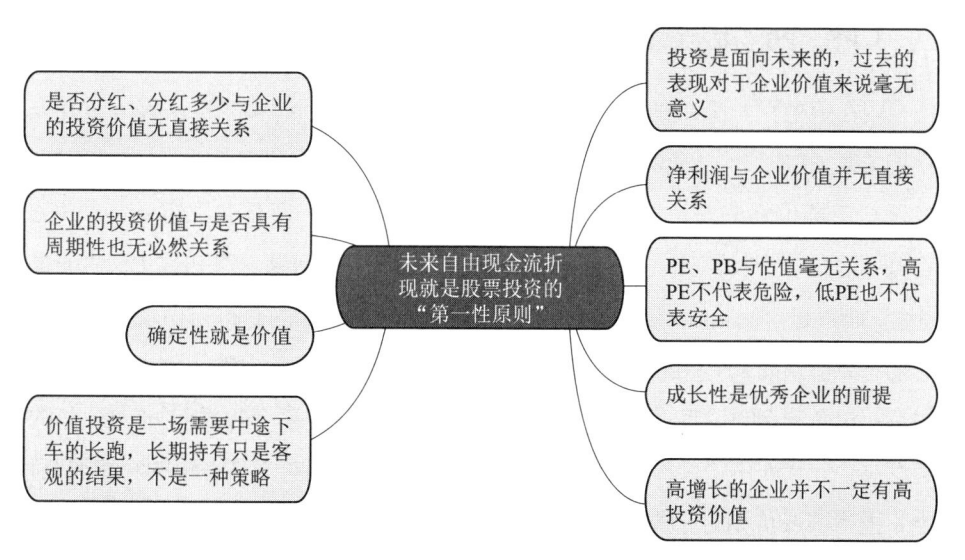

图 2-3 股票投资的"第一性原则"

1. 投资是面向未来的，过去的表现对于企业价值来说毫无意义

决定企业内在价值的是未来产生的自由现金流。任何已成为历史的过去，辉煌也好，不尽如人意也罢，都不会对企业价值产生影响。任何基于历史数据做出的对未来的预判，不管是技术派的看图画线，还是"伪价值"派基于既定业绩的静态估值，都是没有道理可言的。历史对于未来能起到借鉴作用，"以史为鉴，可以知兴替"，但对于企业价值而言，历史数据却是毫无意义的。

2. 净利润与企业价值并无直接关系

净利润在市场人士的眼中无疑有着神圣的地位。预测短期利润是市场人士最核心的日常任务。市场上最为流行的市盈率将企业估值与净利润紧密联系在一起，使净利润几乎成了决定股价的唯一因素。净利润中心论深入人心。但是，从内在价值的角度来看投资，净利润的重要性将大打折扣。决定内在价值的直接因素是自由现金流。从净利润到自由现金流之间还有遥远的距离，有没有自由现金流很关键，但有没有净利润不那么重要。这就是亚马逊、SpaceX 拥有很高价值的根本原因。

3. PE、PB 与估值毫无关系，高 PE 不代表危险，低 PE 也不代表安全

内在价值只与未来的自由现金流直接相关，与净利润和净资产等因素并无直接关系。PE、PB 等非常流行的估值指标其实和内在价值毫无关系。PE 和 PB 只是与市场价格的对比关系。究竟是 PE、PB 决定 P，还是 P 决定 PE、PB 的高低，这是一个类似先有鸡还是先有蛋的纠缠不清的问题。用 PE、PB 估的是"价"而不是"值"。内在价值是对企业未来全生命周期内获得自由现金流能力的动态评价。而 PE 不管是静态的还是动态的，都只是从静态的角度来看待股价与某一年净利润的关系，这显然与企业价值风马牛不相及。股价相对于某一年的利润高企，代表不了股价相对于内在价值就贵；股价相对于某一年的利润很低，也不能代表股价相对于内在价值就便宜。高 PE 的企业可能有巨大的投资价值，低 PE 的企业也可能一文不值。

4. 成长性是优秀企业的前提

价值投资者主要挣企业价值增长的钱，兼顾挣价值回归的钱。企业的内在价值是未来获得的所有自由现金流。万事万物都有寿命，站在一家企业寿终正寝的那一天，盖棺定论，回过头看，评价该企业在此前任何一个时刻的内在价值都是一个常数。并且随着时间的推移，未来逐渐跌入历史，这一系列常数是越来越小的。所以，任何一家企业的发展历程其实都是一个价值逐渐归零的历程。

而我们所谓的企业价值增长，不是从"后视镜"里看到的一家企业的真正价值，只是以个人的预见能力，预见到的"心目中的价值"。我们预判未来的能力是极其有限的，比如，我们至多能够大致看清楚一家企业三五年之后的样子，而企业可能会生存三五十年。因此，"心目中的价值"与真正价值之间一定存在巨大的出入。当时间的车轮慢慢碾过，企业的发展历程将提供更多的证据，使原来不可预见的、模糊的、遥远的未来渐渐清晰起来。优秀企业会通过发展，在可预见的将来变得更好、更强大，从而使投资者"心目中的价值"增加分量。这个增量其实是投资者对企业在下一个可预见的将来的更大的期望和要求。

企业之所以优秀，是因为它有能力不断将更高的期望和要求变成现实。企业只有不断成长，这种"心目中的价值"才能不断增加。否则，优秀的过去跌入历史，没有更优秀的未来补充增量，内在价值只会下跌。所有企业都处在不进则退的残酷处境里，成长是内在价值增加的唯一途径。对价值投资者而言，优秀企业的前提是成长。守着一份殷实家业，但缺乏扩张动能的好生意，仍然是缺乏吸引力的。

5. 高增长的企业并不一定有高投资价值

市场对高增长格外钟情，能维持两三年高增长的企业往往会被追捧，享受很高的估值待遇。但从内在价值的角度来看，企业的价值是整个未来的自由现金流折现，偶尔几年的超高现金流对于总体价值的影响微乎其微。况且，当已实现的高增长成为历史，其对内在价值的贡献将失去作用。短期增长得越快，未来想维持同样的增长就越难。长期的快速增长本身就是一个伪命题。好的成长模式是可持续的稳健增长，而不是爆发性的高速增长。爆发性的高速增长通常不可持续，对企业价值贡献不大。并且由于市场短期的追捧，股价很高，通常也不具备很高的投资价值。

6. 是否分红、分红多少与企业的投资价值无直接关系

内在价值取决于企业获取自由现金流的能力，既然是"自由的"，获得之后怎样"处置"就是企业的"权利"，并不会影响企业的价值。因此，利润如何分配，是留存企业再投资，还是分给股东，分配行为本身并不会产生价值或者毁灭价值。然而，投资者对于分红的肯定远超分红行为本身的实际意义。对高分红企业的溢美往往言过其实，对"铁公鸡"的贬低也常常夸大其词。以企业思维看分红，企业是股东的，钱是留在企业里还是留在自己手里，对股东而言并没有区别，股东并没有因为得到分红而额外得到奖赏。股东完全没必要因为得到分红而兴高采烈，仅仅是把你的东西从左兜放进了右兜而已，与企业的投资价值无直接关系。

7. 企业的投资价值与是否具有周期性也无必然关系

市场很喜欢业绩稳定、一步一个台阶稳步前进的企业，而对业绩阴晴不定、起起伏伏的周期性企业心存偏见。其实，从内在价值的含义中不难看出，企业未来盈利和现金流是否波动及波动的剧烈程度，对于折现后的总额来说，都没有太大意义。只要未来的自由现金流呈现总体的上升趋势，中间的波动就是有节奏的调整过程，价值是结果的加总，而不是某一年的结果。稳定成长和周期性成长并无本质差别，只是形式上呈现连续发展和跳跃性发展的区别。用一个周期代替一年作为时间间隔，周期性成长就是标准的成长。

8. 确定性就是价值

由内在价值公式可见，折现率的大小对最后结果起到重要作用。折现率就是"不确定系数"，越不确定，折现率越大，结果越小。在投资活动中，确定性就是价值。赔率和概率是投资不可兼得的两面。芒格说过，股票投资其实是在寻找标错赔率的机会。由此是不是认为追求赔率最重要？恰恰相反，追求赔率应该建立在高概率之上。没有确定性的高赔率，是赌博与价值投资的本质区别。

彩票的赔率很高，却不能指望玩彩票发家致富。如果有100%的套利机会，哪怕收益率只有千分之一、万分之一（考虑了资金成本），如有可能，你仍会义无反顾地投入其中。这就是概率和赔率在投资中不同的地位。

踢一场球赛，战略目的一定是在争取能赢的前提下，再考虑赢几个球、赢得漂亮。价值投资也一样，在确保大概率能赢的前提下，再追求标错赔率的大机会。当两者不可兼得时，一定以高概率为目标。其实，价值投资中的高概率是我们全部的努力方向。提高认知水平，深入理解企业，挖掘企业价值，对于这些主动的定性工作，我们是大有可为的。但追求高赔率，只是被动地等待市场机会，可以说是看天吃饭、无能为力的，完全依靠运气。

9. 价值投资是一场需要中途下车的长跑，长期持有只是客观的结果，不是一种策略

价值投资是基于内在价值判断的投资，内在价值是对企业未来全生命周期的考量，因此，价值投资者必定是目光长远的长期主义者，有远见，有大局观。每一项投资都是一场准备充分的长跑。但是，企业的内在价值是未来的现金流，任何既定的历史成绩均失去了意义。任何企业最终的归宿都是衰败和消亡，这就注定了任何企业的发展都是一场价值毁灭之旅。所以，任何投资都是需要卖出的，择时就是必须面对的。

我们的目光始终是射向远方的，但我们目光所及的范围是有限的，因此，对内在价值的动态把握局限性很大。我们无法强求在一个企业由强转衰的关键时点精准做出对"心目中的价值"最大化的最优决策，只能在认知的范围内做出认知水平约束条件之下的最优解。这个属于你的最优解一定不是企业整个生命周期里的最优解，这当然是一种遗憾，却是不得不接受的现实，投资就是一门遗憾的艺术。你对"心目中的价值"的最优解可以把握，但对市场先生无能为力。属于你的最优解何时出现同企业发展的历程不同步，因此，择时"下车"就具有随机性了。相应地，是否长期持有也就具有了随机性。长期持有只是客观结果，而不是一种策略。

价值投资围绕内在价值这一核心展开，可以清晰地识别出投资领域的是是非非。在这个复杂的市场里，并不是共识的观念就是对的，很多时候恰恰相反。从

众心理、羊群效应，极易使人失去判断力，人云亦云。越是被广泛认可的近似公理式的共识，越可能错得离谱。相反，特立独行、与众不同则成了难能可贵的优秀品质。在我的经验里，要克服这种困境最好的方法是抓住最本质的东西不放，独立思考。未来自由现金流折现，这是投资的"第一性原则"，就是最本质的东西。如果说投资领域有什么"公理"，内在价值就是价值投资的公理。从内在价值出发去理解投资，是得到投资真谛的捷径。

四、能力圈的边界和安全边际

普通投资者在市场中十分弱小，但所处的环境风险极高。我们对自己最好的保护方式是像孙悟空为唐僧画一个圈一样，也为自己画一个圈，这个圈叫"能力圈"。能力圈虽限制了投资者的活动范围，却能保护投资者的安全。待在能力圈里，其实就是四个字：不懂不做。何谓懂何谓不懂是一个大问题。有一种普遍的心理倾向叫幸存者偏差，我们都会存有一种"幸运儿一定有我一个，倒霉蛋一定不是我"的潜意识。我们往往对自己的能力自视甚高，很难做到自我的客观评价。怎样客观界定能力圈的范围？能力圈的边界在哪里？这是价值投资者必须回答清楚的问题。

芒格说："如果我拥有一种观点，不能够比全世界最聪明、最有能力、最有资格反驳这个观点的人更能够证否自己，我就不配拥有这个观点。"这是芒格对他自己能力圈的要求。我们看这个表述，芒格的意思无疑是要具有所涉足领域里顶级专家的认知能力才能划进能力圈范围。该如何评价芒格的自我要求呢？我认为，芒格这个要求近乎苛刻。先不论可实现性，单单这个想法就足够疯狂。成为每个所涉足领域里的顶级专家，这对自己是多么苛刻的要求。当然，我并不怀疑这句话的真实性。芒格做任何事情都能做到极致，我认为他此言不虚，他身体力行地按极高标准构建自己的能力圈。芒格为我们树立了一个标杆，学无止境，我们永远也没有停下来的理由。但对于大众而言，这个要求无疑太苛刻了。那么，我们该如何界定自己的能力圈呢？

首先，我认为，能力圈的组成单位不是行业或领域，而是一家家具体的企业。我们投资投的是具体的企业，对行业再熟悉，最终也需要落实到具体企业之上。行业具有共性，而具体企业具有个性，投资更重要的任务是对与众不同的个性的把握和理解。熟悉行业不一定对具体企业有足够深度的理解。因此，我认为，能力圈的组成单位是企业。

其次，能否将一家企业划入能力圈的范围，我的标准是看能否对企业的内在价值有相当程度的把握。再直接一点的表述就是能否对未来的自由现金流有相当程度的把握。这个标准虽比芒格的标准低得多，但我认为也是很高的要求了，足以将绝大多数企业排除在能力圈之外。对未来的自由现金流有相当程度的把握，对于大多数企业而言不可能做到。用芒格的表述就是大多数企业应该被划入"太难"的范畴。理解力达不到"可用的定量"的程度。

所谓"可用的定量"，是指对定量结果有相当程度的把握，并且对决策有用。举例说明，你不能拿"保证贵州茅台至少值 1 000 亿元"的定量结果来证明贵州茅台在你的能力圈里，因为这个结论对决策毫无意义。但如果是"保证贵州茅台至少值 20 000 亿元"的定量结果，就完全不一样了，因为有一天你完全可以拿这个结果来指导决策。

能力圈虽然不强求估值的精度，但起码要对企业有相当程度的了解，并能给出靠谱的估计，该结论会对决策起到决定性作用。这是我对能力圈的要求，如果你做不到或心存疑虑，那就不能将该企业划入能力圈的范围。对于能力圈里的企业应该有高度的自信，这对你的判断、所做假设、所得结论都是有保证的。那么，从另一个侧面来讲，估值时为了弥补确定性不足所选择的折现率就不应该太大。我的习惯是，当我对选择 10% 的折现率得到的结果仍心存疑虑，需要继续提高折现率来打消疑虑时，那么这家企业就不在我的能力圈里。

能力圈不是一成不变的。世界是不停变化的，企业也处在不断变化的过程中。能力圈里的企业随着发展可能涉及新业务、新领域，企业可能会选择转型，由于行业变迁，新技术、新发明可能让同一家企业相比几年前已面目全非。因此，能力圈是需要不断维护的，绝不是一劳永逸的，这是一个"逆水行舟，不进则退"的动态过程。

能力圈还是需要不断扩展的，价值投资者待在能力圈里的自律与待在舒适区里是完全不同的概念。"好公司 + 好价格"才是好投资，好公司是靠主观努力可以把握的，而好价格则是靠上天赐予的，和机会直接相关。机会是成就有准备的人的，但机会也不是经常有的，容得下我们挑三拣四的大机会就更少了。能力圈越大，出现绝对意义的好价格的机会才越多，抓住千载难逢的大机会的可能性才会越大。这就是价值投资者孜孜以求，不断扩展能力圈的根本原因。我们不会满足于固守已有的能力圈，待在舒适区里不出来。价值投资者就是来探索这个世界的，对大千世界永远保持着好奇心和求知欲。对能力圈的扩展就是我们开疆拓土的丰功伟业，价值投资者段位的高低主要也体现在能力圈的深度和广度上。

能力圈相当于持证上岗，是一种事先预防的安全措施，与之相对应的是事后补救。安全边际就是从事后角度采取的另一种安全措施，是一种容错机制，能够确保即使出了错，损失也不大，后果也不会致命。这种容错的思想非常重要，在很多领域里都有应用，就像开车系安全带一样普遍。工程学中的冗余备份思想就是典型的容错思想。

在不确定性很大的投资活动中引入容错机制是科学和必要的。对于股票而言，买入价格决定了投资者承担的所有风险，因此，投资股票的容错就全部体现在对价格的斤斤计较之上。也即格雷厄姆所说的用三角钱的价格买一块钱的东西。这样就算买错了，还有七角钱的空间作为缓冲垫。这就是最初的安全边际思想。

但是，这样生硬地理解安全边际是存在明显问题的。问题在哪里？仔细想一想，这七角钱的空间全是安全边际吗？格雷厄姆的价值投资告诉我们，内在价值一旦回归，必须了结卖出。因此，这七角钱的空间不仅包括容错空间，也包括盈利空间。至此，我们可以得出格雷厄姆的安全边际＝内在价值（卖出价格）－预期收益－买入成本。如果将内在价值和买入成本看作常量，那么安全边际和预期收益就是反向关系，预期收益越大，安全边际越小；预期收益越小，安全边际越大。由此可见，格雷厄姆将预期收益全部寄托在内在价值的回归之上，而他捡的"烟蒂"的内在价值不会增加，因此，他对价格格外斤斤计较。他不但要为出错的可能性留出余地，还要考虑获利空间，这一切都是定量的计算。至于安全边际，也只是凭经验在盈利与安全之间做出的静态权衡。

但是，到了巴菲特和芒格的价值投资，情况发生了翻天覆地的变化。他们抛弃了"烟蒂"理论，取而代之的是好公司理论。这些好公司与"烟蒂"最明显的区别在于，好公司的未来充满希望，而"烟蒂"没有未来。也就是通常所说的时间是好公司的朋友，是坏公司的敌人。好公司的内在价值随时间不断增加，这就使得买入好公司的预期收益不用再局限在买入时的内在价值之内了。相应地，安全边际也就随之在很大程度上失去了预期收益的约束，也就是通常所说的价值投资主要赚企业成长的钱，兼顾赚价值回归的钱。安全边际与预期收益实现了分离。预期收益主要与企业未来的成长相关，安全边际则与低于内在价值的空间直接相关。在此价值投资的模式之下，安全边际才有了较独立的容错意义。

在好公司的内在价值逐年增加的前提下，如果将眼光放长，即使买入价格相对于静态的内在价值不够安全，但随着时间的推移，相对于动态的内在价值也会越来越安全，最终安全边际将会完全失去意义。因为你会发现，当年无论以任何市价买入，对于若干年后的内在价值而言，都是有足够安全边际的。由此可见，最安全的并不是在买入价格上斤斤计较，而是看得准企业的未来。价值投资者最重要的安全边际是理解力和商业智慧，也即上面所说的能力圈。能力圈是第一维度的安全边际。看准了企业的未来，买得贵一点儿还是便宜一点儿，并不会有本质的差别。因此，其安全边际将对价格上的斤斤计较转移到了对企业质量的动态把握上。换句话表达，也可以说是用对质量的高要求代替了对低价的高要求。

在能力圈的前提之下，讨论第二维度的安全边际才具有意义。即要先买对的，再决定用什么价格去买。如果注定是要失败的，那么你穿再坚硬的盔甲也不能保护你。胜定而后战，盔甲才有意义。总的来说，其价值投资对价格的要求削弱了很多。因为好的东西大家都想要，自然便宜不了。物美价廉本身就是一个矛盾的伪命题。在行动时，要为看错留下余地，更要防止错过。过错和错过是一枚硬币的两个面，不可兼顾。越好的公司，越不能过于追求安全边际。大家都看好的，很可能因为计较价格不那么诱人而错过。以合理的价格买入优秀企业，而不是强求以便宜的价格买入。

那么，什么才是合理？合理的标准是什么？我认为，在理解力和商业智慧的第一维度的安全边际的保障之下，第二维度的安全边际对价格的要求的主要目的不是防止看错，而是保证收益率。因此，其对价格的要求并不十分严苛。价格是否合理，要看性价比，参照物是能力圈里的机会成本。当预期收益超过机会成本时，所对应的价格是具有性价比的，该价格是安全的。当预期收益低于机会成本时，所对应的价格是不具有性价比的，该价格是不安全的。

因此，关于安全边际，一言以蔽之，就是用能力圈的理解力和商业智慧来定性，用机会成本作为性价比来定量。

五、市场是用来利用的，请勿与其较劲

做价值投资离不开市场的大环境，完善的价值投资体系必然包括对市场规律的正确认知，适应环境是生存的基础。本章后半部分将讨论与市场相关的内容。

1. 认识市场先生

市场是投资者安身立命的场所。对于投资而言，我们来到市场买卖股票，和我们发生联系的是无数不知道姓甚名谁的对手盘。因此，整个市场好像站在我们的对立面，我们和他的想法总是有分歧的。我们想买他想卖，我们想卖他想买，只有这样，我们之间的生意才能做成。我们只能和市场先生一个人做生意，没有其他选择。这个市场先生是一个怪人，他有时极度兴奋、无法自持，有时极度忧郁、郁郁寡欢，有些时候则和常人无异。这个市场先生还异常偏执，每天都想卖给你股票或者从你手里买入股票，并且价格由他定，说一不二，不允许你讨价还价，你只能选择接受或者不接受。市场先生报价没什么章法，完全看他的心情。但市场先生又有十分可爱的一面，无论你对他的态度如何，无论你看到他报出的价格是多么荒唐，还是暗地里边窃喜边嘲笑他，他都一如既往地对你和善并且执着，每天准时向你报价，风雨无阻。

身处市场的大环境中，了解市场先生的脾气秉性是非常必要的。知己知彼，百战不殆。在拥有完善的投资理念的同时，掌握股票市场的规律，深入了解市场规则，是理解市场行为，进而利用市场，而不是被市场行为所左右的前提。适应环境是生存的第一步。在不同的环境里，生存的方式及策略是不同的。在"T+0"与"T+1"的不同规则下，操作方法完全不同。同一家公司，在A股和H股市场上，股价常年相差悬殊。交易环境是做投资必须去适应的。适应环境要从掌握规则入手。那么，股票市场的规则是什么？换句话说，股票是如何定价的？

股票价格在市场交易中产生。概括来说，股票的定价遵循两项原则：主观定

价原则和边际定价原则。所谓主观定价，是指任何人都可以对任何标的出任何价。只要进入市场，开立了交易账户，拥有了交易权限，就可以任性地根据主观意愿为任意一只股票出任意价格，你的出价会对价格的形成产生或多或少的影响。所谓边际定价，是指最终的股价（收盘价）是由最后一笔（或几笔）成交的价格决定的，此前所有历史交易的影响全部清零。

正因为所有人都遵循这两项原则进行交易，使得市场价格具有极大的随机性。任何人在任何精神状态下的一次出价都会对股价产生扰动。某个人可能仅仅因为心情不好就冲动操作，也可能因为一时兴奋就进行了一次买卖，或者就是一次失误都可能引起股价的剧烈波动。由此可见，股价完全是随机的，只代表刚刚有两个人以当前的价格做成了一笔交易，除此之外，没有任何实际意义。同理，跟股价直接相关的市值也仅仅是一个概念，没有任何实质内涵，不代表公司值或者能卖这些钱。由市值比较出来的"首富"的光环也就没那么耀眼了，没有任何意义。

市场先生是格雷厄姆对股票市场做的拟人化描述，将这个市场的特征刻画得淋漓尽致。市场先生的表现就是市场里形形色色的参与者众生相的缩影。任性、恣意妄为、喜怒无常是他鲜明的标签。在现实生活中，如果真的有这样一位"可爱"的先生同你做生意，你会不会连做梦都能笑出声来？你不想盈利都难。可是，当你走进股市，真的面对这样一位市场先生时，面对这么容易做的生意，你一下子就不知所措了。别说盈利，你反而会被他搞得晕头转向、狼狈不堪。

为什么会这样？当你理智时，清醒的你会轻易将发疯犯傻的对手操纵于股掌之间；但是，当你失掉理智，被市场先生带入自己的情绪里时，那你就是一个俘虏，只能任人摆布。市场先生很任性，但他有一项绝技就是极具感染力，会轻易将你带进他的情绪里，让你跟他一起失掉理智。这就是虽然我们面对的对手很傻，看起来很容易战胜，但实则并不好赢的原因。

2. 认识自己

股市是一个神奇的地方，人的弱点会被集中放大。所以，一个心智成熟的人一旦踏入股市，完全有可能变成没有思想、随波逐流的另一个人。市场先生如此荒唐，客观上也印证了市场中的大多数人在做着同样荒唐的事情。市场由人组成,想改变太难。失去理智的一群人聚集在市场中,形成羊群效应,从而放大危害结果。整个市场也因此出现了"1∶2∶7"的必然结局,这是一个很残酷的结论,但却是不争的事实。大多数人是错的,只有少数能坚持自我、不从众的人才能获胜。

合格的价值投资者想取得战胜市场的结果并不难,前提是你是正常的,能保持理智,情绪不被市场先生左右。这是必须跨过的坎儿,否则,再强大的认知能力,再强大的理解力,再准确的研判,再厉害的战术,落实不到执行上都无济于事。保持独立和冷静,不被市场先生牵着鼻子走,是一切想法得以落实的前提。

不被市场先生牵着鼻子走,时刻保持理性,说一说何其容易,但要做到何其难。

六、正确的风险观

"股市有风险,投资需谨慎。"这是普通投资者听得最多的一句风险警示。但何谓股市的风险?多数人可能会直白地说,风险就是在股市里亏钱的可能性。但亏钱只是一个结果,结果由行为主导。只谈结果不追究主因的探讨是毫无意义的。因此,探讨股市的风险,我们要从行为本身出发,探究风险的本质,从而树立正确的风险观。不同的风险观会带来完全不同的风险应对措施,会对投资活动产生巨大的影响,如图2-4所示。

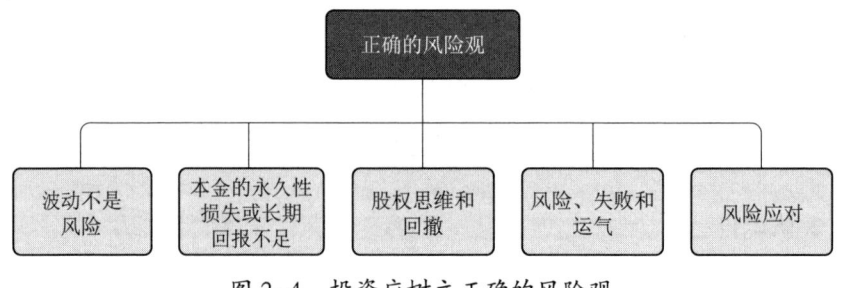

图2-4 投资应树立正确的风险观

正确的风险观
- 波动不是风险
- 本金的永久性损失或长期回报不足
- 股权思维和回撤
- 风险、失败和运气
- 风险应对

1. 波动不是风险

在上一节中我们探讨了市场先生,得出"股票价格在短期内和给定时间点具有随机性,完全不可预测"的结论。市场短期是投票器,长期才是称重器,只有放到长期的环境里,才可以确保股价和内在价值的高度相关性。因此,面对波动,我们基本上无可奈何,只能被动接受。对于股价随机游走的波动,价值投资者只会选择无视,股价波动绝对不是风险。

但是,在现代金融理论中,对风险的评价是建立在对波动幅度的测度之上的。最典型的对风险的表达是 β 系数。β 系数是一种风险指数,用来衡量个股相对于整个股市的价格波动情况。β 系数从统计学的角度反映了某一投资对象相对于整体的表现情况。其绝对值越大,显示其收益变化幅度相对于大盘的变化幅度越大;其绝对值越小,显示其收益变化幅度相对于大盘的变化幅度越小。以 β 系数评价风险,风险就是股价的波动幅度。两种理念,孰是孰非?只需要回答一个问题即可:排除企业的基本面出现大问题,纯粹由于极端情绪的影响,市值为 100 元的同一家企业,跌去 90%,跌到 10 元。我们是在跌到 50 元时买入更安全,还是在跌到 10 元时买入更安全?计算 β 系数,跌到 10 元时的 β 系数一定比跌到 50 元时的 β 系数大得多,相应地,跌到 10 元时的风险比跌到 50 元时的风险要大得多,因为波动大得多。在跌到 10 元时买入比在跌到 50 元时买入危险得多,这显然是荒唐的。股价波动是市场现象,犹如潮涨潮落,无法避免。将这一"自然现象"作为风险是大错特错的。

2. 本金的永久性损失或长期回报不足

投资真正的风险其实有两方面:一是本金的永久性损失;二是长期回报不足。本金的永久性损失是指实质性亏钱,与暂时"被套"的账面损失是完全不同的概念。本金的永久性损失主要是由于支付了与内在价值严重不符的过高价格,在可预见的将来,没有希望挽回本金;或者对企业的未来判断有误,买入之后企业的内在价值大不如前。这种风险的实质是认知水平的局限所带来的理解力不足。长期回报不足的风险往往被投资者忽视,这是由根深蒂固的"风险即亏钱"的思想决定的。其实,对投资而言,更大的风险是长期回报不足。对于成熟的价值投资者来说，长期亏钱的可能性不大，长期回报不足则很普遍。长期回报不足是更应该防范的风险。

长期回报不足是经过比较得出的结论，所以，需要一个参照物。我认为参照物应该是放弃其他选择的机会成本。如果你的能力圈里只有两个选择，一个预期收益15%，另一个预期收益12%，你因为15%的预期收益放弃了12%的选择。但事实上，10年之后，你选择的实际收益只有10%，而放弃的实际收益达到15%。你的实际收益10%达不到你的机会成本12%，因此，你承受了长期回报不足的风险。需要强调的是，长期回报不足的风险是和自身能力对比的结果，15%的收益对于你我来说可以满足，不是风险，但对于巴菲特来说可能就是风险，因为相对于他20%的能力而言，是不能满足预期的。

3. 股权思维和回撤

"扛回撤"是价值投资者的必修课，也是走向成熟的必经之路。股价的大幅回撤总是不可避免的，而股价回撤总是很熬人的。心理再强大的人面对股价回撤，也是需要克制与调节情绪的，这不言自明。我不想大言不惭，用说教的方式告诉你应该泰山崩于前而岿然不动。我们都会恐惧，都会自我怀疑。面对股价大幅回撤，谁也不可能泰然自若。但是，作为价值投资者，平和的心境和强大的心理素质是我们必须不断强化的基本素质。做价值投资，研究能力固然很重要，但比研究能力更难能可贵的是执行力。再透彻的理解，再精明的策略，没有强大的执行力保证实现，一切都是空谈。而执行力的强弱在面对危机时才能体现得淋漓尽致。股价大幅回撤是执行力强弱的试金石。一位合格的价值投资者，这一关是必须过的。

面对股价回撤的煎熬和恐惧，归根结底，还是将股价和钱相提并论了。这是一种典型的现金思维。要克服对股价回撤的恐惧，关键是建立股权思维。股权思维与现金思维的根本区别在于，股权思维是以持有优质股权为最终目的的，而现金思维是以持有现金为最终目的的。无数的人进行了无数的研究，都证明了长期股权投资才是收益率最高的投资方式。这是不容置疑的结论。反而现金是收益率最低的资产，考虑到通货膨胀，现金还是非常危险的资产，因为持有现金必然"亏损"。

因此，价值投资者应该竭尽所能获得更多的优质股权，而不是时刻准备在适当的时机将股权转让。在股权思维下，持有股权应该是常态，持有现金反而是不得已而为之的暂时性行为。股权是目的，现金是手段。这种不得已而为之的持有现金的暂时状态，只有在少数情况下才会发生。这些情况包括：

（1）股价疯涨，远远脱离其内在价值，可以确保以低得多的价格买回更多股权。

（2）错误研判或者企业经营遭遇不可逆的由强转衰及外部环境恶化等原因，导致放弃持有。

（3）在能力圈里找不到符合买入条件的优秀企业。

相应地，我们只需要在面对股价由极高处向内在价值回归时，以及当企业长期业绩由于自身经营或外部环境恶化等原因由强转衰，逻辑改变，不再优秀时，积极应对，果断卖出，对于其他原因导致的股价回撤，不用太过慌张。诸如股价纯粹的随机波动、企业短期业绩受阻、黑天鹅事件导致的情绪主导的恐慌等，我们没必要应对，它们通常来得急、走得快，也没有办法应对。

面对股价回撤，需要定力和强大的心理。我们就处于这样的环境里，犹如家常便饭，躲不过也逃不掉，必须学着适应。市场里有这样一句话："没经历过几次'腰斩'的投资者都是不成熟的。"经历对于投资者来说是一笔莫大的财富。

4. 风险、失败和运气

树立正确的风险观，有利于平和心态的形成。首先要能正确看待风险、识别风险，才可能从容应对风险、驾驭风险，面对不属于风险范畴的股价波动，甚至是剧烈波动，我们才能以更加宽广的胸怀和更加长远的目光对待当下，对于风险因素导致的损失甚至是失败，我们也能坦然接受。

投资的本质是一项预测活动，预测是面向未来的，未来是不确定的，不确定必然伴随出错的概率。对于投资而言，差错与生俱来，不可避免。同时，我们的预测是逻辑推理，逻辑推理必然要用到假设，假设就会面临多条路径，我们通过后视镜往过去看，实际路径有且只有一条；但通过望远镜向未来看，合理的路径可能有很多条。未来究竟沿着哪一条路径发展，我们事先无法知晓。

投资活动本身就是一个存在风险的选择，只有选择大概率的路径去走，同时必然要承担小概率事件发生的风险。这是一个没有100%确定性的领域，偶然和意外无法避免，但只要坚持做大概率正确的事情，同时辩证看待和坦然接受小部分不可避免的失败，总体的结果是大胜而小败，最终会确保取胜。

失败与投资如影随形，既然无法避免，遇到时坦然接受即可。说到底，投资中的不确定因素太多，运气永远是投资密不可分的一部分。在很多时候，投资失败仅仅是因为运气不好而并非因为其他。运气分好坏，有好运气必然有坏运气，将时间拉长，在整个投资生涯里，好运气与坏运气基本抵消，最终决定投资者高度的还是能力。因此，运气好时不用沾沾自喜，运气坏时也不用怨天尤人，坦然接受就好。

5. 风险应对

解决了思想的问题，接受了风险的必然性，应对风险就能游刃有余。一句话概括就是，坚持做大概率正确的事情，并对小概率事件保持足够的重视。既要小心谨慎，心怀敬畏之心，又不能畏手畏脚。该预防的预防，该承受的承受。对风险最好的应对就是对企业进行全方位深入的理解，有时恐惧源于无知，有时无知者无畏，无知是最大的风险。坚持待在自己的能力圈里，不懂不做，这是铁的纪律。理解"过错"与"错过"的矛盾统一，辩证看待安全边际，拿捏好安全与冒险的分寸。坚持"相对集中，适度分散"的原则，即使有再大的把握也不能将所有的期望寄托于一处，将所有身家投入一只股的行为是危险的。坚持按确定性大小分配仓位的原则。犯错没什么大不了，但要做到有错必改，绝不再犯。做到对自己诚实，切莫自欺欺人。时刻保持理性，杜绝由情绪操控头脑。

我所列举的这些风险应对都是一些大的原则，有点儿"鸡汤"的味道，但很容易理解，就不再展开解释了。我没有说具体该怎么做、有哪些标准，因为我始终认为，战术的东西因人而异，无法统一。比如，适度分散，什么叫适度？同时持有几只股票叫适度？相对集中，一只股票占多大比例叫集中？这些都没有固定的标准，要看个人的理解和适合自己的体系。这也充分体现出投资的艺术性。

七、分红有那么重要吗

进入二季度，宣布分红的企业开始陆陆续续执行分红计划。看着账户里逐渐增加的一笔笔现金和相应减少的市值，并且要面对红利的再投资问题，这些引起了我对公司分红的诸多思考。

不可否认，对于分红丰厚的公司，投资者给予的评价都不会太差；相反，一毛不拔的"铁公鸡"，通常是招人厌的。对于高股息率的认可，这是投资者的普遍反应，似乎本该如此。但是，我总觉得哪里不对劲。请回答我一个问题：拿到高比例分红，对于投资者而言，得到好处了吗？

有人说，我从上市公司那里分到了真金白银，当然得到了好处。但是，投资股票的主要目的恐怕不是定期分红吧？我们不都在等着股价上涨吗？10元的股票，你给我2元的分红，我的股票相应变成了8元，我得到好处了吗？显然没有。这还没考虑税费。大家对这个事实恐怕没有多少争议，分红动作本身不但没有利益，反倒存在潜在损失。

那么，人们对这个会让自己承担潜在损失而毫无收获的红利的热衷源于什么呢？也许你又要告诉我了，分了红，股价是除权了，但以后大概率会填权。好像是这个道理。我没有找到专门的统计数字来证实有没有分红后没有填权的股票，有的话又有多少？为什么分红除权后就一定会填权？这里面又有什么必然逻辑？我也没有明确的答案，只能逆向思维来否定只分红不填权的可能性。那就是如果存在只分红不填权的事情，每年都分红，每年都除权，那用不了多少年，股价就分没了。年年获利、年年分红的公司，市值被分红分得归零，这显然是不可能的。因此，分红后填权，在很大程度上可能是对的。

针对这些问题，下面我来尝试给出自己的见解。

（1）投资者对高股息率的好感是不争的事实，但从股东角度来考量，实际上现金股利对股东并无任何好处。但从心理层面，股利多有一种对股东好的错觉，这种错觉可以用行为经济学来解释。同前面相关章节所述的种种无意识的非理性现象一样，其实投资者对股利的钟爱无疑也是这样一种非理性的"怪现象"。现金到账，无论得没得到好处，你的错觉就是我得到了好处，你就认为高股息率是好的。这就是典型的前景理论，人在面对收获的时候是不愿意承担风险的，一边是实实在在的红利，一边是随机游走的股价，在心理上倾向股利是一定的，这实际上是一种股利偏见。从心理层面，股利多有一种对股东好的错觉，这种错觉对市场评价企业价值是有非常大的好处的，会有很多人将高股息率作为评判公司优劣的标准之一。

这颇像"劣币驱逐良币"现象。市场不相信应该怎样，只相信我认为怎样。当多数人的"我认为"达成一致时，就无所谓是非对错了。所以"劣币驱逐良币"，劣币充斥市场，为市场定价。回到股利，本能决定大多数人喜欢股利，喜欢大比例分红，无所谓对错，必然会让股利成为市场定价的重要影响因素。这也许能部分解释"分红必填权"的现象，市场就乐意为分红的行为买单。

（2）对股东来说，分不分红并无差别，但从企业角度来看，分与不分可就是天壤之别了。按道理讲，企业获得了利润，在不影响后续发展需求的情况下，留着没用，应该分给股东。企业分出的可是真金白银，分了以后，企业就少了一大笔现金。利润和现金是完全不同的概念，而分红将二者紧密联系到一起。

能大比例分红，首先，证明盈利的质量有保证，这样的公司当然更有价值。其次，企业上市的一般目的是融资，融资是为了发展，是向市场要钱，发展壮大之后挣到钱，懂得还钱的，公司的声望要好很多。那么，从分红来评判公司就是一个可行的角度。多数高分红的企业也存在一个突出的问题，即成长性不足。持续稳健增长的企业，资金的需求通常较大，在资金紧张的情况下，高比例分红是不现实的。能够持续高比例分红的企业，我们称为"现金奶牛"，通常都是业务稳定，具有良好的经营造血能力，但缺少扩张思路和机会，没有资金需求的企业。

这样的企业有钱没处花，成长性明显不足。另外，有些企业长期保持高比例分红，并非体现管理层对中小股东的责任和担当，仅仅是因为大股东需要分红的资金而已。例如，伟星新材就是一只任劳任怨的"现金奶牛"，而它高比例分红的原因是大股东伟星集团的主业是房地产商，资金需求量非常大，从而将伟星新材作为资金蓄水池的一个进水口。

（3）即使对高分红的企业加印象分情有可原，对低分红甚至不分红的企业也不能一棍子打死。典型的例子是伯克希尔从不分红。如果把红利留在企业里，能获得的资本收益远高于作为分红的收益，那就不应分红。让盈利再投资，使企业体现复利的强大威力是最好的状态。伯克希尔不分红就是这个原因，把钱留在巴菲特手里让它增值，显然要好过分到大多数股东手里。几乎所有的公司制定的股利政策都是从企业经营和资本支出所需现金的角度考量的，没有从资本收益率的角度考量的。但对资本收益率高而又缺钱的企业而言，不分红是最佳选择，因此，应该辩证看待分红问题。而对现金充沛，又没什么用途，又不分红，将大把现金留在账上做一些收益率很低的理财的公司，是应该批判的。从这一点来讲，众多白酒企业都是这样的典型。

综上所述，是否分红及分红多少不是一道非黑即白的命题，应具体情况具体分析，不存在通用的准则。高分红就一定好，不分红管理层就一定不行，这样的第一印象是武断的。对股东而言，分红本无直接好处，但由于这样或那样的原因，高股息率又对公司的市场评价有好处。这一现象不用追究谁对谁错，不如将错就错，碰上了就按利好对待，碰不上也别强求。将高股息率作为选股的条件是极其不明智的，这是对待股利正确的态度。回到投资的根本，企业的自由现金流不会因分红的多少而改变，因此，企业的内在价值也不会因分红行为本身而发生变化。仅看分红的行为，也只不过是迎合了投资者的多种心理偏好而改变了预期效应，从而引起了股价的偏离，仅此而已。

八、买入远比卖出重要

如果你真正接受了价值投资的理念，拥有了股权思维，那么你会很容易接受"买入远比卖出重要"的观点。现金是风险性很大的资产，因为通货膨胀的客观存在，现金必然导致损失。那么，现金肯定不是我们最终的目的。现金只是资产的一种特殊的过渡形式，我们最终的目的是拥有更多的优质股权。因为优质股权具有生产性，可以生产"价值"，从长期来看，股价与价值趋同，这就保证了我们的资产是不断"增值"的。这是价值投资策略长期可行的底层逻辑。

既然拥有优质股权是最终目的，因此，只要不是公司出现问题，否定标的公司而选择放弃，在投资公司的过程中，卖与不卖的差别只是主观做不做差价，结局均是持有。而选择做差价是要冒险的，需要经历将优质股权变现，再将现金变回优质股权的过程。在这一过程中实现了两次质的飞跃，均需要时机成全，而时机并不是经常会有的，需要市场先生带来好运气。

为什么做差价鲜能成功？当我们为了做差价而做差价时，很多时候就忘记我们的初衷了，会因为过于计较眼前利益而将长远利益拱手相送。因此，不建议价值投资者轻易为了差价卖出优质股权。当然，做价值投资不是只有巴菲特所采用的一种策略——买入不动，一直持有几十年。不是说价值投资不能做差价，但要清楚，做差价是为了能在低得多的位置再买回更多的优质股权。在确保这个核心目的可以实现的情况下，当然可以通过做差价来扩大"战果"。

然而，如何才能确保这个目的的实现？只有在极其特殊的情况下，市场先生给了难得一见的时机时。这个时机就是极度高估。市场先生有些时候会极度亢奋，将股价标得离谱，不切实际地高。当我们用最乐观的假设估算出的内在价值都高不可攀的时候，就可以确定极度高估了。当优质股权被极度高估的时候，会透支今后若干年的成长潜力，在几年的时光里，市场先生总会有冷静和消沉的时刻，我们有极大机会实现在低得多的位置买回更多优质股权的目的。因此，优质股权卖出的标准是极度高估。

为什么不是一般高估呢？首先，内在价值本身是不可能估算出一个确切值的，我们只能给它一个很宽的范围，并且无法确保在这个范围上下一定幅度之内就不是真实的内在价值可能达到的水平。其次，市场价格完全随机，即使它长期在领先内在价值的上方不远处，也没什么不可能。长期市场价格会向内在价值趋同，但是趋同的方式不一定是股价回调，也完全可以是股价不回调，而是等优质股权"生产"出更多的内在价值，从而实现市场价格和内在价值的趋同。但是，做差价是为了能在低得多的位置再买回更多的优质股权。在一般高估的情况下，这一目的显然是无法确保实现的。

对待我们手中的优质股权的原则是不要轻易放手，它们会在未来带给我们无比丰厚的回报。在不确定一定能捞回可观好处的时候，不要将手中的"魔石"轻易放手，"魔石"的未来是价值连城的"玉"。至于什么算一般高估，什么算极度高估，这就没有具体的标准了，不一而足，对其的拿捏充分体现出投资的艺术性。对于优质股权，卖出不是必备的行为，在多数情况下是多余的，即使是在极度高估的时候，卖出也不是标准答案。将时间放得足够长，卖出所带来的锦上添花可能是微不足道的。

相对于卖出，买入则关键得多。买入价不仅锁定了投资者需要承担的所有风险，而且在很大程度上也决定了投资者的长期收益。买入远比卖出重要，投资者必须更谨慎地对待买入，在买错和错过之间、在确定性和收益性之间做好权衡。买入的标准并不强求低估，以合理价格或一般低估的价格买入即可，极度低估则是可遇不可求的理想状态。买入和卖出的标准并不是对称的。

九、买入与持有的"悖论"

合理或一般低估是买入的标准，而只要不到极度高估，我们对优质股权都会持有。可见，在从合理或一般低估到极度高估的这一大段价格区间里，我们不会买入，同时我们也不会卖出。既然我们不愿意买入，为什么又不愿意卖出呢？这似乎是一个自相矛盾的逻辑悖论。

其实，不愿买入和愿意持有并不矛盾，因为买入与持有是性质不一的，买入是一个动作，持有是一种状态，买入与持有原本就不可比。要进行比较，只能两个动作比或者两种状态比。我们假设将持有的状态转化为无数个没有成本、没有时间间隔的"卖出＋买入"的一系列动作的组合，去和一个单一的买入动作进行比较。买入完成了从现金到股权的转化，改变了资产配置；"卖出＋买入"的组合却没有改变资产的配置，也没有改变隐含的风险和收益。将持有等价于"卖出＋买入"后，持有的状态原本没有标准可言，现在就有了对应的买入标准和卖出标准。既符合买入标准，又符合卖出标准显然是互斥的。

逻辑中的矛盾规律告诉我们，不可同真，必有一假，或者两个都是假的。所以，要么符合买入标准，要么符合卖出标准。这样的话，买入和卖出就不可能共存，"卖出＋买入"的连续动作也就不可能同时发生了。因此，买入和卖出要想共存,就必须满足两个都为假的条件,既不满足买入的条件又不满足卖出的条件。这就是持有的状态。买入与持有的"悖论"原本就不是一个悖论,在既不符合买入标准又不符合卖出标准的中间地带,正是最广阔的持有的空间。因此,做价值投资,大部分的时间是"无所事事"的持有状态,这中间没有动作。

第三章

价值投资者的自我修养

价值投资体系的核心原理并不复杂，但要支撑起整个认知体系，完善的知识储备不可或缺，同时成熟的心态也尤为重要。这些修养对于价值投资者而言，是终其一生都需要孜孜以求的，价值投资者的自我修养如图3-1所示。

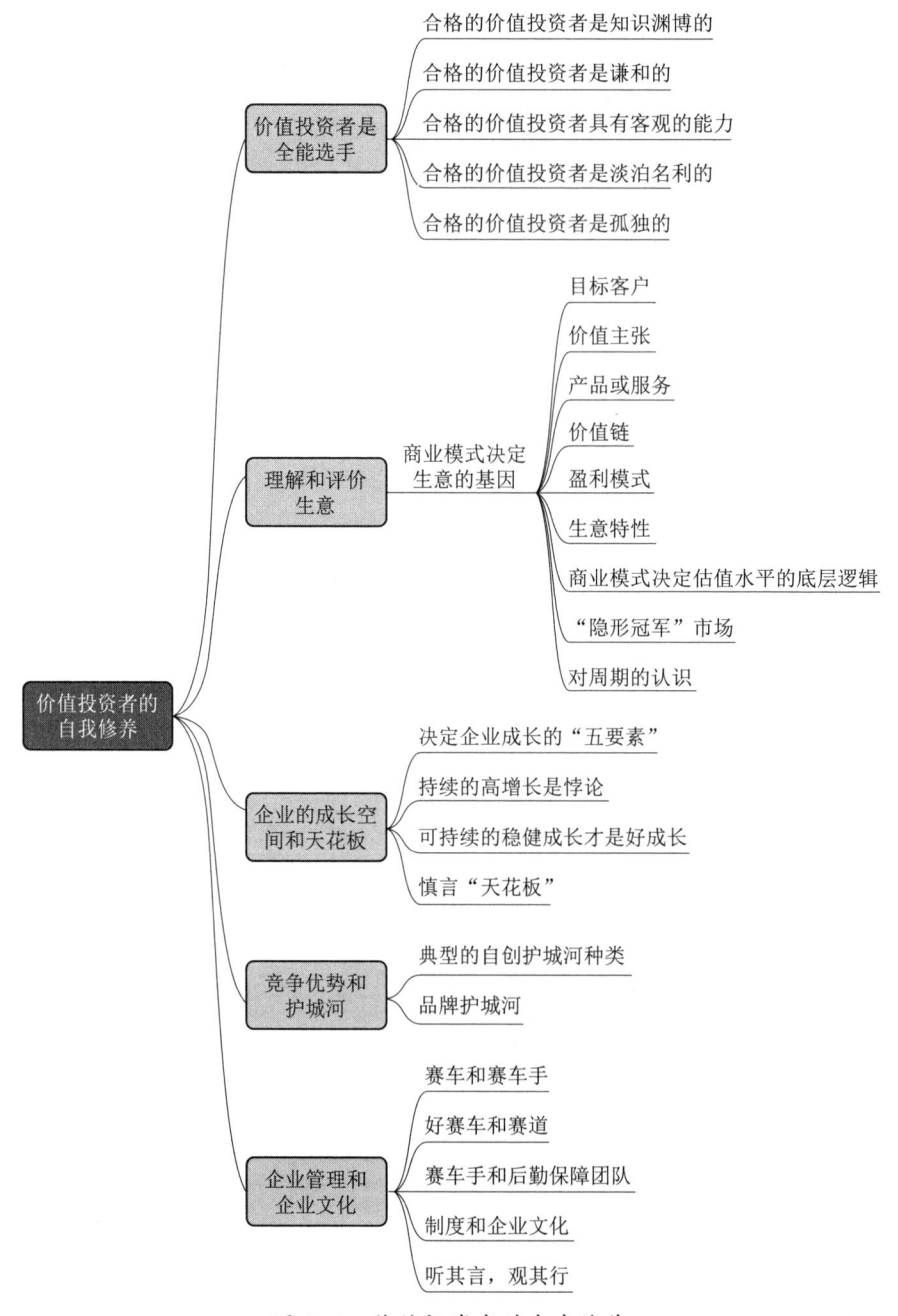

- 价值投资者的自我修养
  - 价值投资者是全能选手
    - 合格的价值投资者是知识渊博的
    - 合格的价值投资者是谦和的
    - 合格的价值投资者具有客观的能力
    - 合格的价值投资者是淡泊名利的
    - 合格的价值投资者是孤独的
  - 理解和评价生意
    - 商业模式决定生意的基因
      - 目标客户
      - 价值主张
      - 产品或服务
      - 价值链
      - 盈利模式
      - 生意特性
      - 商业模式决定估值水平的底层逻辑
      - "隐形冠军"市场
      - 对周期的认识
  - 企业的成长空间和天花板
    - 决定企业成长的"五要素"
    - 持续的高增长是悖论
    - 可持续的稳健成长才是好成长
    - 慎言"天花板"
  - 竞争优势和护城河
    - 典型的自创护城河种类
    - 品牌护城河
  - 企业管理和企业文化
    - 赛车和赛车手
    - 好赛车和赛道
    - 赛车手和后勤保障团队
    - 制度和企业文化
    - 听其言，观其行

图3-1 价值投资者的自我修养

一、价值投资者是全能选手

在所有的田径项目中，有两个项目很特殊，对运动员的跑、跳、跨、投、掷各方面的综合能力进行考察，这两个项目分别是男子十项全能和女子七项全能。全能选手相比于专项选手，每个小项的单项能力是没法比的，但是除了专一项，专项选手的其他能力则都是短板。越是优秀的全能选手越是没有非常突出的优势项目，他们的过人之处是各项能力平均，没有短板。这很像木桶理论所说的，一只水桶能装多少水取决于它最短的那块木板。借用田径的全能选手类比，价值投资者也应该是"全能选手"，决定价值投资者高度的不是他的长板有多短，而是短板有多长。

价值投资者在某些方面拥有绝对优势是非常正常的现象。上学时的优势学科、所学的专业、长期从事的工作、对某些事物特别的兴趣爱好等，均会形成高于常人的绝对优势，就像专项选手的专项能力是让常人望尘莫及的。专业的长板对投资是不是优势？这个问题比较复杂，只能说也是也不是。当你对一个领域里的大大小小、方方面面都耳熟能详，拥有很深的造诣和很广的见识时，你具有的是强大的专业能力。专业知识对相关领域的投资而言必不可少，这不言自明，从这一角度来看，专业能力是巨大的优势。

然而，有一个很现实的问题是，我们立足于这个世界，相对于外行而言，每个人都具有所从事行业里的专业优势。如果专业优势可以在相关领域的投资中顺利变现，那么各行各业的人在他们的能力圈里均可以通过超常的见识发家致富。遵循这一逻辑，人人都能实现盈利。但现实却是残酷的，绝大多数人并没有因为专业优势在市场里捞到任何便宜。在投资市场里，我们常听到一句话："如果财务分析能力是优势，那么最有钱的将是会计师。"同理，这句话可以扩展到各行各业，变成"如果××能力是优势，那么最有钱的将是××师"。

不过，我认为在某一方面能力强总归不是坏事，只能说明单一的专业能力对于价值投资是远远不够的。这是一场全能比赛，专项选手赢不了全能比赛。

专业性在投资领域里常常是贬义的，它背后的含义往往是片面、主观和不立体。以专业的眼光看问题，往往难以避免思维定式，产生"锤子倾向"。芒格说，拿着锤子的人看什么都是一颗钉子。当你试图从你所擅长的单一维度去理解一个复杂系统的全部问题或一个有机整体的时候，以偏概全就难以避免。无论从哪个角度出发，一条路走到黑，最终会犯盲人摸象的错误还不自知。这时你的专业能力越强，看得越深，把握越大，态度越笃定，你就错得越离谱。如是这般，专业性非但不是优势，反而会放大错误的认知。相反，如果将手中的"锤子"换成工具箱，将单一维度切换为多维度，以多元、立体的视角去解决一个系统问题，工具箱里偶尔出现一件先进的"精密仪器"，那对解决问题无疑会锦上添花。这样，专业优势在局部会发挥突出的作用，从而加强对整体的认知。

人类之所以能够站到食物链的顶端，关键原因是直立行走解放了双手，用双手劳动激发了大脑的进化。发达的大脑让这个跑又跑不快、跳又跳不高、飞又不能飞、又不强壮的物种最终主导了地球。然而，在人类漫长的进化过程中，为了迁就直立行走和大脑的进化，人类在其他方面做出了很多牺牲和让步。举例来说，为了适应直立行走，人体脊柱形成四个生理弯曲，起到平衡和缓冲的作用，颈椎和腰椎因此承受了巨大的压力。

客观地讲，人类的脊柱结构在"迁就"直立行走。直立行走的意义重大——解放了双手，促进了发达大脑的进化。然而，除了有一个越来越发达的大脑，我们的许多机能是在全面退化的，我们的运动能力、灵活性、消化系统的机能等都比其他哺乳动物差很多。这些能力的差距还体现在很多其他方面，比如对危险的感知和预测能力。

预测能力是人类完全不具备的能力，但是许多动物都具备。比如很多动物对地震都有预先感知的能力，而人类却没有。然而，价值投资活动的本质是预测一家企业的未来，这种预测活动同动物本能的预测感知能力是有根本区别的，真正的预测感知能力是一种本能，结果为确定，对人类而言是一种"特异功能"。人类不具备这样的能力，所以只能根据逻辑推测出未来的可能性。这实际上是一种"山寨版"的预测，是在强"人"所难，是在明知不可为而为之，预测的结果根本无法保障。另外，商业活动的复杂性更加剧了未来的不可测，变化是商业世界永恒的主题。面对这种现实，我们就束手无策了吗？

也不是，虽然预测能力是欠缺的，但人类发达的大脑具有强大的逻辑推理能力，合理运用这种能力，对事物的发展前景做出前瞻性的预判则是完全可以做到的。至于结果的准确性虽然仍难以保证,但是经过严谨、全面、客观、立体性的推理,给出保守的结论,并辅以科学的容错机制,犯大错的概率会大大降低。这就是整个价值投资体系的指导思想。由此可见,价值投资这项活动对于投资者的素质要求极高,合格的价值投资者身上必须具备一些特质才能适应预测这项工作。

1. 合格的价值投资者是知识渊博的

商业作为将知识应用于生活来改造世界的最直接的途径,是各种最先进的科学技术和知识应用的集合体。我们要投资商业活动,对相关的知识有全面的把握是前提。因为我们是在对未来做出合理的预测,不明白其中的原理,搞不清其中的逻辑,预测也就无从谈起。价值投资者的能力圈是需要不断维护的,变化是永恒的主题,这是一项"逆水行舟,不进则退"的能力。

相应地,我们的认知需要一个不断更新和迭代的进程。能力圈也是需要不断扩展的,合格的价值投资者不会满足于待在舒适区里,对未知领域探索的脚步不会停歇。每进入一个新领域,相关学科的专业知识都需要大量补充。另外,多元化的立体思维决定了仅仅依靠相关领域的专业知识远远不够。世间的智慧和各种知识体系相互交织、相互作用,共同构成了这个斑斓的世界。这个世界是复杂的,要客观认清面前的世界很难,价值投资的本质是对认知能力的变现。

知识掌握得越多,工具箱里的工具越多,才越有可能更靠近事物的原貌。认识一家家企业和认识这个复杂的世界并无本质差异,只不过具体到了一个很小的领域里,多元化的立体思维不会打任何折扣。价值投资者的工具箱里需储备多种多样的工具,在认知事物的过程中可以随时自动调用。

好奇心和求知欲是价值投资者的特质,这些特质是支撑价值投资者前行的动力源。只要还在这条路上追逐,对这个世界的探索就永无止境。日积月累的力量是惊人的,在不知不觉中就会塑造一个渊博的你,用知识武装头脑,带给你的是强大的认知能力。知识和认知能力的积累也是有"复利效应"的,越往后越是几何倍数地增长,你的知识会越来越渊博、你会越来越睿智。

2. 合格的价值投资者是谦和的

智者和愚者的区别在于，愚者觉得什么都知道，而智者则觉得不知道的太多。置身于投资的汪洋里，聪明的价值投资者越是渊博越是感到贫瘠。因为在组成这个大千世界的角角落落里隐藏着无穷的知识和智慧，无论如何努力也学不完。学得越多会发现不知道得越多，越会对知识产生敬畏，谦和之心由此而生。

谦和的人懂得客观地评价自己的能力，能看清自身的不足，然后会平和地接纳这些不足，努力改善。当不具备某些能力时，谦和的人会有清醒的自我认知，从而避免在这些领域里盲目"交学费"。谦和的人是懂得示弱的，示弱对于投资而言是美德。我们不会因示弱而产生任何损失，却可能会因逞强而血本无归。

这个世界太多元、太复杂，大多数领域是我们无法弄懂的，少数领域即便弄得懂，也在不停变化的过程中，未来本就是不确定的，充满未知。就算我们有能力去推演出一个大概合理的结论，现实又是充满意外的。谦和的人会平静地接受种种不测，因为这本身就是投资的一部分。谦和的人不会因意外而怨天尤人，更不会将话说得太满，不留余地，而会非常细致地为可能的失败找好退路，不至于一败涂地。谦和的人也不会因胜利而得意忘形、沾沾自喜，结果得偿所愿，没有出现意外，其中也有运气的成分，运气同投资如影随形，该有的谨慎不应因胜利而有半点儿松懈。

3. 合格的价值投资者具有客观的能力

价值投资者的核心能力是客观的认知能力。认知能力易得，但想做到客观却很难。客观不是一种态度，而是一种难得的能力。

认知的过程分两步：第一步是发现事实；第二步是对事实进行评价，得出结论。客观的能力针对的是第二步。在投资中发现事实容易，而对事实进行客观评价却很难。因此，不同的人面对相同的事实会得出完全相反的结论，这在市场中是再平常不过的事情了。这种现象背后的主导因素是什么？

要系统解释这一现象是困难的。在这里，我只用一句话归纳出结论：投资者的感性思维导致失去客观的判断能力，而不自觉的感性思维则来源于过往的经历和情感因素的深刻影响或人性中固有的非理性成分。

那么，要拥有客观的能力，就必须摒弃过往经历和情感因素的深刻影响，战胜固有不理性的弱点，哪一个都是不容易的。别的能力可以学、可以培养，但客观的能力靠主观努力可能会收效甚微，这更多和性格相关。而性格的形成取决于生活经历和自身。从这层意义上讲，投资也是需要天赋的。

4. 合格的价值投资者是淡泊名利的

价值投资者的最终目标都是获取盈利，但是君子爱财，取之有道。价值投资者赚钱的"道"无非两条。这里有一个大超市和一个小卖部。第一条"道"，当大超市被市场先生错标成小卖部的价格时，买入大超市，等价格回归到大超市该有的正常价格水平时卖掉，这就是平常说的"价值股"投资；第二条"道"，如果小卖部发展前景良好，有一路发展成大超市的潜力，那么在它还是小卖部的时候以小卖部的价格买进，等它长成大超市后以大超市的价格卖出，或者在它把连锁店开遍每个角落前都不需要卖出，这就是平常说的"成长股"投资。无论哪一条"道"，我们能做的都只是全力以赴地确定值不值得买、以什么价格买。在买入之后，除了根据后续的经营来验证之前的判断外，只能等，对价格的波动只能无条件接受。既然没有选择权，股价在到达终点前的一切表现均毫无意义，所以，忘掉股价是最明智的选择。

但是，多数人做不到。因为股价的上上下下代表你可以换取的钱数的变化，你把账户看成钱包，一会儿鼓了，一会儿瘪了，换成谁谁能淡定？其实，你的钱包里面装的不是钱，只是一定数量的股票，你只要不动，股票不会少一张。你买股票时确定未来可以以高价卖出，在没有达到你的预期时，你拥有的就是股票，而不是随时可以转换成现金的东西。忘掉股价，不要让毫无意义的股价波动使你之前所做的大量有意义的工作和付出的大量心血付诸东流。巴菲特说，想要赢就专心打比赛，别老盯着记分牌。

淡泊名利是价值投资者需要具备的基本素质。乍一听这句话不可思议，天天和钱打交道，将挣钱作为最终目标的人，要求他淡泊名利实在有些匪夷所思。但细细琢磨一下，这并不冲突。赚钱仅仅是水到渠成的结果，"挖渠"的本领才是我们永无止境的追求。凡事越是急功近利往往越会适得其反。踏踏实实做事情，然后慢慢变富，是这个普遍真理在价值投资领域里的具体路径。我们是弱小的，有限的认知能力只能确保我们在一个很小的能力圈里大致正确地看清一小部分事情的发展方向。我们所做的是一件极困难的事情，放下私心杂念，全力以赴去做，尚不能确保成功，更别说天天盯着虚幻的利益，三心二意了。这一行要求我们可以爱财但不可重财，取财要有道，否则一切眼前利益都是过眼云烟，不可持续，也守不住。

价值投资带给投资者的是一份套餐，除了金钱，综合素质是另一份财富。越到后期，赚钱本身在投资带给你的一系列收获里所占的分量会越来越轻，综合素质所占的分量则会越来越重。多元化的思维方式，开阔的视野，远大的格局，对各种知识的好奇心和求知欲，终身的读书和自觉学习的习惯，抓核心、关键问题的能力，对事物发展趋势的把握，敏锐的预测能力，强大的心理素质，都是价值投资带给你的优良品质和强大能力。当这些品质和能力集于一身，达到一定层次时，你会拥有一份极平和的心态，处变不惊。金钱是目标，但早已不是追求。价值投资者最终会成为淡泊名利之人。

5. 合格的价值投资者是孤独的

价值投资者走的是一条少有人走的路，这条路荆棘丛生，没有尽头。之所以少有人走，是因为它对投资者的综合素质要求极高，对知识、见识、眼界、思维、心境都有全方位的要求。

即便理念一致，认知也很难统一。在资本市场里，分歧是永恒的主题，这是交易得以成行的基础。能对自己的账户负责的只能是你自己，所有决策的一切后果要独自承担。孤独感是任何一位价值投资者都无法回避的。接受孤独，习惯孤独，价值投资是一个人永无止境的修行。

渊博、谦和、客观、淡泊名利，价值投资者身上的这些特质是我们终生都要孜孜以求的。方向有了，进取的路径就清晰了。我的日常生活是单调、充实和规律的，可以用8个字概括：求知、研究、写作、运动。每天学习，让自己比昨天聪明一点点，懂得比昨天多一点点，日积月累。研究行业，研究公司，有步骤地扩大能力圈的范围。坚持将研究成果形成翔实的研究报告，每篇报告的写作过程都是一次深度归纳、总结和思考的过程，对能力的提升帮助极大。忙碌一整天，一定记得运动。

我日常是这样做的，多年坚持下来，受益匪浅。价值投资者也没有其他捷径可走，唯有脚踏实地，让自己成为一位合格的"全能选手"。

二、理解和评价生意

在价值投资者的工具箱里，有些工具是锦上添花的，拥有后可以加深认知；有些工具是不可或缺的，少了寸步难行。这些工具里最不可或缺的无疑是对商业规律的深刻认知。下面来理解和评价生意。

1. 商业模式决定生意的基因

生意和人一样，也有基因，不同的基因可以将不同的生意划分为不同的等级。生意和人又不一样，外因对生意的影响相较于人而言小得多。换言之，生意的外部环境要公平得多。因此，决定生意等级的最重要的因素就是基因，而生意的基因就是其商业模式。

何谓商业模式？这个术语虽然被广泛应用，但其具体内涵却并不明确，学界对其定义也是莫衷一是。不同的人对商业模式有自己的独特理解，我仅就自己对商业模式的认识进行详细阐述，争取形成一个较为完整的体系。

一门生意作为一项经济活动，从其目的、组织、过程、结果全方位剖析，其本质就是通过生产产品或提供服务，满足客户的特定需求，从而达到盈利的目的。相应地，一门生意就要面临五个一连串的问题：满足什么样的人群？什么样的需求？生产什么样的产品或提供什么样的服务？以什么样的方式？如何实现盈利？要弄清楚一门生意的商业模式，首先要回答清楚这五个问题，我们不妨将这五个问题视为商业模式的基础五要素，分别起五个学名：目标客户、价值主张（满足客户的何种需求，来体现产品或服务的价值）、产品或服务、价值链（以何种方式调配资源、组织生产）和盈利模式，如图3-2所示。

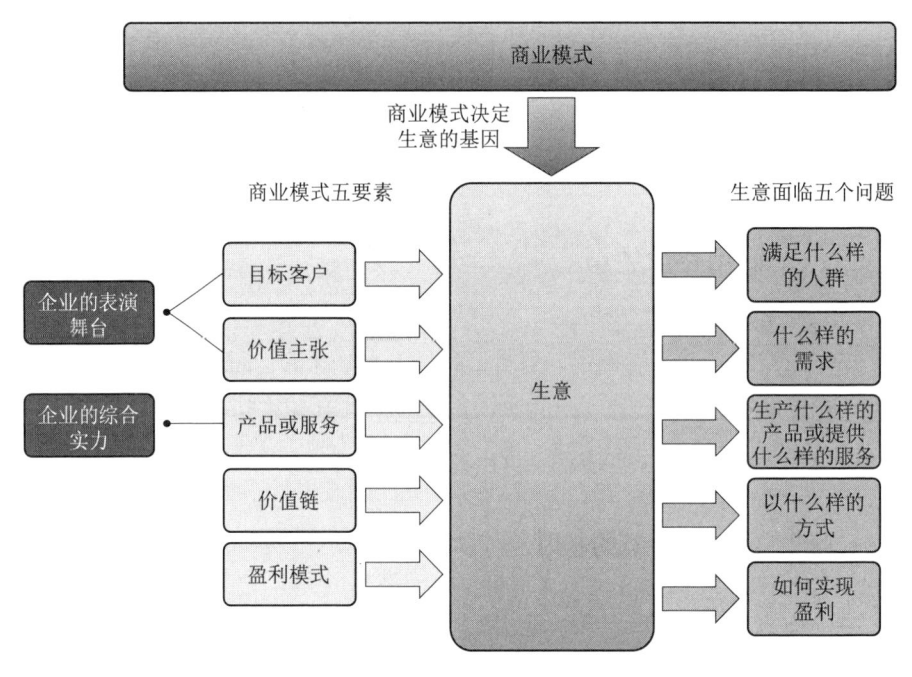

图 3-2　商业模式的基础五要素及生意面临的五个问题

通过了解商业模式的五要素，可以将一门生意的全貌刻画出来。比如，住宅地产的生意是开发商通过调配政府的土地资源和银行的资金，组织建筑商建设住宅（价值链），为住房需求者（目标客户）提供商品房（产品），以满足购房者居者有其屋或者投资性需求（价值主张），最后通过住宅销售和住宅建设的收入成本差实现盈利（盈利模式）。

商业模式的五要素只能为一门生意初步搭建一个骨架，要想使它有血有肉，还必须做很多细致的工作。一门生意的商业模式运用到具体的企业里，会在五要素上发展出个性化的特征。这些与众不同的地方往往才是形成竞争优势的根源。另外，现代的商业活动越来越灵活，表面上一目了然的生意可能本质上已经完全变了性质，商业模式五要素中的一个或者几个可能已经完全颠覆了认知。这就要求我们必须理解五要素的真正内涵，由表及里看透五要素的本质，这在很多时候并不像看上去那么容易。

1）目标客户

每家企业都有自己服务的特定群体，这群人就是目标客户。一家企业在做谁的生意,是一个表面上看似容易回答,但很多时候却不尽然的问题。比如,你为小孩开培训班,你的目标客户是谁?是小孩本人?还是小孩家长?你是在服务小孩,但付钱的是小孩家长。你服务的孩子满意不满意、高兴不高兴其实不那么重要,关键是要让家长满意。所以,那么多体验课并不是让孩子体验的,而是让家长体验的。类似的例子还有很多,淘宝的客户是谁?它服务两头——开店的店主和网购的买主,可最终它从谁身上赚钱?是店主。抖音,很多人几乎天天都在刷,它在为我们服务,抖音的客户是我们吗?我们没付过一分钱。我们用百度搜索,用高德查地图,用墨迹查天气,这些公司在满足我们的各项日常需求,却统统免费,公司真是将我们看作客户?所有这些例子都涉及一个实际用户与目标客户分离的问题。

很多生意的用户并非客户,不妨将客户定义为最终做出决策并付费的人,这样就能清楚地区分客户与用户。培训班的用户是孩子,客户是孩子家长;淘宝的店主和买主都是用户,但客户只是店主;抖音的客户不是我们这些用户,而是通过"信息流"形式发布广告的商家;百度的客户也不是使用搜索引擎的用户,而是搜索引擎推荐给用户看的首页内容背后的商家……企业、客户、用户在"用户与客户分离"的生意里形成了相互制约的三角关系,企业的"绵羊"是客户,客户的潜在"绵羊"是用户,用户对企业的价值是流量。

在稳定的三角关系里,各方都接受自己的角色定位,各取所需。对于同时受到客户和用户制约的企业而言,如何平衡两者的利益,体现出企业的价值取向。用户和客户其实并没有绝对的界限,是从用户需求出发还是从客户需求出发完全是企业的选择,不同的选择会产生不同的结果。对于"免费+付费"的商业模式,基础功能免费,增值功能付费,部分用户兼具用户和客户的双重身份。以付费作为客户的判断标准,企业会出现不同性质的用户,一部分是VIP付费客户,另一部分是利用流量的非客户。

付费作为判断客户的重要标准,有时也会失灵,因为存在决策和付费分开的现象。药企的客户是病人吗?这是一个挺复杂的问题。从付费方式分类就有自费、医保和商业保险。决策呢?通常是由医生做出的,而医生的决策又会受到政策导向的影响,比如有些药进不了医保,医生就不能开。而对于长期服用某些常用药的基础病患者,自主决策的时候更多。

因为同时存在这些不同的方式，组合出来的情况就纷繁复杂了。医生决策，病人付费；医生决策，医保付费；病人决策，病人付费；病人决策，医保付费；医保决策，医保付费……这些组合催生的商业模式也就不尽相同，即便在同样的场景之内。医院里的医保内用药和医保外用药、药店里的处方药和OTC就完全不同。因此，药企的经营逻辑发生了巨大变化。

随着生意越变越复杂，识别目标客户也越来越不容易，从另一侧面来讲识别目标客户也越来越重要。将付费标准同决策标准相结合，同时坚持实质重于形式的原则，看透生意的内在本质，从而看清企业在做谁的生意。

看清企业在做谁的生意是有重大意义的，即便是针对不同目标客户的相同的生意，其商业价值的大小、市场空间和利润率也会迥然不同，从而导致了企业的经营路线、经营方针和经营决策也会完全不同。理解企业的经营应从识别目标客户开始。同样是生产玩具，生产男孩玩的玩具和生产女孩玩的玩具完全不同；同样是生产服装，生产男装和生产女装完全不同；同样是生产女装，生产休闲女装和生产职业女装完全不同；同样是生产职业女装，定位高端客户和定位中、低端客户完全不同。

同样是做塑料管材的，伟星新材选择终端零售作为目标客户，To C 的模式异于行业内大部分 To B 的企业。To C 的客户专业知识缺乏、采购量小、议价能力差，所以，做 To C 的生意，毛利率高，应收账款少，现金流好，但规模很难做大。伟星新材的毛利率高达60%，而行业"龙头"中国联塑的毛利率仅有25%左右，但伟星新材的规模无法同中国联塑的规模相提并论。对零售个人客户的定位，使得伟星新材的财务状况和盈利能力极其优异，同时这样优异的表现是以牺牲市场占有率为代价的。可见，目标客户的定位不同，企业的经营策略及经营结果会有极大差异。

2）价值主张

企业的价值主张面临两个层面的问题：其一，理解客户的需求是什么；其二，如何在产品或服务同满足客户需求之间建立起因果联系。

理解客户的需求是一种能力，这种理解力随着层次的加深而愈发珍贵。我将对客户需求的理解划分为如下几个层次：第一层次，客户对现有产品性能的高要求；第二层次，客户对未来产品新功能的要求；第三层次，客户对产品的需求映射出的底层需求逻辑。这三个层次的理解力是层层递进的,越来越深入。第一层次是理解客户对产品的质量、舒适度、性价比、质感美感等方面的基础需求,是企业将现有产品做好的目标。第二层次是理解现有产品的功能性欠缺,这为新产品的发明创造提供了动力。这一层次的理解力也是创新能力的一部分。第三层次是对客户的需求本质最深层次的洞见,是引发一个行业甚至一条产业链深度变革的原动力。

比如,客户对一家生产空调的企业的需求,第一层次是它生产的空调质量能和格力生产的空调质量媲美,造型设计富有美感,像一件艺术品,以及节能、价格实惠、性价比高等。第二层次是对现如今的空调尚做不到的功能的追求。例如,根据个人的体感自动调节到最舒适的室温。第三层次是人们对空调的需求所映射出来的底层需求是舒适的温度,而不是一台多么高级的空调。对需求的本质理解到这个深度,将来创造舒适温度的可能就不是一台空调了,也许会出现一种可以调节温度的化学粉末,在屋里撒一把就能清凉一夏或者温暖一冬。

理解了需求,还要通过输出产品或服务来满足需求。这就要求产品或服务要和需求之间具有很高的契合度,这样的输出才具有高效率,客户才会接纳。从三个层次的需求来看,企业可以把握的是第一、第二层次的需求,至于第三层次的需求,更多的现象是科技发展对原有行业的取代。

汽车的出现取代了马车,交通便捷的需求更好地得到满足;数码相机的出现取代了胶卷相机,记录影像的需求被更好地满足;智能手机的出现取代了功能手机,移动互联网的需求得以满足……所有这些革命性的技术变革当然不是原有产业希望看到的,这些科技的进步甚至是难以预见的。但是,科技进步导致诸多产业消亡的事实对投资是有极大启迪作用的。科技进步的脚步是不可阻挡的,所有需求必将得到更好的满足,颠覆性技术的出现消灭整个产业的事情将越来越司空见惯,越来越多的产业注定是昙花一现。认清这个现实,我们的投资就应有针对性。

湿雪长坡才是好的投资领域,仅"长坡"一项限制就足以排除越来越多的行业和企业。企业如何才能更长久地存活下去,避开颠覆性技术成了需要优先考虑的因素。人类的追求是永无止境的,但按照马斯洛的需求层次理论,人对各种层次需求的易满足度是不同的。越是基础的生理需求越容易被满足,越高层次的精神需求越不容易被满足。越是得不到满足，变革的空间越大。相反，越容易得到满足的基础生理需求，则不太会发生根本性变革。

我们天天吃的小麦、大米，也没见谁觉得吃腻了，但我们对电视的要求却是精益求精、永不知足。从电子管、晶体管到集成电路，从CRT到等离子再到LCD液晶、OLED，各种先进的技术永不停歇地对电视持续进行着改造。电视的更新换代之快、相关技术过时之快都难以想象。根本的原因其实在于人的视觉太灵敏、分辨能力太强，电视画面即便再清晰、再仿真，我们的眼睛也能辨别出和实物的差别，从而造成了人们为了满足挑剔的视觉需求而对电视性能永无止境的追求。

与此同时，在一路的技术变革改善人类挑剔的需求的过程中，形成鲜明对比的是，企业没有得到什么好处。如果你搬一次家，换一套家电，就会有切身的体会，一整套家电里科技含量最高的是电视，相反最廉价的也是电视。频繁的技术替代，加速的存货减值，高企的研发支出，都让电视生产企业"疲于奔命"。技术变革对人类社会的进步是大好事，但对于投资而言却未必。越是基础性需求，发生变革的可能性越小，未来的确定性越大，对于投资而言，确定性就是最大的价值。所以，市场上的"嘴巴股"往往是牛股聚集地，这和基础性需求的底层逻辑密不可分。

对于第一、第二层次的需求，属于企业表演的舞台，通过对现有产品品质的孜孜以求来满足客户的第一层次需求，通过对产品功能的创新研发来满足客户的第二层次需求。与产品或服务相关的深入探讨，我们放到下一个要素里进行。

3）产品或服务

产品或服务是企业的立身之本，相应的产品力是一家企业最为关键的核心能力。产品力是企业持续产出优势产品的能力。何谓优势产品？好产品自己会说话。从竞争维度来看，优势产品相比竞品有更高的接受度、美誉度和忠诚度，即产品有更好的用户评价。最有资格对产品做出评价的是用户，用户最客观的评价是长期的购买行为。短期行为会受到营销、推广活动的影响，而长期行为会过滤这些影响，由用户的口碑积累促成。

优势产品往往表现为更好的质量、更美的外观、更强的功能、更低的成本。

评价产品是否具有优势,要观察用户和产品之间的关系。根据持续良好的产品用户关系,基本可以锁定一家具有持续产出优势产品能力的好企业。一家企业优秀一次不难,难的是一直优秀。优秀一次不能排除许多偶然因素,但一直优秀一定是源于优秀的基因。更有甚者,当一家公司的产品品牌几乎可以成为整个品类的代名词时,公司的产品力更无须怀疑了。比如,想买剃须刀就直接说"来一盒吉列",想买口香糖就直接说"来一盒绿箭",根本不会产生歧义。拥有强大产品力的公司往往是不可多得的好公司。

企业的产品力是多种能力及优秀品质综合的外在表现。这些能力和品质体现在对用户真实需求的理解能力、以用户为中心的责任感、对产品精益求精的追求、创新精神和研发能力上。这些能力与品质形成合力,才能促成产品力的产生。从这一层意义上讲,产品力就是一家企业的综合实力。

4)价值链

企业是将一系列资源有效组合在一起,发挥效能,为社会提供产品或服务的组织。在商业模式五要素中,价值链决定了企业调配和利用资源的具体方式,是企业运营中具有决定性意义的一环。企业配备哪些资源、如何配备这些资源、以何种方式利用这些资源,直接决定了企业产出产品或服务的品质和效率。价值链覆盖了一家企业购、产、销的整个业务流程,回答了一家企业"做了什么"和"怎么做的"两个问题。

对于价值投资者而言,价值链是一把打开企业大门的钥匙,从资源配置的角度去了解企业是最有效率的方式。从原材料到产成品的全过程所涉及的采购流程、工艺流程、生产流程、生产方式、销售环节,是快速了解企业所作所为的重要突破口。知道企业"做了什么"和"怎么做的",是理解企业迈出的最重要的一步。

从原材料到产成品的完整价值链,包含一家企业从投入到产出所有最关键、最核心的环节。深入理解这些关键环节,对于整体把握企业的特征是事半功倍的。价值链上的关键环节可能是行业共性的,例如,生猪行业销售育肥猪,普遍采用上门收猪的钱货两清的方式,因此经营现金流很好;也可能是企业独有的,比如牧原股份在生猪生产上采用"自育自繁自养"的全流程模式,有别于行业通行的"农企合作"模式。这些关键环节,特别是企业个性化的与众不同之处,是剖析企业生意本质的重中之重。

为什么有的企业要做全产业链，上游下游、前端后端、赚钱的不赚钱的要通吃？而有的企业只做最赚钱的，其他不赚钱的能外包就外包、能代工就代工？同样是做服装生意，高端私人订制全部亲力亲为；而海澜之家则代工生产，自己只负责设计和销售；南极电商则将生产的厂家和经销的网店串联起来，形成一条供应链，自己既不生产也不销售。资源的配置方式不同，会让同为"卖衣服"的生意产生截然不同的商业模式。

对价值链的深入理解还可以帮助我们识别影响企业业绩的关键要素和主要变量及变量之间重要的逻辑关系。例如，我们知道茅台酒的产能和销量是影响业绩的两个关键要素。通过对茅台酒的生产工艺和生产流程的深入了解，我们知道基酒生产出来以后，大约需要存放四年才能出厂销售，又由于必须保留一定的基酒用作老酒和补偿老酒挥发损失，所以，当年可以用来销售的茅台酒的上限大约是四年前生产基酒的80%。得到这一重要的逻辑关系，对于预测茅台酒的销量是具有非凡价值的。

5）盈利模式

盈利是企业存在的最直接的目的，长期不盈利的企业，在没有外部输血的情况下，根本无法生存，更无法发展壮大。在商业模式的所有要素中，盈利模式承担着临门一脚的重任，是"从0到1"是否可行的关键。在商业模式创新层出不穷的时代，许多新奇的好点子、好主意其实都行不通，最关键的问题是找不到切实可行的盈利模式。然而，在流量为王的今天，人们为获得流量绞尽脑汁，只要流量够大，就能吸引来资本追捧。在资本的眼中，好像只要有流量，以后的变现就是手到擒来、轻而易举的事情，但是这显然过于理想和盲目了。

如今的商业模式尽管设计得越来越灵活，但对于最后的临门一脚却是万变不离其宗的。概括起来，企业的盈利模式大致有以下几大类。

（1）依靠产品盈利。这是最传统的盈利模式。工厂传统的购产销模式依赖成本收入差盈利，沃尔玛依赖进销差价盈利，都属于这一类。

（2）依靠品牌盈利。这种盈利模式严重依赖品牌效应，成本因素几乎可以忽略不计。像奢侈品、高档服装、高端烟酒，品牌价值决定了盈利能力。

（3）依靠模式创新盈利。模式盈利是最考验企业的商业智慧、最有技术含量的盈利模式。这种盈利模式的特点是隐蔽性。表面上可以一眼看透的钱不去赚，背后看不见的"后手钱"才是其真正的生财之道。模式盈利在现实中的应用非常广泛。"免费+收费"模式就是一种典型的模式盈利。

吉列发明的"刀架+刀片"的模式，本质上也是一种"免费+收费"的盈利模式。刀架免费，可长期使用，刀片可经常更换，用我的刀架就得配我的刀片。好市多同沃尔玛等传统超市的盈利模式完全不同。好市多的盈利模式同吉列的"刀架+刀片"模式极为相似。超市卖货仅仅覆盖成本费用，一家超市竟不靠卖货赚钱，赚取的是会员费。还有很多软件、游戏、视频网站采用的基础功能免费，但是增值服务收费，也是一种"免费+收费"模式的具体应用。

（4）依靠系统盈利。系统是一个媒介，通过这个媒介，将资源整合进来。把该花钱的事情让别人去干，但所有的钱都进我的账。用一套系统，整合社会上已经存在的资源（固定资产）并将其盘活。汉庭整合了1 000多家酒店成为华住集团，你把酒店给我，我给你客流，帮你管理。汉庭只是挂了一个牌子，导入了自己的酒店管理系统，1 000多家酒店的钱都进入了汉庭的系统。名创优品的直管模式表面上好像在招加盟商，其实本质上是在融资，因为不需要加盟商干活儿，只需要他们出钱开店并支付运营费用，由名创优品直接管理店铺，从而将加盟商的资源整合到一起。

（5）依靠资源盈利。当某种资源是独一无二的时候，拥有该项资源的企业就会形成垄断。黄山、丽江的旅游资源，中国中免的特许经营权，都是独占性垄断的资源。

（6）依靠收租模式盈利。收租模式有两层含义：有形资产的租赁和无形资产的租赁。上海机场的免税店收租就是典型的有形资产的租赁。无形资产的租赁通常包括专利权、非专利技术、商标、经营权等，高通的专利使用费收租是其一项重要的盈利来源。

（7）依靠杠杆模式盈利。杠杆模式是以钱生钱，从无到有的过程。银行怎么赚钱？通常我们认为银行赚的是贷款利息和存款利息的差价，其实这只是最初级的方式。银行有一种金融工具叫承兑汇票，我就以汇票来说明银行是怎样通过杠杆无中生有的。企业要借款，银行只需开出承兑汇票就可以了，企业不会把钱取走，这笔现金还留在银行里。从理论上讲，银行可以开出无数张承兑汇票，只要能确保循环兑付就可以。这实际上就是在加杠杆，产生无中生有的效果。为了防范金融风险,对杠杆倍数会有严格限制。假设一份现金只能开出六份承兑汇票,那么这笔现金的价值就被实际放大了六倍。利用杠杆模式盈利的效果是惊人的,同时高收益伴随高风险,一旦亏损,后果也会等比例放大。

(8)依靠生态圈盈利。生态圈是很多企业努力打造的"一站式"生态闭环。消费者只要进了我的圈子,他的每一个需求我都能满足,他花掉的每一笔钱都能和我产生关系。比如腾讯,你会发现在微信里既能发信息,又能视频打电话,还能玩游戏,还整合了各种App,能打车、能理财、能交话费、能买保险、能购物、能订酒店、能阅读、能看小视频、能开店做生意……日常生活中的一切需求,微信无所不能。这就是腾讯打造的生态圈。同样,支付宝、美团、小米都在做同样的事情,尽可能把客户留在自己的生态圈里,使之养成习惯。

2. 生意特性

在对商业模式五要素的本质有了深入的理解和把握之后,接下来我们需要对这门生意的特点做出总结和归纳。一门生意身上具有的鲜明特征,我们称之为生意特性。通过理解生意特性,可以全面、客观地评价商业模式的优劣。

典型的生意特性总结如下。

(1)资产特性。根据资产结构的差异,可以把生意划分为轻资产型和重资产型。这两种特性的根本差异在于是否需要大规模的资本支出。轻资产型的生意通常需要的资本支出少,资本收益高,经济商誉高;重资产型的生意通常需要大规模的资本支出,资产周转率低,资本收益率低,经营灵活性差。但是,庞大的资本支出也可能成为竞争对手的进入门槛,从而成为护城河的一部分。

(2)周期性。具有显著周期性的生意通常产品高度同质化,没有定价权,价格随行就市,波动巨大。相应地,公司的业绩好几年、坏几年,没有延续性。关于周期的深入探讨,请参考后续的"对周期的认识"部分。

(3)杠杆模式。需要大规模负债经营的生意就是高杠杆,如银行、地产、保险。高杠杆意味着用别人的钱为自己生钱,用好了会产生放大收益的效果。但是,高杠杆伴随着高风险,一旦经营受阻,打击也会放大,后果往往致命。

(4)赚钱难易度。不同的生意赚钱的难易度不同。这里的难易指的是同样挣一块钱所付出的辛苦。两个人合伙开店,一个人约定好只提供一间房子做门面，其他什么也不用管，天天睡大觉；另一个人起早贪黑，负责经营。挣的钱平分。这两个人赚钱的难易度显然是不一样的，提供房子做门面的生意赚钱容易得多。

（5）重复性消费。一门生意是否会引起客户重复性消费，决定了有没有回头客。有没有回头客，在极大程度上决定了生意好不好做。一门重复性消费的生意只要能留住客户，就会不断地在一只羊身上"薅羊毛"；而一门非重复性消费的生意，就算再让客户满意，也只能是一锤子买卖，因为客户的需求是"一次性"的。买酱油的客户一年四季天天吃酱油，用完了就要重复消费；而买房子的客户一辈子可能只会买一次房子，任凭你卖给他的房子多么好，他多么满意，他也不会再买了。重复性消费的，努力一次，"受用"一生；非重复性消费的，过去的努力定期归零，没有累积效应，吃了上顿，下顿还是没着落。

（6）产品特性之差异化。与差异化相对的是同质化。具有差异化的产品具有定价权，同质化产品没有定价权。有关差异化和同质化，巴菲特经常举的例子是糖果和白糖。

（7）产品特性之社交属性。具有社交属性的产品，社会认同度高，通常会溢价，毛利率奇高。

（8）产品特性之成瘾性。具有成瘾性的商品，客户重复消费的频率高，并且对其价格不敏感，企业握有提价权。

（9）产品特性之必需度。不同产品的必需度差异反映在经营上是获客成本的差异。对于必需度高的产品，用户会去找产品，他所做的只是选谁家的产品。而对于必需度低的产品，你不去进行消费者引导，用户很可能什么都不会去做。

（10）产品特性之保质期。保质期短的产品，一旦滞销，价值归零。这一特性逼着企业必须建立强大的销售网络，配备大量促销人员。所以，超市里促销人员最多的永远是奶制品专区。

（11）产品特性之减值风险。有的产品虽无保质期，但价值随时间减损极快，如服装，尤其是女装。有的产品则不存在存货减值的风险，即便积压也不是太大的麻烦，如数字虚拟产品。更有甚者，存货会随时间增值，如白酒。

（12）产品特性之提价权。产品提价是企业最容易的内生增长方式，但提价权只是少数产品才有的特权。同质化的产品被动接受市场定价；多数差异化产品能自主定价，但不敢提价，一提价市场就没了；公用事业公司的产品虽具有垄断性质，但涉及民生，不能轻易提价；少数拥有提价权，敢于主动提价的产品往往都是优势产品。

（13）新增客户的边际成本。边际成本代表生意扩张的代价，边际成本越大，扩张越难。网络平台想要增加用户，增量少了，边际成本为零；增量多了，边际成本无非是几台服务器。标准通用软件想要增加用户，边际成本为零。而机场想要增加旅客吞吐量，边际成本则是航站楼或者卫星厅庞大的资本支出。

（14）增长模式。企业的增长途径分为内生性增长和外延式增长。内生性增长是在原有生意上的挖潜（提升市占率、提价、降本增效等）；外延式增长包括增加新的盈利点和外延并购。不同的增长模式，增长的难度不同，增长的质量也千差万别。

（15）现金流特征。不同的生意，现金流有不同的特征，而未来的现金流量直接决定企业的内在价值，对现金流特征的判断是考察生意特性最基本的落脚点。一门生意的现金流好不好，现金流同利润的关系和维持性资本支出的情况都是必须回答清楚的问题。

3. 商业模式决定估值水平的底层逻辑

企业的内在价值是未来自由现金流的折现，这是标准的估值原理，甚至是性质完全不同的投资标的共同的估值原理，股票可以用，债券可以用，房地产可以用，黄金可以用，收藏品照样可以用。形式各异的投资和形形色色的企业的所有差异，均可转化为性质完全一致的自由现金流的差别。只有性质一致才可以进行对比，所以，关于企业估值水平的对比，是应当落脚到自由现金流的对比上，并且这个现金流是未来还没发生的。如果是这样的，那么所谓的估值水平也就比无可比了，因为标准完全一致。

然而，实践中所说的估值水平并不是以未来自由现金流为基础展开的，而是将自由现金流替换成了净利润，将未来替换成了当前或过去。进行比较的对象不再是内在价值，而成了市场价格。既然是市场价格，那和价值就有天壤之别，却又非常不恰当地保留了"估值水平"的说法。如此多的矛盾混杂到一起进行比较，得出的结果必然是没有任何意义的。但是，实践中这样的对比却大行其道，毫无意义的对比结果被拿来作为"估值水平"。标准的改变使对比结果千差万别，这实属再正常不过的现象，但是这被堂而皇之冠以"估值水平"的巨大差异，让人们不淡定起来，"公平说"因此声名鹊起。最浅显的心理学知识告诉我们，只要存在对比，无论这种对比本身合理与否，心理失衡便挥之不去。于是，诸如"同样赚了100亿元，你给我的估值是500亿元，给他的估值却是5 000亿元，凭什么？我的严重被低估，他的被高估"的论调比比皆是。

这样的抱怨毫无道理。首先，用市场价格跟已得利润相比，跟内在价值毫无关系，高估或者低估纯属无稽之谈。其次，既然核心是比较市场价格的相对高低，那么这个比较本身就缺乏必要性。决定价格的因素纷繁复杂，非要归咎到一个利润因素之上，本身就是不切实际的。至于价格的高低，一句话就可以解释：市场先生有时理性，有时癫狂，有时抑郁，没道理可讲。

但是，忽略市场先生极端狂躁和抑郁的时候，在他大多数表现正常的时候，对待不同股票的态度是大相径庭的，这是不争的事实。这其实是市场偏好问题，与估值水平实不相干。然而，既然所有人都这么用，也不用过于矫情，就当作专业术语好了。将估值水平高低的问题还原为市场大众心理偏好的问题，回答起来就纯粹多了。

身处市场，如果实在想不通，不妨离开市场，走进生活，以生活中人的本能选择为参照。再不行就把自己当成原始人，想象原始人会如何选择，这样很多估值偏好的疑问便能迎刃而解了。

华能国际是行业老大，营收是长江电力营收的3~4倍，长江电力的市值凭什么是华能国际的市值的4倍？想不通吗？离开股市，回到生活。两个影星，一个实力派，一个偶像派。实力派拍的戏每部都是精品，业内有口皆碑，但就是没人看。偶像派拍的戏正好相反，场场爆满。你要是老板，你会签下谁？市场很诚实，赚钱的难易程度决定了他更偏爱谁。

住宅地产赚钱也容易，借钱拿地，找人建房，房还没建就预售回款。接下来进行下一轮循环，如此往复。这么容易赚钱的生意为何不受市场待见？我们是厌恶风险的，避险是本能，所以，高杠杆下的诱惑是大打折扣的。这种本能的偏见和人见到老虎就跑没什么区别。

成长股人见人爱。万华化学从2001年上市至2022年，业绩增长了何止百倍，是标准的高增长。按常理，如此的增长速度是会被市场捧上天的。然而，万华化学却从来没有真正享受过成长股的"待遇"，市场对它的好感从来都是极其"含蓄"的，公平吗？大部分人是短视的，重视眼前利益，追求稳定，害怕波动。面对周期性，我们的反应一定是厌恶和排斥的。

由以上不难看出，通过生活中家长里短的大智慧可以洞悉不同商业模式下的大多数市场偏好，一般都逃不过趋利避害，短视、追求眼前利益，追求省劲、简单和确定性结果等偏好。市场对具有轻资产模式、重复性消费、好的产品特性、低边际成本、好的增长模式、好的现金流特征的商业模式的偏爱归根结底都是由这几种本能的偏好决定的。商业模式决定的是身份，不同的身份确定不同的阶层，不同阶层的价值体系和评价标准是不同的，根本没有交集和可比性。他们是不同赛道上行驶的车，不会发生碰撞，因此也就没有必要相提并论，他们没有进行比较的基础。谁会让少年队和成年队去打比赛，并且评判比赛结果的公平与否？

商业模式是生意的基因，市场估值偏好是由人类的基因决定的，在基因的世界里不需要什么道理，存在即合理。但这并不是说市场的选择都是正确的，正如估值偏好这件事，我们能找出偏好或偏见的底层逻辑，但并不意味着这种偏好或偏见应该一味被包容，超过一定限度的偏好或偏见是荒唐的。对待市场估值偏好，要么接纳，要么利用，无须批判，更不要对抗。

从本质上看，这种市场价格同既得利润间的静态市盈率对比，没有任何意义，仅仅代表静态市盈率的高低而已。这种高低只是因为短期因素夸大或忽略了某一变量的作用而显得高或者低。如果回到内在价值的视角，那么这种所谓的高低会找到非常合理的解释。还拿重复性消费的酱油举例，对应一家房地产企业，静态市盈率的所谓高估忽略了这门生意的持久性。现金流折现的估值模型对酱油生意敢于做出永续经营的假设，而对房地产企业做出永续经营的假设是不合理的，没有永续经营，估值大打折扣是一定的。而静态市盈率体现不了未来的永续经营这个非常重要的因素。

最后，还是要重申，拿市场价格去探讨估值水平问题，本身就是一个错误的逻辑。市场价格只能由内在价值决定，市场价格是风筝，而内在价值是扯风筝线的人。任风筝怎么飞，终究飞不出扯风筝线的人。

4. "隐形冠军"市场

人无完人，商业模式也一样，不存在只有优势而没有劣势的商业模式。即便强大如茅台一样的生意，也一样有缺点。茅台生意的缺点是钱太多又没处花，会大大拉低真实的净资产收益率，是对占用资源极大的浪费。

所以，在对商业模式进行综合评价时，要从多维度进行考察，力求给出一个全面、客观的结论，避免过于强调某些方面的特性而忽视其他特性的情况。同时，在投资领域里需要反复强调的一个观点就是，凡事没有绝对。任何好坏、优劣都是相对而言的。商业模式也是一样的，众多生意特性的优劣只是由经验总结而来的，在多数情况下是适用的，但并不绝对。这种经验总结类似于芒格所说的思维模型，可以形成条件反射，即插即用，是工具箱里现成的工具，省掉了事先加工工具的过程。但是，任何工具都有适用的场景和范围，在特定的场合下，有些模型是派不上用场的，如果强行使用，则只会添乱。

因此，价值投资强调具体问题具体分析，万不可一概而论。在评价商业模式时同样如此。下面通过讨论一类很有特点的商业模式来辩证看待通常认为的生意特性优劣的局限性，体会具体问题具体分析在投资领域里的重要性。

"隐形冠军"市场是这样一类市场：市场空间本来就不大，进来一家"冠军"公司，优势太大，占据了几乎所有的市场空间，别人再无立锥之地。只要他不走，别人就进不来。

这类只容得下一家公司的市场的确存在，且并非个例。在A股市场上，有很多生意是具有"隐形冠军"市场特征的，如酵母市场、纽扣市场都具有这种特征。在种类繁多的建筑材料领域里，具有这种市场特征的品类也相当普遍，如石膏板、玻璃纤维等。这样的生意往往具有一些共同的特征。

（1）产品单价很低，显得很不起眼。产品应用场景相对固定，整个市场不大。

（2）从生意特征来看，没有任何好生意的基因，平平无奇，通常还乏味至极。

（3）毛利率很低，低到只能赚辛苦钱，低到潜在的竞争对手都没有欲望进来抢市场。

（4）尽管如此，市场里却存在着一家公司，活得相当滋润，几乎垄断，缺乏竞争。

这种市场是一类很特别的生意，按照通常对生意特性的评价标准来看，绝对算不上好生意。相反，枯燥、乏味，毛利极低，宛如鸡肋，食之无味。这会招来大多数人的轻视和不屑，因此，最大限度地阻挡了竞争者的觊觎。这是这些公司最希望看到的局面，都不屑做，那我来做。这些生意表面上的枯燥和乏味成了极好的保护色，将这些公司隐藏起来，无人关注。

外界不理解甚至表示同情，但这些公司却身在其中，怡然自乐，过得相当惬意。表面上的劣质生意在他们手里做得风生水起，赚钱不容易，但认真做起来也没那么难。整个市场差不多都攥在他们手里，巨大的规模产生了极强的规模效应，将成本控制得很低很低，低到为了垄断市场，打消潜在竞争者的觊觎，会通过主动控价来保持一种低毛利的状态。殊不知，在低毛利下，没有规模的竞争对手活不下去，而其成本优势就不一定是低毛利了，常年在缺乏竞争的环境里自由生存，轻而易举不断壮大。规模越大，规模效应带来的成本降低越显著。所以，不用提价，这些公司的利润率也在不停上升，日子过得越来越滋润。在近似垄断的格局里，这些公司不是没有话语权，不是提不了价，不提价是主动的选择，目的就是不给觊觎者生存的空间。

然而，对于这样的普通甚至劣质的生意，市场不会感冒，打的基础分一定不会高。但是没关系，我就在我的"低劣"赛道上跑，和豪华的"F1"不沾边，你跑你的，我跑我的。你跑得比我再快，都和我没关系。两条赛道的竞赛规则和成绩标准是完全不同的。我用不着90%的毛利率和50%的净利率也能取胜。这是两场比赛，各有各的规则，没法相提并论。实实在在的业绩增量也能使他在自己的基础分之上完成飞翔，一点儿也不比那些高高在上的好生意的"相对高度"差，差的只是一个市值规模而已。绝对高度对投资者而言，恰恰是无用的。

"隐形冠军"市场说明了商业模式的好坏并没有绝对的界限，生意特性不好，可以通过其他方面的优势来弥补。"隐形冠军"市场恰恰通过巨大的竞争优势弥补了生意特性某些方面的先天不足，在低竞争环境下创造出了良好的发展空间，业绩增量有保障，企业寿命更有保障，从而也成了大牛股的集中营。安琪酵母、伟星股份、北新建材、中国巨石，哪一个不是长期大牛股？所以，应辩证看待商业模式的优劣，切忌死板地给行业贴标签，行行出状元。这为价值投资提供了更宽泛的选择范围。

5. 对周期的认识

"万物皆有周期"是对周期的全面概括。周期性是永远无法回避的客观存在，深入理解周期的内涵，对于投资有着重要的指导意义。

瓦特发明了蒸汽机，人类文明进入了工业革命时代。正是工业革命带来了生产效率的飞速提升，也就为短期内出现生产过剩创造了条件。在工业时代以前，经济就只有农业，虽然会随着天气出现丰年、欠年的波动，但生产力整体低下，不存在生产过剩的可能。所以，社会经济不存在有规律的周期性波动，在长期GDP统计上，像是平静的水面。直到"蒸汽机"突然向水面扔了一块石头，水面从此涟漪不断，波动至今，未有停歇的迹象。

工业革命最先带动的是纺织业，产生了对纺织机的巨大投资需求，宏观经济会出现周期性波动的根源就是这种投资需求的存在。投资需求的特性就是"善变"，昨天还是需求，今天就可能变成供给。当有利可图时，蜂拥而上；当无利可图时，一哄而散。投资需求的善变导致了存量上的起伏不定，从而导致了周期的出现。

随着科技进步及工业革命的深入，在信息流、资金流、物流层面的效率不断提高，经济波动的周期在不断缩短，20年、15年、10年、8年，直到现在的大约4年。过去的经济周期表现为恶性的周期波动，现在则是良性的周期波动，分界线就是在凯恩斯的《就业、利息和货币通论》一书面世后，各国政府都学会了介入经济以熨平周期。

各行各业都不断经受着这种周期性的冲击。但是，有的行业的周期性鲜明且强烈，有的行业的周期性微弱和温和。前者像汽车、房地产、机械、船舶、手机等行业就有着鲜明的周期特性，而牛奶、酱油、香烟等行业的周期性就几乎感觉不出来。这种差别源于产品的使用寿命。目前的历法、会计都是以年为单位的，那么，从商业模式的角度来看，产品寿命超过 1 年的行业，其销量必定呈现周期性的波动；如果产品寿命短于 1 年，那么以年为单位的销量就显现不出周期性的波动。

其实，不是没有周期性，而是产品寿命短，以 1 年为单位，它们的周期性被掩盖掉了。前面提到的牛奶、酱油、香烟，消费者买这些产品回去，不至于 1 年都消耗不了。举一个开会时倒水的例子，假如我们每分钟喝一口水，而服务员每半小时倒一次水，就会看到水面高度一直在变化中，在时间维度上存在周期性的波动。如果我们每分钟喝一口水，而服务员也每分钟倒一次等量的水，就会看到水面高度在时间维度上一直不变，没有周期性的波动了。这个水面是一个存量的概念，对应的增量就是服务员的倒水量，如果每 30 分钟倒一次，那么在 1 分钟的维度上，倒水量就是间歇性的波动；如果每 1 分钟倒一次，那么在 1 分钟的维度上，倒水量就是平稳不动的。

当增量在时间上与存量保持高度一致时，就像每 1 分钟倒一次水，是不会产生周期变化的；但是，当增量与存量不同步时，周期就产生了。现实中的周期不是以 1 分钟为间隔的，而是以 1 年为间隔的。所以，产品寿命长于 1 年的产品有周期性（这是一个普遍但不精确的结论，反例下面再说）。例如，汽车的寿命是 8 年，以 1 年为间隔统计，就具有鲜明的周期性；但若以 10 年为间隔统计，那就看不出周期性的波动了，因为汽车可能还没到 10 年就报废了。同样，牛奶如果以 1 天为时间间隔统计，它也具有周期性；酱油以 1 个月为时间间隔统计，那它也具有周期性。

上面提到了存量和增量。存量指的是某个商品在全社会的实物保有量，比如目前中国的汽车保有量大概为 2 亿辆，全社会的冰箱存量估计有 4 亿台；而增量就是我们关心的某个时期内的销量。连续一段时间内的增量加总起来就是存量，计算两个不同时点的存量之差就能得出这个时期内的销量。一般来说，我们关心的周期性波动的是销量，比如汽车销量、房屋销量、手机销量等，要理解这些销量的周期性波动，可以从其对应的存量入手。

拿重卡来举例，按照重卡 5 年寿命来推算，假设现在重卡的存量是 400 万辆，刚好满足全社会的运输需求，这个时候重卡的稳态销量应该是 80 万辆的水平。如果这个时候货物运输需求随着经济增长而同步增长6%，那么在未来一年里对应的重卡存量就要上升到424万辆，这就意味着在未来一年里重卡销量应该在80万辆存量更新的基础上，再额外增加24万辆新增量，共104万辆。重卡销量从过去一年的80万辆上升到未来一年的104万辆，增长30%。经济增长带动货运需求增长6%，重卡销量增长30%，增速为什么会放大5倍呢？关键就在于重卡的寿命是5年。

如果把这个案例放大到具有30年寿命的船上，那么6%的航运需求有可能在某一年带来180%的造船订单增长，这样的爆发对于船厂来说，短期是好事，但长期就不一定是好事了。为了方便计算，换个整数，假设全社会的船舶运力是60亿吨，30年寿命对应的每年均衡造船量是2亿吨，同样某年航运需求增长6%，需要的运力就是63.6亿吨，对应的造船订单从2亿吨增长到5.6亿吨，增速为180%，正好是6%的30倍。

在现实情况中，航运企业往往会头脑发热，多订一些船，订单就可能飙到8亿吨或10亿吨级别，如果碰上航运需求下滑，增速从6%下降到1%，那么多出来的10亿吨运力，要么靠时间消化，那船厂的订单增速肯定为负了；要么船厂转型为拆船厂，拆船的意思就是绝对销量为负。船的寿命之长，很可能的一个结果是，船东一直熬着，也不再买新船，结果把船厂给熬"死"了，熬到下一轮经济起飞把航运需求拉升到70亿吨级别，终于把上一轮的过剩运力消化掉了。这个时候船东又要开始买船，结果发现船厂没了。如果航运市场的需求仍在增长，但船的增量释放不出来，存量船始终处于产能紧张状态，那对不起，运价就只好一直涨了，2008年前的BDI价格从1 000点涨到10 000多点，就是在这个背景下发生的真实案例。2021年的航运市场在很大程度上重复了13年前相似的情景，背后的机制源于船周期则是一模一样的。

可见，产品寿命越长，增量被放大的倍数越大，周期的波动越剧烈。

产品寿命长于一年的产品具有周期性。在前面得出这一结论时，加了一个括号，说明是有反例存在的。下面说明反例的第一种情形：寿命长于一年的产品没有周期性。图书、雨伞、球拍、皮带、包包等，很多寿命长于一年的家用物品，其销量体现不出明显的周期性，那之前一直说的寿命与周期的理论还成立吗？沿用存量与增量的框架来解释吧：上面说的重卡和船舶都是生产资料；而图书、雨伞、球拍、皮带等东西的单价都不高，大家在买的时候可能不会顾及家里是否已经有足够多存量的生活资料。

那么，以雨伞为例，从一个家庭放大到整个社会，全部的雨伞存量，多一点儿少一点儿，并不会成为大家的关注点。就算多了也不会有人会故意忍着淋雨不买，少了也不会有人在没下雨时就着急去买。全社会的雨伞存量是一个被动的、无意识的结果，是由增量决定的。在存量与增量的关系中，增量是因，存量是果，增量决定存量。而在前面的生产资料案例中，存量是因，增量是果，存量决定增量。这里有着明显的对立逻辑。那么，增量决定存量的产品，即便寿命长于一年，也不具有周期性，因为它的增量具有随意性。

另外，我们注意到，增量决定存量的一般是一些低价值的日用品，而存量决定增量的都是一些价值很高的东西。会计上的资本化和费用化的原则可以很形象地解释两者的区别：对于重要的、高价值的进行资本化，逐期摊销；对于不重要的、低价值的直接计入当期损益。存量决定增量的东西是具有周期性的，在会计上可以被视为客户的固定资产；而像图书、雨伞、球拍、皮带等的寿命也长，但属于增量决定存量的，因为不重要，在会计上可以被视为低值易耗品，简单一次摊销，计入期间费用。

第二种情形就是寿命短于一年的产品具有周期性。这种情形相当普遍，也是通常我们所说的更正宗的周期性行业，即钢铁、煤炭、有色金属、水泥、化工等没法谈寿命的周期性行业。这些大宗商品类的原材料由于都是按天采购的，所以寿命近似为零。这些大宗商品不同于前面讲的存量决定增量的生产资料的逻辑，存量供给充足，但同质化严重，毫无定价权，价格根据下游行业的经营状况巨幅波动，整条产业链共荣共损，从而体现出周期性。而之所以愿意与下游行业共荣共损，就是因为产品的同质化而不得已接受的价格机制，否则就没有饭吃。

在企业经营中，由于固定成本的存在而带来的经营杠杆导致利润的波动幅度远大于销量的波动幅度，下游企业为了平抑波动，会要求上游的供应商共荣共损，而这些大宗原材料的供应商只能被动接受价格波动。而作为固定成本的机器、设备在经济波动中的应对则体现在销量的波动上。同样是周期波动，哪些表现为销量的波动？哪些表现为价格的波动？其实在物品被发明出来的那一刻就注定了，是与生俱来的天然属性。如果被客户视为可变成本，比如各种原材料，那就接受价格波动；如果被客户视为固定成本，比如各种机器、设备，那就接受销量波动。

说到这里，就可以把时间的界限拿掉了，得出更加通用的结论：看一家企业或一个行业是不是周期性的，准确的方法就是看给下游客户提供的产品是资本化的还是费用化的，如果是资本化的存量决定增量的，那就是周期的；如果是费用化的增量决定存量的，那就是非周期的。如果是固定成本，那周期就表现为销量波动；如果是可变成本，那周期就表现为价格波动。

最后说说不同类型的周期映射在景气波动方面的特点，以及股价波动的特点，主要解答方向、幅度、时点三个问题。对于钢铁、煤炭、水泥等价格型周期行业，它们的景气指标是产品价格，只有产品价格大涨才算是景气上升。而产品价格上涨需要的是行业开工率接近极限，离 100% 越近，供需越紧张，价格上涨越轻松。价格与开工率的关系并不是简单的线性关系，而更像一个分段函数。

在产品供需平衡时的行业开工率可被视为阈值，在开工率的阈值之下，价格与开工率呈弱相关关系，甚至没关系；而在开工率的阈值之上，开工率高企，这个时候开工率哪怕上升一个百分点，供需紧张的矛盾都会被激化，容易出现价格的主升浪。开工率的波动多数情形反映的是需求的波动，也就是想要让价格周期的开工率超过阈值，其实就要等需求超过某个临界值。

由于开工率阈值的存在，周期股行情的先后顺序肯定是销量型周期股在前，价格型周期股在后。开工率 = 产量 ÷ 产能，产能是一个相对稳定的数字，开工率主要跟随下游需求的波动而波动。价格型周期行业的开工率如果需要上升，则需要销量型周期行业的销量上升的带动。绝大多数的原材料产品，下游需求都不是一个行业，而是多个行业。在研究原材料行业的需求时，一般都有一张下游需求分布的饼图，而在研究地产、汽车、家电等销量型周期行业的时候，是没有这种需求分布饼图的。

比如钢铁行业的需求，基建和地产占了 40%，加上机械、汽车就达到 67%。如果需要钢铁价格上涨，那就需要等待基建、地产、机械、汽车行业的销量都上升，钢铁行业的开工率才有可能超过阈值，在这里假设阈值是 80%。但基建、地产、机械、汽车行业的销量不会同时上升，一定是有先后顺序的，必须是地产、汽车这种生活资料先回升，机械这种生产资料才能回升，这里有逻辑上的先后顺序。下游需求的先后回升，继而推升钢铁行业开工率的过程，就像一个叠罗汉的过程，从大类来看，第一个站起来的是生活资料即地产、汽车，第二个站起来的是生产资料即机械设备，然后才是化工、水泥等原材料，最后才是钢铁。所以，下游需求越分散，景气周期越晚；反过来，需求分布饼图越集中的，理论上开工率达到阈值的时间就更早，因为先决条件比较简单。

所以，销量型周期行业与价格型周期行业在景气度上的先后顺序取决于开工率。从下游需求来看，大体上分为两类：一类是To C端的生活资料；另一类是To B端的生产资料。生活资料作为叠罗汉游戏中第一个站起来的，也是第一个蹲下去的。在生活资料与生产资料之间存在的这种先后顺序，其中的关键因素还是开工率，是生产资料的开工率。

生产资料的销量分为两个阶段：在保有量的开工率低于阈值的时候，销量仅有存量更新量，此时销量保持平稳，没有增长；等开工率超过阈值后，销量包括存量更新量和保有量增加部分，体现出销量的高弹性，寿命越长的弹性越大。这种销量增速分两阶段的特点正是由于开工率的存在导致的，这跟原材料行业的特点基本一样，只是一个表现为销量的高增长，另一个表现为价格的大幅上涨。也正是因为开工率的存在，使得价格型周期行业的景气度滞后于销量型周期行业的景气度，也使得生产资料的景气度滞后于生活资料的景气度。这样对于工业周期行业来说就非常清晰了，总共可以分为生活资料、生产资料、原材料三大类。从景气度先后顺序来看，生活资料最早，然后是生产资料，最后是原材料，周而复始，不断循环。

周期性是一个非常重要的生意特性。剖析了周期的产生机制，对待周期应该有更加辩证的态度。万物皆有周期，即便以年为单位不呈现明显的周期性，也只不过是时间维度隐藏了周期特性而已。认识了周期的必然性，对波动就应该持有更加宽容和开放的态度。

三、企业的成长空间和天花板

商业模式决定生意是否可行，解决的是从 0 到 1 的问题。成长空间则决定生意能做多大，解决的是从 1 到 N 的问题。

企业从 1 到 N 的成长路径主要有：

（1）单一客户的重复购买，即重复性消费。

（2）从单一客户向更多客户复制，即扩大市场占有率。

（3）满足客户更多的不同需求，即增加新的盈利点。

通常所说的成长指的是企业的业绩增长，而业绩指的是利润。影响业绩的因素除了上述三种量增的因素，价和费也是重要因素。提价权和降本增效对业绩成长也是重要的助推器。但是，这里探讨的企业成长空间专指上述三种量增的情况，这是企业成长的外因，是主要的驱动因素。

1. 决定企业成长的"五要素"

从 1 到 N 的第一条路径是重复性消费，对于非重复性消费的企业，第一条路径是走不通的。重复性消费具有累积效应，存量客户自动"续费"，每个新客户都是增量。非重复性消费，存量客户定期清零，剩余潜在客户越来越少，新客户先补偿先前存量，超出的才是增量。由此可见，是否是重复性消费，实现成长的难度和持续成长的空间有天壤之别。

任何产品，如果将时间拉得足够长，都是重复性消费的。手机 3 年，汽车 8 年，房屋 50 年，这里要考虑更新周期的问题。产品更新周期对于非重复性消费而言，无疑是重要的决定企业成长的要素。

竞争维度决定企业成长的阻力大小。不同的市场竞争格局不同，竞争的激烈程度自然不同。垄断市场没有竞争；增量市场大家跑马圈地，一片蓝海，竞争极小；饱和的存量市场竞争激烈，红海厮杀。竞争环境是一方面，企业的竞争优势是更重要的另一方面。具有竞争优势的企业，给我空间我能抢到，不给我空间我能抢别人的生存空间。没有竞争优势的企业，给你空间你也抢不到。

在一定的市场空间里，企业已有的体量被称作渗透率。已有的体量越大，剩余的空间就越小。渗透率决定了蛋糕还剩多大可以分。

行业整体规模代表蛋糕的大小，行业规模是否可以扩容，代表整个大蛋糕是否会变大。白酒行业的销量持续萎缩，生猪行业的规模基本固定，免税业方兴未艾，免税行业的蛋糕在不断扩大。行业扩容能力会直接影响到行业内企业的成长空间。任何一个行业的需求总量不可能无限度地扩容下去，行业的扩容能力最终会消失。

重复性消费属性、产品更新周期、竞争维度、渗透率和行业扩容能力共同决定了企业的成长空间和成长的难易。

2. 持续的高增长是悖论

市场中大多数人对于高增长趋之若鹜。短期高增长的企业往往会被追捧，这是市场中永恒不变的规律。人们对高增长推崇备至，见到高增长的企业，什么原则都可以变通，多高的价格都能得到认可，还会找到各种说辞为不理性的行为辩护。市场中非常流行的 PEG 估值就是对短期高增长做的看似有理、实则强词夺理的荒唐辩护。PEG = PE ÷ G，即市盈率和增长率的比值。当一家短期高增长的企业被炒到离谱的价格时，会有人拿"市梦率"跟同样很高、很高的短期增长率做对比，试图解释高股价的合理性。逻辑是现在估值高，但未来业绩是高增长的，等未来业绩实现了，估值就不高了。

好合理的解释，但根本经不起推敲。未来高增长实现了，估值就不高了？高增长能持续本就是一个悖论。就算未来偶尔一年实现了高增长，内在价值却是整个未来自由现金流的折现，用一个静态的局部去说明一个动态的整体，毫无道理可言。之所以轻易地得出未来将延续高增长的假设，无非是因为犯了最普遍、最低级的错误——线性外推。

持续的高增长是一个悖论，这是一个很浅显的结论，要证明也很容易。在重复性消费属性、产品更新周期、竞争维度、渗透率和行业扩容能力决定企业成长的"五要素"里，不考虑行业扩容，假设行业空间固定，其余四个要素均采用最理想化的最优假设。一个重复性消费的垄断的新兴市场，当前的渗透率只有1%。一家企业以36%的速度持续高速增长。之所以假设36%，是为了利用"七二"法则，容易口算 [注："七二"法则是对复利公式的一种简便运用。所谓"七二法则"，就是以 1% 的复利来计息，经过 72 年以后，本金会翻倍。这个公式好用的地方在于它能以一推十，例如，年复利 8%，经过 9 年（72÷8）本金翻倍；年复利 12%，则要 6 年（72÷12）就能让 1 元变成 2 元]。从 1% 的渗透率到占满整个市场，增长 100 倍仅仅需要 14 年左右（36% 的增长率，2 年翻 1 倍，14 年翻倍 7 次方，2 的 7 次方是 1% 基数的 100 多倍了）。

在如此理想化的市场上，以 36% 的增速持续增长 14 年就饱和了。4 个要素但凡变动一个，理想化的持续高增长就会大打折扣。如果变成非重复性消费的吃一口少一口的市场，10 年就饱和了；如果不是从 1% 起步，渗透率是 10%，10 倍的空间，重复性消费的不到 8 年饱和，非重复性消费的 4 年饱和；再引入竞争要素呢？假设市场占有率能抢到 30%，有三倍空间，重复性消费的不到 4 年饱和，非重复性消费的第二年还没过完就已经没有成长空间了。

上述验算只是假设，没有任何实际意义，真实的市场会复杂得多，产品更新周期和行业扩容能力两个促进增长的正向因素也会融入其中，但是我们仍不难体会到持续的高速增长是多么不切实际。读者可以自己假设一些条件，改变增长率，比如用市场普遍划分高低增长的分界线 20%，亲自推算一下，就会对这个结论有非常深刻的体会。

由此可见，要求一家企业持续高增长本身就是一道伪命题，市场空间不允许，任何一家企业也做不到。所以，任何时候在企业暂时的短期高增长阶段，在群情激昂的燥热氛围里，给企业过高的出价都是极不明智的。人们对高增长的热衷，对企业维持高增长的不切实际的高要求，归根结底都是短视的弱点在作祟。急功近利，异想天开，认为月月长、季季长、年年长是理所当然的，一个季报的不及预期都能让股价断崖式下跌。

企业不可能一直成长，即使是伟大的企业，在成长过程中有波折也再正常不过了。合格的价值投资者不应该面对成长受阻、增长降速这些说辞而大惊小怪，也不应对由此而产生的巨幅波动乱了方寸。我们阻止不了市场的不理性波动，却可以要求自己看淡短期的高增长，避免参与因暂时的狂热氛围给出的过高标价。我们有的是机会在成长失速、市场降温的时候捡到便宜得多的"宝贝"。

3. 可持续的稳健成长才是好成长

高增长一定无法持续,所有的高增长都是阶段性的。企业的高增长阶段通常都是非常态的。导致阶段性高增长的常见原因有以下几个。

(1)企业刚摆脱困境。困境反转,由于基数太小,因而增长显得非常高。这种高增长随着企业回归常态,自然会消失。

(2)周期性企业的景气周期。周期性行业进入景气周期,需求的增长带来量价齐升,会产生非常明显的阶段高增长。"三年不开张,开张吃三年"是对周期性行业在这一阶段很形象的描述。随着行业周期性波动,这种阶段性"吃肉"的高增长注定无法持续。

(3)为了赚快钱,不择手段、不计后果地高增长。跟风,什么流行做什么,什么赚钱上什么项目。人有惰性,企业也一样。快钱谁都想赚,但不现实。没有脚踏实地的实干精神,什么也不可能做好。这是最浅显的大道理。有些企业却整天做白日梦,甚至借钱加杠杆,或者为了眼前利益牺牲长远利益,这纯粹就是不务正业了。如果你身边有这么一个人,即使他偶尔在短时间内赚了大钱,你相信他的未来会好吗?

(4)行业处于"风口"。创业成功的本质是找到风口,顺势而为,但是创业是创业,投资是投资。对处于"风口"的企业,面对一片蓝海,奋力跑马圈地,员工精神抖擞,企业欣欣向荣,一派朝气蓬勃。但是,资本会将市场空间很快填满,之前春风得意的企业很快会面临红海厮杀的局面。温室里的花朵到了真刀真枪拼命的战场,结局可想而知。近年来,在新经济模式下,这样的"风口"行业层出不穷,但来时一阵风,去时也一阵风。共享单车、网约车、外卖、短视频、直播……这些行业刚流行时谁都能插一脚,但很快形成行业格局,每个行业能活下来长大的最多两家。那些曾经站在风口,风光一时的高增长企业,最终都逃不掉当背景板的命运。能稳健长大的企业一定是经历过残酷竞争后剩下的企业,这符合进化论优胜劣汰的法则。大多数处于"风口",没打过硬仗的企业都活不长。而存活下来的企业靠的是竞争优势,有真正的护城河。缺乏护城河保护的高增长是一种"伪成长"。

高增长可遇不可求,遇上了也必定不可持续。对企业长期发展具有决定意义的是可持续的稳健成长。如何理解可持续的稳健成长？

首先，可持续绝不是指逐年增长、逐季增长。没有任何一支凯旋之师是只知道冲锋进攻，不知道歇脚休整的。相反，那些长期完成惊人成长的伟大公司都是脉冲式成长的。长长停停，遇到问题解决问题，才拥有第二次冲锋的动能。

其次，稳健地成长绝不是追求高速的成长。企业受制于所占用的资产和投入资本的获利能力，其可持续的成长速度是有上限的，当实际的增长率超过可持续的最高增长率时，就需要增加负债来占用更多的资产。在资本获利能力得不到提升的条件下，要维持超过可持续增长率的高增长，就必须不断加大杠杆。杠杆越高，风险越大，企业越脆弱。最后，要么灰飞烟灭，要么停止激进的增长求生。由于激进成长，导致企业面临险境甚至遭受致命打击的例子屡见不鲜。从亚细亚到顺驰，到乐视，再到周期中激进扩张的众猪企，均不同程度咽下了激进成长的"苦果"。

可持续的稳健成长要求企业稳扎稳打、脚踏实地，有多少米下多少饭，靠内功的精进和内部的积累健康地长大。不好高骛远，不激进盲目。就像一个孩子的自然长大过程，该经历的风雨要去经历，该花的时间要给他花。拔苗助长，急功近利，靠催熟、催大的也不过是"巨婴"而已，一击就垮。

4. 慎言"天花板"

从 1 到 N，企业稳健成长的路径主要有两条：对主业的精耕细作和新增盈利点。

主业是一家企业的主战场，集中了最优势的兵力，配备了最完备的资源，是企业最核心的能力圈，也是企业的核心竞争力所在。在充分竞争的行业里，主业的成长依靠抢对手的地盘，提高市场占有率和行业的大蛋糕整体扩大。在具有垄断性质的情况下，就只能依靠行业扩容了。由此可见，垄断性质的企业在成长性上有先天劣势。

任何一个行业的空间都有限，资本的逐利特性和竞争的存在决定了行业空间不会为谁空闲，所以，成长空间和"天花板"如影随形。行业格局通常在短期之内都是稳定的，行业扩容的潜力即便有也是渐进式的，不会很明显。而市场对企业成长的要求则是迫切的，所以，关于"天花板"的论断常常不绝于耳。但是，和前面讨论成长时市场人士展现出的浮躁和没有耐性一样，"天花板"的言论也无非是人们短视的另一种表现，在很多时候是言过其实的。

对于行业"天花板"的问题，应分行业区别对待，不能一概而论。有些行业的特性决定了行业空间固定，像生猪产业，全国人民每年吃掉6.5亿~7亿头猪就是上限了。如今的消费能力基本能保证想吃多少猪肉就能吃到多少，经济制约因素很弱。所以，这每年6.5亿~7亿头的出栏量就是生猪产业的"天花板"。并且随着人口红利消失、老龄化加剧，生猪产业的"天花板"也有压低的可能。

有些处在逐步被替代过程中，却又不可能完全消失的夕阳产业，"屋顶"逐渐变低是确定的，如传统的纸媒行业和与纸媒高度相关的油墨、印刷等行业。多数行业的蛋糕规模还是逐渐扩大的，其中的底层逻辑在于：人们对美好生活的追求永无止境，但在现实中尚无法做到按需分配，人们大多数的欲望和需求是被压制的，人们的消费是受到经济条件制约的。但社会是不断进步的，当制约条件解除或改善后，得不到满足的欲望和需求会寻求满足，总需求就会增加，只要需求不能被其他更优的选择替代，满足单一需求的行业一定是扩容的。

另外，人的欲望是不断膨胀的，从吃饱穿暖到吃好穿好，从能用到好用，好用了又要求美观，现实中的表现就是消费升级和消费替代。因此，大多数行业，只要不被科技发展替代、被历史的车轮抛弃，都是具备扩容能力的。

空调行业的"天花板"已被担心了十几年，但格力电器在外界的担心里稳健成长了十几年。空调能创造舒适的室内温度，而人们的需求则是舒适的温度，这个需求是不加任何定语的。于是，从没有空调到装上空调，又从一台空调到每个房间装一台，需求一直在，只是约束条件压抑着欲望，现在仍远达不到每家每户每个房间一台空调的地步。只要需求有空间，行业扩容就有动能。

如今，格力电器的日子不好过，于是空调行业的"天花板"问题又凸显出来。其实逻辑不曾改变，人们需要的是舒适的温度，无论在何地，需求都是一致的。就算现在室内的每个角落都不缺空调了，在室外人们的需求仍无法被满足。

所以，能说空调行业到了"天花板"吗？只要调节温度的科技还是只能生产出空调，那么将来有一天，空调应用于室外环境就是可能的。只不过现在空调的技术要做出改变，变成可移动的、便携式的。将来我们出门，会多带一个像手机大小的空调完全可能成为现实。当然，这要在没有发明出更简便的技术取代空调的前提下。将来调节温度的也可能变成了你包里的一小包化学粉末，那么空调的历史使命就完成了。只要潜在的需求还没有被彻底满足，就不要轻言一个行业到了"天花板"。各行各业的劳动者会汇聚智慧来满足人们潜在的需求，未来是不可知的，但人们会为明天变得更美好而努力，这是一定的。就算行业里最有发言权的领航人也不可能预见行业的未来会变成什么样子，但追求无止境，只要这一行还没有被取代，行业扩容就存在空间，就不会到达"天花板"。

对于企业的"天花板"问题，更应该泰然处之。价值投资者投资的是力争从优秀到卓越的企业，竞争优势是这些企业身上起码的特征。从竞争中不断长大，是对它们的要求，做不到是不应该投资的。优秀的企业要做到稳健成长，可依靠的路径很多。优秀的企业在有限的行业空间里可以通过竞争蚕食对手的生存空间，扩大自己的市场份额；可以依靠竞争优势优先瓜分行业扩容的增量；也可以另辟蹊径，新增盈利点；通过提价和降本增效也会促使业绩增长。

总之，从平庸到优秀很难，但从优秀变得更优秀则容易很多。当你看不清企业的未来，不知道该往哪里走才能变得更好时，别着急下"到了天花板"的结论。关于未来，你看不清楚，董事长也未必知道。但是，优秀是一种基因，优秀的企业同优秀的人一样，懂得如何遇山开路、遇水搭桥，做好该做的事情。只要不是整个行业有了可被替代的更好选择，行业的未来必然走下坡路，就不要轻易给证明过优秀的企业扣上"天花板"的帽子。正是因为对企业"天花板"有这样的认识，所以，对待当下的格力电器，我不至于过分悲观，在成长中遇到挫折是正常的事情，给它时间就好，时间能证明一切。

四、竞争优势与护城河

商业世界充满竞争。物竞天择，适者生存，自然界的进化法则同样适用于商业世界。商场的竞争是没有硝烟的战争，是极为残酷的较量。强者有自身的竞争优势，对弱者形成竞争壁垒，使双方在"战争"中处于不平等地位，弱者想要赢，难如登天。

护城河就是一家企业所具有的竞争优势。通俗地讲,就是我能做的生意你做不了,我能赚的钱你赚不到,我能进的市场你进不去,你我都能做的你也没我做得好,就算你知道我是如何做的你也拿我没办法。

资本的特性是逐利,好生意一定会成为资本觊觎的对象。由于各方资本的竞逐,竞争加剧,一定会使一门好生意趋于平庸,无利可图,从而失去吸引力。过剩资本退出,使行业达到平衡,最终保持社会平均利润率以下的水平。由此可见,仅仅商业模式优秀、成长空间大的生意不足以成为好生意,随后而来的激烈竞争会让那些"好"荡然无存。因此,在加入竞争维度后,抢不走的好生意才是真的"好"。护城河保护你的"城堡"远离竞争对手的侵扰。

护城河,顾名思义,要先有"城"可护才有意义。如果城堡里是空的,强盗连去抢的心思都没有,那把护城河挖得再宽、再深也只能成为摆设。所以,对于投资者而言,考察"护城河"是在确认企业拥有值得守护的好生意之后。对商业模式和成长空间的考察是重中之重,不应本末倒置。

企业的护城河如同社会中形形色色的成功人士具有的超出常人的绝对竞争优势。这些优势有的是天生的,但也有靠自己打拼建立起来的,虽然过程艰难,但经历过磨难建立起来的"护城河"要牢固得多。

从成功人士的角度看企业"护城河",二者极为相似。其来源也可以分为天生的、继承的、政策给的和自己"挖"的。

江河湖海、名山大川的自然资源给了靠山吃山、靠水吃水的企业独占收益的权利,地理、地域优势造就的护城河牢不可破。黄山、峨眉山、丽江的旅游资源让景区上市公司靠门票就能收钱;长江丰富的水力资源、天然的落差让长江电力的发电成本很低;上海顶级的国际客流量保证了上海机场远优于其他机场的客流变现方式;受运输成本的限制,运输半径决定了靠近原材料主产地的企业会形成巨大的成本优势,水泥企业的区域垄断也是因为地域优势形成了护城河;涪陵榨菜同水泥企业相似,青头菜原产地的地域优势形成了低成本护城河。

云南白药、片仔癀、同仁堂、龟龄集、全聚德、东阿阿胶等一众老字号是前人留下来的瑰宝。产品的知名度和美誉度是经过历史沉淀而形成的,已然成为传统文化的一部分。秘方保证这些产品无法被模仿,就算被模仿出来也不正宗,从而形成了强大的护城河。祖上留下的除了物质世界的,精神世界的是更难以逾越的。历史古迹、文化名人，只要存在，就会有游客寻访、瞻仰，就能以此为背景发展出一系列产业。历史是不会改变的，不怕陈旧，不怕过时，也不怕被模仿。

政策给的护城河是特许经营权，行政权力具有权威性和排他性，特许经营权构筑的护城河往往具有垄断性质，能屏蔽竞争对手的觊觎。中国烟草的烟草专卖权、中国中免的免税经营权、上海机场的"双特权"护航，均杜绝了绝好的生意落入他人之手的可能。然而，这种权利是一把双刃剑，可以给你，也可能收回来；可以给你，也可以给别人。这种情况一旦发生，竞争环境将发生巨变。例如，今后会逐步扩大免税牌照的发放，对中国中免的竞争优势是一种削弱。

与靠"特权"构筑的护城河不同的是企业在公平的竞争环境中逐步构建起来的护城河。企业自己"挖"的护城河更可贵，通常会凝结管理层更多的心血和智慧，对管理层的要求更高。这样的护城河更为广泛、更为普遍。

1. 典型的自创护城河种类

（1）规模优势。规模经济带来的成本降低和综合实力增强是极大的优势。大规模采购会增加议价权，带来原材料成本的降低。对于固定成本占比较大的生意，产量规模越大，分摊的固定成本越低。在同行业中，规模越大的企业越有实力进行研发、做广告、营销等投入，从而保持和扩大优势。前面讨论商业模式时提到的"隐形冠军"市场就是规模优势的典型代表，依靠规模经济产生的巨大低成本优势，将整个市场牢牢抓在自己手中。

（2）网络效应。网络效应意味着用的人越多越离不开，大家都用你不用，会使你显得另类，与社会脱节，最重要的是给自己带来极大不便。除非多数人同时离开，否则网络效应形成的护城河牢不可破。你能想象你不用微信，不用支付宝，不用淘宝、京东，不用钉钉，不用美团……你的生活会变成什么样子吗？当平台将形形色色的用户连接成网络时，就形成了真实的社会，大家都用你不用，你就会缺失某种社会功能。网络效应的另一大优势就是极低的边际成本。在网络形成以后会产生"虹吸效应"，获客成本大大降低，用户会自己送上门。同时，规模的扩大会产生"规模效应"，成本和费用的分摊也会大大降低。

（3）低成本优势。除了上述规模效应带来的低成本优势，独特的商业模式、流程创新、先进的技术工艺和设备、孜孜以求的降本增效，均可能形成低成本优势。好市多、西南航空、牧原股份都是通过不同于同行的商业模式，优化流程，实现了极致的低成本优势。芒格说，有些取胜的系统在最大化或者最小化一个或几个变量上走到近乎荒谬的极端。好市多不靠卖货挣钱，它追求毛利率最小化；西南航空定位短途的"空中巴士"，去占领别人都不屑的低价市场；牧原股份通过自繁自养的重资产模式，全周期全流程严控成本。它们在控制成本上都做到了近乎荒谬的极端。万华化学的 MDI 则是典型地通过先进的技术工艺实现了成本领先。沃尔玛的低成本优势则是通过精打细算的降本增效实现的。

（4）高转换成本带来的客户黏性。有些产品或服务一旦使用，由于转换成本太高，所以，不到万不得已，不会被竞品替换，这种黏性在无形中形成了竞争壁垒。所谓的高转换成本，不仅仅指真正花费的成本，也指替换行为带来的麻烦，这是一种"精神成本"。例如，更换手机号、更换电信运营商的行为带来的后果是各种常用 App 的账号、网站账号要换新的，这是巨大的麻烦。

这种"精神成本"会阻碍绝大多数人换号的想法。但是，如今可以携号转网了，这种客户黏性对于电信运营商就不复存在了。iPhone 的云服务可以保证当你换新手机时，旧手机上保存的资料、照片原封不动恢复到同一注册账号下的新 iPhone 手机上，这就对 iPhone 用户形成了巨大的黏性，能够促使用户换机时大概率还会换 iPhone 手机。

企业开发使用的软件系统也具有很强的黏性。比如 SAP 的 ERP 系统，一是因为系统设计复杂，掌握系统的使用非常困难，一旦熟练掌握，就很难将这份技能舍弃掉；二是因为更换新系统涉及庞大的数据切换工作和对新系统的学习及适应。这些无形的成本保证了一旦使用了这些软件系统，就很难被替换。如今越来越多的供应商采用"整体解决方案供应商"的理念，深度参与客户的产品设计当中，目的也是要实现与客户的深度绑定，提高客户的转换难度，增加客户黏性。

（5）专利和非专利技术。专利通过法律手段确保专利技术的收益权不受竞争对手的侵扰，但这种垄断的壁垒是有时效的，超过专利保护期，就会立即面临全面竞争。原研的药品过了专利期，面临仿制药的低价竞争，原研优势也会荡然无存。如今在药品集采政策下，原研药被仿制药打败的情况屡见不鲜。专利优势也是一把双刃剑，过于依赖专利保护的企业也会因失去保护而陷入巨大麻烦。各国对待知识产权保护的态度也不尽相同，专利优势也会因种种侵权行为而大打折扣。

非专利技术没有时效性限制，但是随着科技的不断进步，领先的技术也只是一种暂时的状态，能否持续保持领先的技术，是这类护城河的关键。研发能力、创新能力是格外重要的能力。万华化学是技术护城河的典范，靠自主研发完成了对欧美的全面超越，在聚氨酯这个寡头的市场里，将仅存的几个欧美巨头越甩越远。

（6）品牌护城河。关于品牌护城河，可聊的话题很多，下面作为独立的一部分专门讨论。

2. 品牌护城河

品牌，以我的理解，是一家企业的综合实力在具体产品上的体现，是产品和企业的符号与象征。品牌力的底层支撑是产品力，产品力的"后勤保障"是企业的健康运营。品牌依附于产品，产品依附于企业，孤立地离开产品和企业谈品牌，就失掉了品牌的根本。品牌和企业、品牌和产品是密不可分的，剖析品牌的品牌力归根结底要回到产品力和企业运营之上。

一个品牌的品牌力是一项综合实力，可以从如下几个维度加以衡量：产品品质及其相关服务、品牌的认同感和美誉度、社交体验、企业运营支撑、品牌生命力、品牌文化属性和用户渗透量。

所谓品质，就是要看产品品质是否上乘、稳定。相关服务，比如售后维修。品牌的认同感和美誉度，就是公众对该品牌的认同一致程度。社交体验就是产品赋予用户的美好的社交体验感，比如，你买劳力士所带来的被关注的体验感。企业运营支撑就是公司的经营是否健康，能不能支撑品牌的存续。品牌依附于企业，皮之不存，毛将焉附？很多名气很大的品牌，由于企业运营不善，渐渐失去了生命力，比如"狗不理"。品牌生命力是指品牌的存续时间，是几十年还是几百年。品牌文化属性主要指用户对于品牌的忠诚度，以及品牌对人们精神的影响力，典型的就是迪士尼。用户渗透量就是品牌俘获用户的数量，这就形成了品牌的用户数量基础。

品牌的品牌力是以上各种维度的综合反映，在一个维度上出现短板，可能就会影响品牌在用户内心形成的那种综合印象，通常称为品牌受损。就像木桶上出现一个洞，后果是很严重的。例如，五粮液之所以被茅台超越，关键原因就是通过大量贴牌和OEM，严重损害了五粮液主品牌的品牌力，造成了品牌的认同感和社交体验变差。同样，我们在比较两个品牌的品牌力时，也应该将各大维度摆开，一一对比，这样才能对品牌力得出客观的结论，而不是凭空根据知名度感性地评价品牌力，那一定会有失偏颇。例如，五粮液同茅台的品牌力差距主要表现在品牌的认同感和美誉度及社交体验上，而在其他维度上则难分伯仲。

一个品牌的品牌力是动态发展的，各个维度的长短也是动态变化的。所以，评价品牌力，也应该以发展的眼光看问题，品牌力是需要跟踪的。上面谈到了五粮液品牌力严重削弱的例子，品牌力削弱是很容易办到的，一个维度做不好，木桶上只要出现一个洞，不管这个洞出现在哪里，都会漏水，再长的木板都没用。相反，想要增强品牌力则非常难，那需要各个维度全方位努力，才有可能得出一个综合的高评价，否则极有可能因为一句售后不行或者太小众的评价，使得其他的努力付诸东流。

品牌力有强弱之分，但是品牌力的强弱并不代表品牌护城河的强弱。品牌不等于品牌护城河。绝大多数的品牌没有护城河。品牌和品牌护城河之间还存在关键的一环需要打通，那就是品牌要占领用户的心智，才能称为品牌护城河。

什么是心智？就是人们可以不假思索就想当然地认知，这类似于条件反射，是一种本能。在品牌护城河的领域里，心智就是指人们可以不假思索就说出的品牌。只有这样的品牌才具有护城河。为何这么说？因为人的心智具有两个鲜明的特征，一是懒惰，二是容量小。归结到一起，其实是同一个原因。因为惰性，所以，我们的心智容量就少，容不下太多。我们的心智有这样的特征，究其原因也是进化过程中基因的选择。

动脑筋并不是高等哺乳动物的强项，这包括我们的祖先。在人类大脑不断进化的过程中，有一个非常现实的问题是必须面对的，那就是动脑筋思考问题是很消耗能量的，而对于那时弱小的人类来说，吃不饱、穿不暖是常态，没有多少能量可供动脑筋思考去消耗。如此一来，只有在面临生存危机等特别重大的问题时，才会动脑筋想办法，因为这是确定利大于弊的，是利于生存的。而对于不重要的小事情，就自动不去开启用脑模式了，因为不划算。取而代之的是习惯，渐渐演化为条件反射，成为本能。

回到品牌这件事情本身，除非两件产品的差距太过明显，否则用户的体验不会相差太多，这种差别多数是可以被忽略的。即便可以客观地比出个高低，那也是非常困难的事情。如果每件事都要耗费大量脑力才能得出哪个选择更优一点点的结论，那么人们是没有那么多精力的。

这时，我们的基因会偷懒，不会在差不多的选择面前浪费脑力，而会选择一个熟悉的，强化这个就是最好的，这样做无疑是最划算的。如何让人们更熟悉你的产品？品牌就这样应运而生了。品牌属于商业范畴，而商业从远古出现以物易物时就诞生了。经过千万年的发展，商业形成了一套非常成熟的操控用户心理的办法。

品牌因为人类心智的惰性被创造出来，然而，也是因为这种惰性，品牌想要成为护城河，面临着残酷的竞争。品牌心智的容量很小，最多能记住三五个，占满以后对其他的自动屏蔽。牛奶是伊利、蒙牛；空调是格力、美的；可乐是可口可乐和百事可乐；文具是晨光、得力；好酒是茅台、五粮液；酵母是安琪酵母；榨菜是涪陵榨菜；阿胶是东阿阿胶……所有人提到上述品类估计脱口而出的不大可能会有其他选择，最多是在第二位、第三位添上自己用过的、熟悉的其他品牌。但是，在通常情况下，任你绞尽脑汁也很难说出五名开外的品牌。品牌心智的易饱和，使得品牌成为护城河的难度相当大。品牌心智一旦饱和，就会自动关闭，对其他品牌产生屏蔽。然而，一旦你的品牌打进了心智，占据了位置，别人再想替换掉你也是很困难的，品牌心智会形成强大的护城河。

想要改变消费者心目中固有的品牌心智是极其困难的，因为这不是花钱、做正确的努力就可以办到的。巴菲特说，若给我几百个亿都不能撼动你的市场和品牌，那证明你是有护城河的。这时，你是没办法改变他心目中对品牌的定位的。就算定位是错误的，你也无计可施，因为在他那里这种定位就是正确的。你没有机会向他证明你的品牌更优，没有机会说服他他的定位不正确。他对你本能排斥、天然屏蔽。他的选择是不是最优的一点都不重要，重要的是他认为他的选择是最优的。

那么，打进消费者心智里的品牌是否就高枕无忧了？被挡在心智窗口之外的品牌是否就无能为力了？尽管心智的容量很小，占满了窗口就关闭了，很难通过替换再打进窗口里面，但是，这条路走不通，可以另辟蹊径。这扇窗关了，再开一扇窗就走得通了。这扇新的窗叫作改变定位，定位变了就开启了新的心智。

在功能手机时代，诺基亚和摩托罗拉是绝对的霸主，那时手机的品牌心智几乎被诺基亚和摩托罗拉占满了。如果拼功能机，那么苹果是不会有出头之日的。但是，苹果改变了对手机的定位，智能机时代的来临，使苹果一下子占据了新的手机品牌的心智。苹果通常被看作科技颠覆旧行业的一个鲜活例证，但是我更倾向于将其看作对手机的定位改变开启了新的心智窗口，使得原有的手机品牌心智体系土崩瓦解。

当然，这种整个产品品类的心智改变是以科技的发展为前提的，具有偶然性。更常见的是对现有品类做差异化定位，从而突出某方面的差异化特征，达到"白马非马"的奇效。苹果和三星霸占了智能机的心智空间之后，"最好的智能机"的定位已经固定，其他的智能机品牌就算做出比iPhone还好的智能机也无济于事。于是小米转而定位了"性价比最高的手机"，vivo定位于"最好的拍照手机"。差异化的定位使小米和vivo都在强手如林的智能机品牌心智中占有一席之地。同样，华为也可以通过"最好的5G手机"的差异化定位跟苹果掰一掰手腕。改变定位是一种应用很广的策略，核心思想是以退为进。

以上所涉的品牌护城河的对比都暗含了一个假设条件，那就是除了品牌，其他的产品属性相当，差别不大，至少在外行看来很难看出明显差距。其他的产品属性包括价格、质量、口感、外观美感、耐用性等。对于差异化产品，如果其他的产品属性存在明显差异，那么品牌的护城河强弱就要分情况看待了。

这里需要引入一个概念叫头部痛点。所谓头部痛点，就是一种产品的消费者最在意的那个点。如果头部痛点恰好和品牌重合，即消费者最在意的就是品牌，那么，其他产品属性的差异就很难对品牌护城河构成影响。比如茅台酒，消费者买茅台，最在意的就是它的品牌，其他的诸如价格贵不贵、包装美不美，甚至是口味好不好都不重要，那么茅台的品牌护城河就会非常坚固。

带有情感属性的品牌大多数是品牌与头部痛点重合的，比如奢侈品，护城河很宽、很深。相反，如果头部痛点和品牌分离，即消费者最在意的不是品牌，而是其他属性，那么它的品牌护城河就会大打折扣。例如酱油，消费者最在意的往往不是品牌，而是口味、价格，之后才可能是品牌。所以，评价品牌护城河的强弱还必须与产品的头部痛点相结合。

竞争壁垒和护城河可能是一种资源，更可能是一种能力。单一的资源和单项的能力往往是不牢靠的，"敌人"突破一条封锁线的可能性是较大的。最宽、最深的护城河往往是几种的结合，连续突破数条封锁线的可能性就微乎其微了。

另外，护城河不是一成不变的，而是动态发展的，所以，护城河是需要企业悉心维护，不断挖深、挖宽的。这同样是一个不进则退的过程，周围群狼四顾，竞争无处不在，你的生意越叫人眼馋，他人越会想方设法突破封锁，跨过护城河。只有不断地挖宽、挖深护城河，才可能御敌于城堡之外，使好生意免受威胁。护城河绝不是一项一劳永逸的工程，永远都会有更加勤奋的对手在全力攻克你的护城河。魔高一尺，道高一丈，方能保持和加强竞争优势。

五、企业管理和企业文化

前面着重探讨了什么是好生意以及好生意如何才能不被抢走的问题，还有一个重要问题需要我们思考：在同一行业里，同样的生意，生意模式相同，竞争壁垒也差不多，为何不同的企业去做，效果会千差万别？会有明显的优劣之分？

同样的生意，不同的人用不同的态度、理念和方法去做，结果完全不同。考察一门生意的优劣仅仅着眼于生意本身是不够的，由谁如何去做这门生意也是大有讲究的。这就涉及企业管理和企业文化的话题。这是一个很大的话题，绝不仅仅限于管理方法，还涉及人、理念、品德、方法论等问题，是管理学的范畴，更是哲学的范畴。

因此，系统探讨企业管理和企业文化是极其困难的任务。好在，我们的目的是将管理和文化因素运用于企业评价，这就提供了单一的视角。我们完全可以站在更高的视角对企业的管理和文化进行评论，这就容易多了。所以，本部分内容将从有关企业管理和企业文化的各要素入手，以我个人的认识为基础，对优秀甚至卓越的企业普遍具有的特质进行说明，从而得出关于优秀的管理和文化较为立体的普遍结论，以满足站在更高的视角进行评论的需要，而不强求对这一复杂问题进行系统阐述。

1. 赛车与赛车手

由于巴菲特和芒格的重要影响，所以，对于管理层和生意哪个更重要的问题，业界习惯引用他们的类比——船和船员，或者马和骑师。而我想用赛车和赛车手的类比来探讨企业管理中"人"的因素。因为相比于单纯的管理层和生意的关系，赛车和赛车手能涵盖更广泛的内容，更利于探讨企业管理中所有关于"人"的问题，而不仅仅限于管理层。

在F1的跑道上，最终获胜的赛车，究竟是因为赛车好，还是因为赛车手好？是赛车成就了赛车手，还是赛车手成就了赛车？是"人"的因素更重要，还是"车"的因素更重要？这个问题，如今是不需要费过多笔墨论证就有明确结论的问题。巴菲特说，划的是一条怎样的船更胜于怎样去划这条船。知道伯克希尔·哈撒韦来历的读者也会深刻地理解"划的是一条怎样的船更胜于怎样去划这条船"这句话的含义。伯克希尔·哈撒韦最初是巴菲特严格遵照格雷厄姆的标准收购而来的"烟蒂"，尽管巴菲特为伯克希尔·哈撒韦配备了优秀的管理层，但面临全球产能过剩和同质化产品的恶劣竞争，面对纺织行业大势已去的环境，巴菲特苦苦支撑20年终不见起色。这是血的教训为我们证明了的：如果你的赛车不行，任凭你是再厉害的赛车手，你也赢不了。

相反，如果你的赛车足够好，即使你的驾驶技术不是出类拔萃的，你的成绩也不会太差。看看五粮液，自20世纪90年代后期以来，在近20年的时间里，连续犯下错误。品牌买断经营和OEM贴牌经营，严重损害了主品牌的品牌力，严重稀释了五粮液的品牌价值。犯了这么多错误，五粮液毫无悬念地将"酒王"的位置拱手让给茅台，这与五粮液的管理层息息相关。然而，即便犯了这么多错误，五粮液仍能取得行业第二的地位和业绩，可见五粮液的生意多么好做。正是因为五粮液拥有一辆极好的赛车，在赛车手能力不佳的情况下，五粮液在F1的跑道上仍能取得第二名的成绩。

因此，有一辆好赛车远胜于有一个好赛车手。好赛车是基础，在拥有好赛车的基础上配备好赛车手是双剑合璧、锦上添花。鱼和熊掌如果无法兼得，那应当优先选择好赛车。我们评价企业管理和企业文化的前提是认可企业的生意模式、成长空间和竞争壁垒。

2. 好赛车与赛道

对于赛车和赛车手的结论，有一个现象需要我们面对，那就是"行行出状元"。我们强调赛车的重要性，相较之下，"贬低"赛车手的作用，这似乎很难同"行行出状元"的现象相协调。那该如何解释呢？

的确，生意分难易，却没有高低贵贱之分。各行各业里都有出类拔萃的企业，再难做的生意也有做得很好的，所谓"行行出状元"。行业犹如赛道，我们所说的赛车和赛车手的辩证关系并不是针对整个行业而言的。不是好赛车必然对应好赛道，也不是说好赛道里的企业必然就是一辆好赛车。还记得在本部分开头提的那个问题吗？"在同一行业里，同样的生意，生意模式相同，竞争壁垒也差不多，为何不同的企业去做，效果会千差万别？会有明显的优劣之分？"我们不是强调生意本身的重要性，而轻视"人"的因素。

相反，"人"的因素对没有处于好赛道的生意更为关键，这不言自明。我们也不是主张忽视看似不那么好做的生意，忽视"行行出状元"的现实，对企业的生意乱贴"坏车"的标签。好与坏是相对的，没有绝对的标准。对于投资而言，我们却可以对"好"定义十分苛刻的标准，因为我们的原则是择优录取。

那么，对于没处于好赛道的生意，能将其反选，划入"好车"范围的，必定是与众不同的生意。它一定极大地突出了某一长处来弥补其他方面的平庸。总之，对待"好车"的标准有两种：要么各方面优异，整体优异；要么各方面普通，但有超常的一面，强大到把它破格送入优异之列。

比如牧原股份，生猪行业的生意太普通，但牧原通过自繁自养的全过程控制，实现了极致的低成本优势，并通过持续极致扩产能，实现了企业超常的高速增长。极致的低成本优势和超常的高速增长让不起眼的生猪生意变得吸引眼球，从而破格进入"好车"的备选行列。又如前面讨论过的"隐形冠军"市场，通过巨大的规模效应带来了超强的成本优势，进而阻止了绝大多数竞争，破格进入了

"好车"行列。而各方面普通又没有超强项的生意就只能与"好车"的行列无缘了，比如巴菲特收购的伯克希尔纺织厂。

好赛车同赛道没有必然的联系，行行出状元，看似平庸的赛道偶尔也会跑出好的赛车。待在好的赛道里，成为优秀甚至卓越的赛车也不是易事，因为竞争无处不在。这其中的决定因素就在于企业管理和企业文化。这很像举重比赛，由于电视转播和参赛人数的限制，举重决赛分为A、B两组，同时进行。但电视转播只转播A组的比赛，因为A、B组的划分依据的是报名成绩，A组的报名成绩比B组的报名成绩高，普遍实力更强。最终的好名次和冠军通常都出自A组，B组更多的意义是参与。但是，在奥运会上，也有过B组选手最终夺冠的纪录。A组和B组分属不同的赛道，A组是优势赛道、好赛道，所以，容易出现好赛车；B组不是好赛道，出现好成绩很难，但不绝对，偶尔也会跑出好赛车。A组和B组两个赛道的主要区别是环境资源不同，A组容易出成绩，但能不能出成绩，除了环境资源，更重要的决定因素在于赛车本身。身处不利的赛道，要成为好赛车，对赛车本身的要求更为苛刻。

3. 赛车手与后勤保障团队

设计、制造、组装、打磨好的一辆赛车，在赛车手的控制下，在赛道上飞驰，在后勤团队的全力保障支持下，最终赢得比赛。一个赛车手是主角，光鲜照人。由22位技师组成的后勤保障团队是辅助，每个人都不起眼，但他们各司其职，携手完成换胎、加油、维修等保障工作，少了谁都运转不起来。这23个人组成的比赛团队，共同使一辆好赛车在赛道上风驰电掣。我之所以自作聪明地使用赛车而非业界惯用的船或者马进行类比，正是因为我考虑到企业中"人"的因素，不仅仅是管理层和企业家，更包括广大的普通员工。用赛车类比更便于全面说明"人"的因素。"人"的因素包括赛车手和后勤保障团队，分别指企业家（管理层）和员工。

事是人做的，所以，任何事情的优劣成败，人的因素起最关键的作用。企业作为一个经营组织，不是将一群个体集合起来这么简单的。思想的统一，内部的分工、协作，同事间的利益纠葛，人际关系等复杂的因素相累加，必然产生"1+1>2"或者"1+1<2"的结果。因此，组织是需要管理的，如何管理一个企

业组织以求形成一个优秀甚至卓越的整体，并不是价值投资者的课题。价值投资者的任务是识别一家企业是不是一个优秀甚至卓越的组织，并以此为依据，加强对企业发展前景判断的佐证。因此，我们需要知道大多数优秀甚至卓越的企业都是怎样管理组织的，以及它们有哪些共同的特征。企业由人组成，人是一家企业最基本的要素，我们先来关注人。

由于竞争的存在，一家企业创立之后，在从弱小到强大的过程中，必定会经历很多磨难，最终从竞争中脱颖而出，在这一过程中，领头人的素质起到决定性作用。当赛车不够好的时候，能跑赢比赛，就要仰仗赛车手了。优秀、卓越的企业在变得优秀、卓越的过程中一定会有一个卓越的"第5级"企业家（注：第5级经理人是吉姆·柯林斯在《从优秀到卓越》里划分的5级经理人金字塔体系中最尖端的一级），这毫不夸张。

企业也具有性格，企业性格的形成与初代企业家的性格密不可分。企业家的价值观、品行、格局都会对企业的性格产生深远影响。在这个世界上，有很多放之四海而皆准的普遍的法则，不会因领域的不同、时间的不同而存在任何差异。优秀的企业家同其他领域出类拔萃的成功人士一样，具有很多相同的优秀品质。出类拔萃成大事的人具有的优秀品质也遵循这样的普遍法则。优秀的企业家具有很多相同的核心素质和品质，支撑他们在不同领域里打造出各式各样的好赛车。

优秀企业家具有的普遍的核心品质包括：谦逊的性格，远大且明确的理想，坚定的意志，专注，脚踏实地，勤奋。

想想你身边优秀的人，学校里的尖子生，公司里成绩斐然的同事，你喜爱的有着辉煌职业生涯的体育明星，你尊敬的有着非凡造诣的艺术家，以及各行各业在自己的领域里有所建树的匠人……谦逊、执着、专注、勤奋、自律、勇往直前、持之以恒，都是这些优秀的人身上极为显著的标签。优秀的人都是一样的，他们只不过是以同样的态度和方式在做不同的事情，任何事情想做得出类拔萃、精益求精也没有其他可以投机取巧的路径。企业家经营企业，也必然遵从这些普遍的法则。

赛车手再优秀，没有后勤保障团队的全力配合，也不可能赢得比赛。员工是企业"人"的因素里的另一极。企业家将核心理念灌输到企业里，企业便有了灵魂，会被深深打上企业家的烙印。企业家的价值观和使命感，他的志向，他的性格，他的为人处世的作风，都深度影响他的"赛车"。然而，如何保证企业百分之百地按照企业家的设想高效运转，不出偏差，作为执行者的员工就是最关键的因素。

人是复杂的感情动物，"三观"各不相同。思想深层的差异是无法通过说教进行统一的。"道不同不相为谋"，因此，企业最理想的组成是将志同道合的人聚集到一起。而志同道合的标准是企业的核心理念，即企业的核心价值观和使命。企业家只有将自己内心深处一贯坚守和奉行的真实的核心理念准确地复制给企业，做到"人车合一"，才能围绕核心理念，打造出志同道合的团队。

这种理想化的团队解决了最棘手的思想统一的问题，思想的问题解决了，很多难题自然迎刃而解，内部分工问题、利益纠葛问题、人际关系问题等复杂的、无解的难题都会最大限度地得到弱化。你身边的同事在某种程度上就是另一个你，和自己认可的一群人一起做喜欢的工作是幸福的。

因此，企业的人力资源系统最应看重的是员工的理念与企业的契合程度，能力则是第二位的。人力并不是企业最大的财富，合适的人才是，不合适的人只会成为企业的负担。车队只有让后勤保障团队中和大家不是一条心的成员离开，否则一个人的欠缺需要其他人来弥补，会产生一连串的不良反应。万众一心才是一支车队的最佳状态，优秀的企业也应该打造出一支万众一心的员工队伍。最简单、最有效的办法就是把志同道合的人聚在一辆车上，让不合适的人下车。

4. 制度与企业文化

有了这一车同呼吸、共命运的员工团队，企业管理起来就是省力和高效的。人是不需要管的，他们是一群志同道合的人，懂得严格自律和对自身高要求。企业只需要建立和完善一整套制度，明确在高度完善的制度框架下的自由与责任，企业就能自行运转。

企业的发展也符合生物进化的规律，面对环境的改变，产生基因突变，有利的突变保留下来继续生存，不利的灭亡。企业在发展过程中，变化是永恒的主题。和生物界进化的被动选择不同的是，企业可以主动进行选择，而不是听天由

命。不夸张地说,适应变化的能力决定了企业的生存和发展能力。制度的作用在于完善一套机制,使企业具有如下几种功能:

(1)坚守核心理念不动摇,一切行为不能违背企业的核心理念,这是企业存在的根本。

(2)创造有利于产生"基因突变"的土壤,主动拥抱变化、拥抱创新。

(3)拥有正确选择有利"突变"的能力,有效刺激进步。

用一句话概括制度的作用,就是在确保企业核心理念的前提之下,确立一种有利于企业进化的机制,以确保企业在进化的过程中有产生"基因突变"和做出正确选择的能力。一套完善的制度就是一种行之有效的机制,它确保企业像一座时钟,能长久运行下去,具有长久"报时"的功能。即使一代代优秀的企业家不在世了,而他们共同打造的伟大卓越的企业却可以穿越时间的长河,长久"报时"。

优秀企业在运行过程中,由于核心理念的持续强化,在集体中会逐渐由共识升华为信仰,进而成为日常习惯与潜意识,从而深刻影响每个人的思维方式和行事方式,成为集体中自发的行为准则。这种自发形成的行为准则就是企业文化。

真正的企业文化是企业内部自发产生,并得到广泛和强烈认同的传统。它源自广大员工的内心深处,绝不只是墙上挂的标语和口号,也不是企业进行精神建设的发明创造。制度和企业文化的关系就像法律和道德的关系,制度和法律规定行为不能触碰的底线,而企业文化和道德的要求高得多,有着尽善尽美的寄托。

5. 笃行致远

优秀的企业家根据核心理念聚集志同道合的人,通过完善的制度和企业文化规范企业运行,打造出他的作品。卓越的企业是优秀企业家的杰作,它不是冷冰冰的机器,而是有血有肉、有性格、有信念、有生命力的强大组织。这样的组织承袭了优秀企业家及企业团队共同的信念、性格和智慧,像一辆性能卓越的赛车,笃行致远。

卓越的企业同它的缔造者在为人处世上会保持高度一致。同优秀的企业家具有普遍的优秀品质一样，他们打造的企业也普遍具有与之相符的行事风格。

（1）超越利润的追求。卓越的企业牢记自己的使命是"造钟"，而不是"报时"，他们高瞻远瞩，一切努力都着眼于未来变得更强，不会为了眼前利益去损害长远利益。他们不会只盯着利润数字，让利润牵着鼻子走。为了未来过得更好，他们毫不吝惜地投资未来，他们重视研发、重视品牌建设、重视设备的更新换代、重视员工的培训。而反面企业则一切以利润为导向，缺乏大局观，做事情只顾眼前，不管将来。

（2）直面挑战，在困境中的韧性。卓越的企业在困境中表现出强大的韧性，具有强大的抗击打能力和纠偏能力。危机对大多数企业来说是"危"，但对卓越的企业来说则是"机"。行业危机带来的是行业结构重塑的重大机遇，千载难逢。贵州茅台、伊利股份、牧原股份等卓越的企业均是在各自行业的危机中确立了难以动摇的霸主地位的。

（3）专注，有所为有所不为。卓越的企业有坚守理想和方向的信念。面对困境，它们经得起折磨；面对诱惑，它们同样守得住初心。做事情贵在持之以恒，明确了理想，选择了方向，然后以最大的热情持续将该做的事情做好，就是最简捷、最有效的路径。执着于自己的选择，专注于自己的事情，是成功的唯一路径。相反，要小聪明，东戳一下，西戳一下，做任何事情都三分钟热度，没有长性，只会离成功越来越远。

典型的反例就是盲目多元化。盲目多元化可能会体现出企业机制的一系列缺陷，一味追求利润、朝三暮四、做事情不专注是常见的原因。盲目多元化导致的惨剧数不胜数，彼得·林奇直接称其为"多元恶化"。

（4）远大的目标，严格的自我要求。将事情做到极致是卓越企业普遍的做事风格。它们用近乎偏执的态度对待每一件小事，进而累积成巨大的比较优势。英特尔的安迪·格鲁夫干脆用《只有偏执狂才能生存》为他的书命名。通用电气的杰克·韦尔奇说，要么不做，要做就做到第一或第二。卓越的企业通过对自己自残式的"狠"，实现了一个个看似不可能的目标。

（5）进化基因与突变机制。卓越的企业有推动突变和进化的机制，鼓励试错，鼓励创新，刺激进步。它们大多数最成功的业务并不是通过周密的规划诞生的，而是源于偶然的机会。正是推动突变和进化的机制促成了从偶然的机会到必然的成功。卓越的企业有孕育基因成功突变的土壤。计划性的机会文化是卓越企业突变与进化的土壤。

（6）永不满足，强大的进击力。卓越的企业不会满足于现状，不会停滞不前。它们会贪婪地拿下一个接一个新项目，进入一个接一个新领域，开拓第二曲线、第三曲线、第四曲线……扩张它们的领域。这是一种强大的进击力。当它们是一条鱼时，可以在鱼缸里生活；等长成了鲸，鱼缸装不下它们，就需要寻找新的容身之所。亚马逊从网上书店起家，成功实现了全品类，从自营拓展为零售平台，后又从电商延展到云服务，同时成为全球最大的自营电商平台和云服务平台。此外，还发展了 Kindle 电子阅读器、Echo 智能音箱等创新业务。万华化学一直稳扎稳打，MDI 从设备引进到自主研发，完成直线超车，产能从 1 万吨到如今的 260 万吨，全球市场份额已占 30%，规划产能还在向 480 万吨迈进。万华化学一刻也没有停歇过，一路大跨步地向前迈进。它们都是永不满足的典范，强大的进击力令人心潮澎湃。进击力时常会与多元化联系在一起，如亚马逊横跨会数个毫不相干的领域。但是，体现卓越企业进击力的四面出击同盲目的多元恶化是有本质区别的。体现进击力的多元化是有明确目标的小步快跑后扎实积累了足够的能力，最终产生飞跃的多元化；而盲目的多元恶化则是设法略过积累过程，直接跳跃到突破阶段的异想天开的多元化。

（7）众志成城的凝聚力。企业的凝聚力就是实实在在的生产力，一盘散沙的企业一定做不好。与凝聚力相对立的是官僚主义，官僚主义源于补偿员工能力和训练有素的文化的缺乏，而能力与训练有素的文化的缺乏又源于用人不当。让合适的人待在合适的位置，是杜绝官僚主义的关键。

6.听其言，观其行

关于企业的管理和文化，从投资者的角度通常是空洞和虚幻的。我们也许可以搜罗来各种制度的文件和宣传口号，通常文件上写的制度都很完善、很先进，口号很有感召力。但是，这些东西在很多时候是为了存在而存在的，没有任何实质内涵。投资者置身事外，根据文件和口号，是无法评价企业内部真实的管理和文化的。然而，企业管理和企业文化的确是企业的精髓所在，是区别于其他企业的根本，是经营成果优劣的根源，是一家企业真正的内核所在，是极端重要的东西。

面对这个矛盾，该如何解决？我的体会是，重视企业的发展史。如果不是深处企业当中，有深刻的亲身体会，那么我们对这家企业的内在特质是没有办法感受到的。我们只能通过听其言、观其行，看它是怎么说的，又是怎么做的。将做的同说的相对比，同公之于众的文件和口号相对比，从侧面来印证文件和口号的真实性，来感受企业真正的精神和气质，就像通过华为推行已久的员工普遍持股可以印证它的合伙人理念、通过观察亚马逊四面出击的进化可以印证它永不满足的进击力一样。

当对一家企业足够熟悉之后，对它一路的所作所为了如指掌之后，会逐渐落化出对这家企业内在的感觉。这种感觉很奇妙，不可言说，却往往很准确。识企业如同识人，接触久了，全面了解了，通过听其言、观其行，通常会产生一种难以明说的感觉，这种感觉通常是客观的、准确的。

第四章

学会使用财务工具

价值投资者是全能选手，各种能力需均衡，手里需掌握各种工具，艺多不压身，其中财务工具必不可少。

财务和会计是一门非常专业和严谨的学科，有一套严密、科学的逻辑和思想体系，是记录企业经济活动的通用"经济语言"。正因为专业，那些缺乏会计思维的"外行"，学习、理解和应用财务工具难免浮于表面，不得精髓。但财务和会计又是进行价值投资绕不过去的坎儿，只有拥有基本的财务分析能力，才能与企业的经济活动对话，进而才能谈得上评价其优劣。财务分析能力之于价值投资者犹如认字之于学生，具体如图4-1所示。

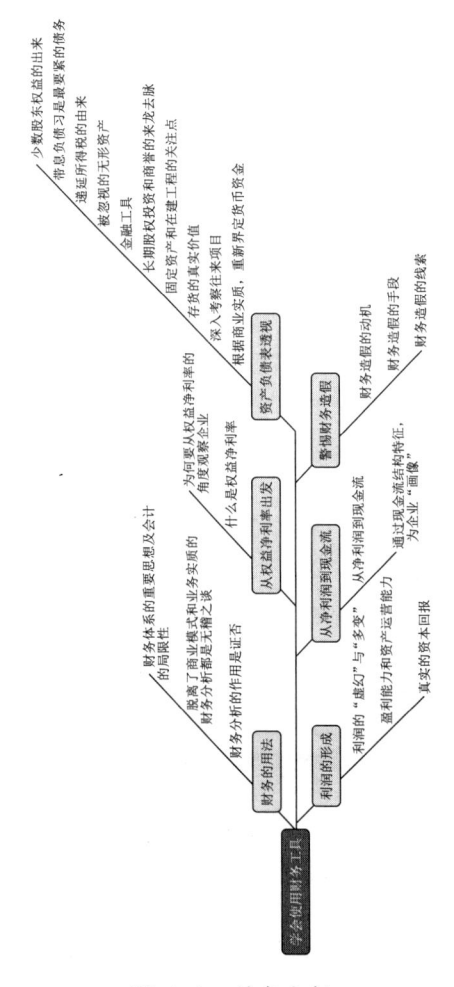

图4-1 财务分析

一、财务的用法

财务和会计是我的专业，我对财务分析的知识掌握得比较全面，运用起来比较有心得。平心而论，财务分析是一项挺枯燥的活动，对于不得其法的人，学习和应用起来会望而却步。但是，财务分析能力是一项必不可少的能力，是必须下苦功夫啃下来的能力。财务分析是一项系统的活儿，纷繁复杂。系统教授财务分析的专业著作多如牛毛，每本都是近千页的大部头。限于本书的写作目的和篇幅，在这部分里，我拣出几个重要的点，分享给读者一些自己的心得体会，算作抛砖引玉，在学习和应用财务分析时，希望能给读者一点启发。

1. 财务分析的作用是证否

价值投资者所做的核心工作，一句话概括，就是争取大致正确地看清楚企业的未来。我们的着眼点是面向未来的。但是，财务工作是对已发生的经济业务进行记录，它是面向过去的。我们拿到的第一手财报都是记录过去的，季报有二三十天的时间差，年报有三四个月的时间差。总之，我们看到的数字都代表过去，是对既成事实的客观记录。

根据企业价值的内涵，我们知道，企业的价值是未来自由现金流的折现。任何跌进历史中的过往，都不会对企业的内在价值产生任何影响。那么，财务分析就是针对过去的评价。评价一个对未来不会产生任何影响的过去，有没有意义呢？有，意义在于过去可以对未来提供借鉴，以史为鉴，可以知兴替。这就好比，企业招聘人才，是不是人才，这要看未来他对企业的贡献，但是未来还没来。人才对企业的价值取决于人才未来对企业贡献的大小，而与他在学校里的表现、在原单位里的表现没有任何关系。但是，企业录用与否却要看过去的表现。过去的表现对未来的预测具有很强的借鉴作用。试问，一个在学校里学不好、在原单位里不努力的人，有多少人会期待他到了新东家就能洗心革面，完成逆袭呢？这当然不能说完全没有可能，但是所有的 HR 估计都不会冒这个险。

我们选企业进行价值投资也一样，我们投的是未来，却只能根据过去的表现来推定未来。过去好，未来继续好的概率就大；过去都做得一塌糊涂，你指望它咸鱼翻身，完成逆袭的概率就小得多。企业和人一样，是有基因的，过去的优秀能证明是拥有优秀的基因的，基因会传承，继续优秀下去的可能性就大。这当然不绝对，我们能找到大把优秀者半路沉沦，以及平庸者逆袭的例子。但对于价值投资者而言，我们要投的是确定性，并不是听励志故事、喝心灵鸡汤，我们肯定要选把握大的事情去做，要选证明过自己优秀的企业去投。而过去优秀与否是有十分客观的依据和评价标准的。依据就是财务报表，这是企业过去的成绩单；而评价标准就是财务分析。

财务分析是对既定事实的财务数据进行分析，以客观评价企业的偿债能力、资产运营效率、盈利能力、成长能力等。财务数据是企业过去交出的答卷，而财务分析就是为这张试卷打分。为过去的既定结果打分，相比于预测未来的结果，是容易得多的事情。所以，财务分析虽然专业性强、工作烦琐，却并不难，掌握了方法，按部就班去做即可。可以说，在进行价值投资的所有工作里，财务分析是最容易的一部分。它基本不需要对其他素质有要求，结论很客观，好就是好，不好就是不好。不像评价生意，不同的人面对相同的事实，可能得出完全相反的结论，那是需要很高的阅历和认知能力的，是价值投资者的核心能力。

评价过去、解释过去、理解当下、预测未来是我们分析研究一家公司时的整体思路。财务分析的作用是评价过去，仅此而已。通过财务分析，我们仅仅能得出企业在过去的一段时间里是好还是坏的结果。至于为什么好、为什么坏、做了什么导致了好或者坏的结果、这些好的或者坏的影响因素当下是否仍存在、影响力还有多大、反映在未来的业绩上又有多大等一系列解释过去、理解当下、预测未来的工作则必须回到认识企业的生意上，仅仅一项财务分析是远远不够的。

所以，财务分析在我们研究企业的所有工作中所占的权重是很小的，不应放大财务分析的作用。财务分析仅仅是用来证否的，而不是用来证实的。我们可以把财务结果不好的企业排除掉，却不能仅仅因为漂亮的财务数据就认可一家企业或者先入为主地对企业产生好感，从而失掉客观的态度。漂亮的财务数据和认可一家企业之间还有遥远的距离。漂亮的财务数据只是最终认可企业的一个必要非充分条件。

财务分析的作用是证否，这是我经过长期的进化才参透了的认识。我有扎实的财务功底和过硬的财务分析能力，由于专业上的优势，我一度把这些当成了我的核心竞争力。所以，通过优秀的财务数据去发掘个股成了我的习惯。这种习惯决定了吸引我的企业首先是它漂亮的财务数据，或者由其他方面引起我注意到最终获得我认可，还是财务数据占据决定性因素。

我赋予了财务分析很大的权重，这显然是本末倒置的，是严重的"锤子倾向"，让我交足了学费。财务数据只不过是过去的一个经营结果，它由企业的运营而来，既成事实，对企业的内在价值无用。但我们能从既得的结果出发，去了解企业过去的运营，进而更深入地认识当下的企业，谨慎地对企业的未来做出预测。分析企业还是应该回到它的本源。本源还是商业模式、成长空间、竞争壁垒、企业管理、企业文化，这些因素才是左右企业命运的根本。漂亮的财务数据只是验证，切忌重财务轻商业。同时，财务分析是最直接、最客观的评价企业过去表现优劣的手段，也是必不可少的手段。价值投资者需正确看待财务工具的作用。

2. 脱离了商业模式和业务实质的财务分析都是无稽之谈

我们对一家企业的财务报表进行分析，必须建立在充分理解企业的商业模式的基础上。离开了具体的商业模式，所得数据就是无根之木、无源之水，仅仅是一个数据而已，说明不了任何问题。在不同的商业模式之下，企业的业务会有不同的特征，而财务是用来记录企业经营业务的，所以，这些业务的特征最终会体现在报表的数据之上。

例如，如果企业的销售采用的是现销模式，那相比于赊销，它的资产负债表上的应收账款一定少得多，算出来的应收账款周转率一定非常快。这本是由企业的基因决定的，但是，如果不联系企业的销售模式，看到这么漂亮的一个周转率数字，就惊呼企业的应收账款管理多么有效率，就会贻笑大方了。

再举一个具体点的例子。通常一家企业的存货越来越多不是好事，这可能意味着它的产品积压，卖不出去。但是，如果看到贵州茅台的存货逐年增加就杞人忧天，那就多此一举了。了解了贵州茅台的商业模式和生产流程，你就不会担心茅台的酒卖不出去了。茅台的存货逐年增加，是因为生产工艺要求的储存老酒越来越多。老酒非但不会减值，还会越放越值钱。

财务分析实质上是通过结果评价行为的，那么你先得知道这么做通常会产生什么样的结果，如果连怎么做的都不清楚，你又凭什么对结果的好坏指手画脚？理解商业模式是财务分析得出结论的前提，这是非常浅显的道理。脱离了商业模式，得出的结论不可能正确，一定会误导对企业的认识。自己误导自己，那是认知缺陷和水平问题；但通过舆论误导他人，可能就不是水平问题那么简单了。

2021年发生过两件影响很广的事件，跟财务分析密切相关。这两件事都是通过财务分析，质疑企业财务造假，一件针对南极电商，另一件针对牧原股份。这两件事都通过网络持续发酵，被证监会重点关注，发了询问函。下面简单分析一下质疑的理由，目的不是探讨造假与否，仅仅说明财务分析应联系商业模式的观点。

在质疑南极电商的诸多理由里，跟财务相关的有如下三条：

（1）净利率非常高而无明显壁垒。

（2）财务数据质量差，应收账款占比重较高。

（3）通过税务角度计算公司应缴纳的增值税金额远远低于通过财报角度计算的增值税金额。

只要结合南极电商的商业模式，很容易知道这三条质疑都是无中生有的。

南极电商的生意直白点说，就是一个服务于电商产业链上各种角色的中介，基本属于无本经营，高净利率显而易见。

南极电商母公司的应收款正常，子公司时间互联经营广告代理业务，采用先投放后付款的模式，子公司的商业模式决定了其占款严重。另外，母公司还有一项保理业务，通俗地讲就是客户的应收账款暂时收不到，又需要用钱，可以把应收账款转给我，我先把钱给你，我再找别人收款。这是一项金融服务，所以，我买你的应收账款要打一个折扣。这很像应收账款资产证券化，这部分应收款是他主动收集的。

虽叫南极电商，但不是一个电商，做的是电商服务，而不是电商卖货，按照服务业6%的税率缴纳增值税，而不是按17%。况且增值税改革，17%的税率早就成了历史，现在是13%。

在质疑牧原股份的六个问题里，第一个问题可以非常精准地用来说明财务分析应联系商业模式这个观点：固定资产周转率远低于同行业。生猪养殖行业有三种典型的商业模式："公司+农户"、自繁自养、"公司+农户"和自繁自养相结合。轻资产型的"公司+农户"模式和重资产型的"自繁自养"模式各有优劣。"公司+农户"模式不需要大量资本支出，可以迅速扩张，但是不利于公司全面监管，成本控制处于劣势。随着环保要求的升级和农村劳动力的锐减，"公司+农户"的扩张也受到很大限制。"自繁自养"模式最大的劣势就是庞大的资本支出，这一模式的资金非常紧张，从而限制了扩张的速度。但这一模式稳扎稳打，生产的全流程都在公司的严格控制之下，便于发挥规模优势，控制成本。成本优势在行业低迷周期，全行业普遍亏损时是巨大的优势。

公司与同行业上市公司的生猪养殖模式对比情况见表4-1。

表4-1　公司与同行业上市公司的生猪养殖模式对比

公司名称	生猪养殖模式分析
温氏股份	紧密型"公司+农户（或家庭农场）"模式
新希望	自繁自养模式和"公司+农户"合作养殖模式均有。"公司+农户"合作养殖模式占比较大，一体化自养与合作放养比例约为1∶9
正邦科技	自繁自养模式和"公司+农户"合作养殖模式均有。"公司+农户"合作养殖模式占比较大
天邦股份	在2019年之前，天邦股份基本采用"公司+农户"的代养模式。因非洲猪瘟疫情的蔓延对猪场生物安全提出了更高的要求，天邦股份由原来的代养模式向"家庭农场+租赁育肥场+自建育肥场"的组合模式转变
牧原股份	"全自养、全链条、智能化"养殖模式

注：同行业可比公司的生猪养殖模式来源于公开披露的信息。

在全行业里只有牧原股份全部自繁自养，那么它的资产规模最重，固定资产周转率远低于同行业平均水平就是自然而然的了。

举这两个例子，无意于也不便于探讨财务分析之外的某些问题，那些只可意会。我只是想说明，在运用财务分析说明问题时，请联系企业具体的商业模式，因为脱离了商业模式的财务分析是无稽之谈。

另外，财务分析不仅仅要联系企业的商业模式，还应联系企业的业务实质，搞清楚企业的特殊业务如何在财报上反映、对财报会产生多少扭曲。在进行财务分析时，需要对扭曲的数字进行还原，以求透过表象看清本质。否则，根据一个虚假的表象数据去分析，只会得到一个错的、离谱的结论。从这层意义上讲，财务分析并没有一套统一的范式，必须理论联系实际，具体情况具体分析，在深入理解企业商业模式和具体业务的基础上，进行深度的、符合实际的、有价值的分析。

图4-2和图4-3分类别记录了万华化学2020年全年的主要产品产销量数据，一张来自主要经营数据公告，一张来自2020年年报。通过观察图4-2和图4-3发现只有一处矛盾，就是石化系列的销量，主要经营数据公告里比年报里多4 398 071吨，并且备注了销售量统计包含贸易量。相对比，2019年的主要经营数据公告里比年报里多1 820 069吨，这多出的4 398 071吨和1 820 069吨就是LPG贸易的销量。

一、主要产品的产量、销量及收入实现情况

主要产品	产量（吨）	销量（吨）	营业收入（万元）
聚氨酯系列	2 871 796	2 884 384	3 441 687
石化系列	1 879 133	6 282 957	2 308 499
精细化学品及新材料系列	573 005	554 944	794 786

注：以上销售量统计包含贸易量。

图 4-2

（2）产销量情况分析表

√适用 □不适用

主要产品	生产量（吨）	销售量（吨）	库存量（吨）	生产量比上年增减（%）	销售量比上年增减（%）	库存量比上年增减（%）
聚氨酯系列	2 682 387	2 619 603	215 053	16.37	12.27	22.07
石化系列	1 990 066	1 978 362	91 695	10.99	9.78	14.63
精细化学品及新材料系列	426 902	414 670	56 260	38.07	37.35	27.78

图 4-3

一方面的原因是，在万华化学的石化系列这一分类中，不仅包含门类众多的中间化学品，还包含LPG贸易。万华的C3/C4石化产业链的原材料LPG（丙烷和丁烷石油气）直接来自中东，采购量很大，价格非常便宜。在多年前，为了彻底解决石化产业链的原材料来源问题，经过不懈努力，万华成功加入亚洲 LPG CFR 委员会，持续推动与中东主流供应商的深度战略合作。为了保障未来高速扩张的业务发展规模的需要，万华化学现在就需要对 LPG 进行大规模战略储备，也就是说，现在就要采购适应未来业务规模的量。

另一方面的原因是，和万华化学做 LPG 贸易的都是中东的石油巨头，采购量达不到一定的数量级，人家都看不进眼里。但是，现在的业务规模显然用不了这么大的量，剩余的万华化学只能做贸易，转手卖了。但这个 LPG 贸易的毛利率很低，也就是 2%～3%，几乎无利，所以，这么大规模的 LPG 贸易的营收相当于"无效营收"。由于 LPG 贸易的存在，万华化学的石化系列的营收实际上是被扭曲的。近几年，这部分无效营收的规模快速扩大，大到足以扭曲客观评价营收增长的程度。所以，要客观分析石化系列的营收及利润率的情况，剥离 LPG 贸易的无效增量，才能还原出事实。

进行财务分析，对企业商业模式和业务实质的全面把握才是关键。

3. 财务体系的重要思想及会计的局限性

1）财务体系的重要思想

如果将财务看作一个有序运行的系统，那么支撑这个庞大系统的有一系列重要原则和重要思想，这些原则和思想使会计有了灵魂。要学习和掌握财务工具，体会、理解这些重要原则和重要思想必不可少，它们代表了一种思维方式和逻辑哲学，可以引导我们由表及里，透彻地抓住事物的本质。在这里，我先拣出其中最常碰到的三种加以说明：谨慎性、重要性和实质重于形式，以便下文有关财务工具的内容叙述。因为这三种思想的光辉无处不在，领悟其思想精髓并以其思维逻辑去思考分析财务问题，才能抓住问题本质，避免偏颇。

谨慎性要求会计计量保持谨慎的态度，避免多计资产少计负债。换句话表达就是"疑功从无，疑罪从有"，这充分体现了会计对待资产和负债的不对等的态度。举一个典型的例子，对待或有事项（注：或有事项，会计术语，是指过去的交易或者事项形成的，其结果须由某些未来事件的发生或不发生才能决定的不确定事项）、或有资产和或有负债的确认标准就完全不对等。比如，企业正面临诉讼，法院还没判，只要有可能输官司，那就要确认为负债记入"预计负债"科目；相反，如果可能赢是不作为资产确认的，别说是可能赢，就算很可能，只要不是板上钉钉的，也不能确认。所以，在资产负债表里压根就没有"预计资产"这个科目。谨慎性原则充分体现了"居安思危"的思想。

重要性要求会计计量为了效率，可以有所侧重，但没必要面面俱到。举例说明，同属存货，对于库存商品，在计量时就要严格按照先进先出、加权平均等方法，不能偷懒；而对于价值不大的低值易耗品，就可以采取"五五分摊""一次摊销"等方法简便处理。这种差异体现的是对待轻重缓急的不同态度。重要性原则充分体现了"抓大放小"、抓事物主要矛盾的思想。

实质重于形式要求会计计量不拘泥于业务的表象，要反映业务的实质。举例说明，融资租赁，表象是租赁，而实质上是按揭购买，所以，会计对融资租赁的资产作为自有资产计量并计提折旧（注：2021年1月1日全面实施的新租赁准则要求所有租赁业务不再划分经营租赁和融资租赁，全部按自有资产计入使用权资产并计提折旧）。实质重于形式原则充分体现了"透过现象看清本质"的重要思想。

另外，还有一种思想，并不是会计理论里总结出的标准原则，而是我在自己多年的职业生涯里体会出来的，即"两害相权取其轻"。接着上面提到的新租赁准则来说，将原来的经营租赁也划入自有资产，更强调了实质重于形式，但客观上讲，也牺牲了资产计量的谨慎性原则，将别人家的东西硬当作自己的资产。然而，之所以这样改，我想是因为充分考虑了"两害相权取其轻"吧。"两害相权取其轻"充分体现了适当妥协、有取有舍的"大局观"思想。

要对财报上的数字有辩证认知，还有一点需要提前向广大读者交代，那就是财务的善变。会计学和法律非常相似，通过一个个准则的条条框框规定了每一项具体业务的处理方法和原则。由于现代的商业行为越来越复杂，准则的规定也越来越细，会计处理相应也越来越复杂。

同时，随着时代的发展，原先的规定可能会出现漏洞，会被利用，准则就需要加以修改来堵住漏洞。会计准则的修改比法律的修改频繁得多。所以，要适应财务报表的变动。会计准则的更新引发的财务报表的变化都会作为重要事项在财报中披露。会计准则变更的根本目的是更加合理地反映业务实质。

自2007年我国的会计准则发生翻天覆地的变革，同国际会计准则全面趋同以来，紧随着国际会计准则的脚步，只要国际会计准则发生变化，我国的会计准则就跟着变化。但是这种变化多是细枝末节的变动，对于主营业务稳定的企业，财务报表的变化通常不会太剧烈，我们追踪这些变化也不太困难。不过，作为投资者，必须习惯于财务报表的变化，因为这是家常便饭。

2）会计的局限性

由于谨慎性原则的要求，资产负债表必然呈现出资产项的"低估"和负债项的"高估"的矛盾。另外，绝大多数资产的计量严格秉承着历史成本的底线不动摇，从而使土地、房产等实际价值早已彻底重估的资产的账面价值失去了意义。会计准则坚持历史成本，最具说服力的理由是历史成本有据可查，不容易被人为操纵。如果否定了历史成本属性，那么会计信息在很大程度上将脱离监督，脱离监督的会计信息质量是无法保证的。

然而，坚持历史成本的弊端也是显而易见的，必然导致资产和负债的失真，从而使资产负债表成了"四不像"。它只能告诉投资者我得到资产时花了多少钱，而对投资者关心的"现在值多少钱"的问题闭口不谈。最终，会计准则仍旧选择历史成本的计量属性，这也是"两害相权取其轻"的大局观思想的体现。

另外，虽然会计准则规定了条条框框，但是商业世界的复杂性决定了不可能存在一个标准模板，同一类业务比照一个标准模板，丁是丁，卯是卯，那样必然是缺乏灵活性的，行不通。所以，在会计的世界里，存在大量的人为估计和判断，面临从多种方法中选出最合适的方法的选择。会计上的专业术语叫职业判断，财务人员在业务处理上是有充分的自主选择权的。比如，对固定资产计提折旧，就有年限平均法、产量法、双倍余额递减法、年数总和法等多种方法可供选择，折旧年限和资产残值更是依赖于职业判断。会计准则给财务人员的业务处理留有很大的发挥空间，不同的个体完全可能做出不同的估计和判断。所以，我们看到的报表上的数字几乎都是模糊的。

对于投资者而言，领悟会计背后的思想精髓，了解报表数据背后的"故事"是非常必要的。这样做会使你深刻地认识到会计的局限，会以更客观的辩证态度对待财务数据。我们可以看到，会计的很多选择绝非合理，却是各种限制条件下的最优解，这不能不说是一种无奈。从某种意义上来看，可能还会有一种缺乏严谨的数字游戏的味道。这当然都是会计的局限，而作为投资者的我们，面对这些局限，正确的态度应该是避免这些局限的误导，让模糊的数字合理地为我所用。会计背后的思想精髓则是人类智慧在财务领域里的运用，可以指导我们的投资分析，帮助我们不至于陷入那些会计局限的麻烦当中。需牢记，投资做的是探寻商业的本质，这与会计并不冲突。但是，会计因为这样或那样的限制，达不到完美反映商业本质的目的，那么，我们需要做的就是：知道哪里不完美，然后想办法弥补它。

二、从权益净利率出发

对一家企业进行系统的财务分析，是一项庞大的工程。"千里之行，始于足下"，再复杂的事情总要有一个开端。对于投资者而言，以权益净利率作为切入点再合适不过了。

1. 什么是权益净利率

进行财务分析的主要方法是计算各种财务比率，不同的财务比率有不同的含义，然后横向、纵向比较财务比率，得出结论。在众多的财务比率中，有一个比率有着特殊的地位。如果你只有耐心学会一个财务比率，那么也请你将其搞明白，它就是权益净利率。

权益净利率（Rate of Return on Common Stockholders' Equity，ROE）是企业净利润与净资产的比率，反映所有者权益的盈利水平。这个比率之所以重要，是因为它是一个综合性指标，是一家企业的盈利能力、资产运营能力和偿债能力的综合体现，如图4-4所示。

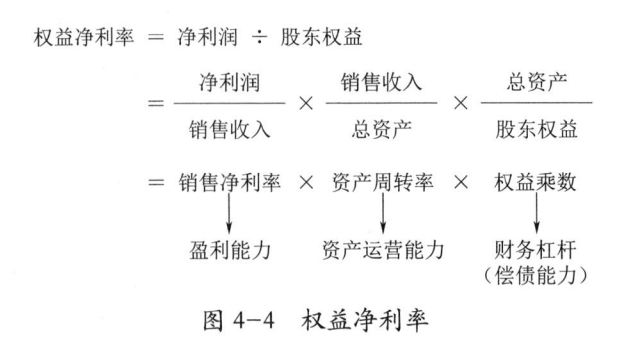

$$权益净利率 = 净利润 \div 股东权益$$

$$= \frac{净利润}{销售收入} \times \frac{销售收入}{总资产} \times \frac{总资产}{股东权益}$$

$$= 销售净利率 \times 资产周转率 \times 权益乘数$$

销售净利率 → 盈利能力
资产周转率 → 资产运营能力
权益乘数 → 财务杠杆（偿债能力）

图4-4 权益净利率

美国的杜邦公司最早以权益净利率为核心，将这一比率层层分解为分别反映盈利能力、资产运营能力和偿债能力三项核心能力的三个指标——销售净利率、资产周转率和权益乘数的乘积，所以，这个体系被称为杜邦分析体系，沿用至今。

通过杜邦体系，我们可以清晰地看出权益净利率的综合性，它把衡量企业优劣的三项核心能力集于一身。可以说，一家企业质地好不好，从财务角度就是评价这三项能力的综合水平。它是给一家企业打印象分的最直观的指标，一家企业质地好不好，权益净利率最有发言权。一家权益净利率稀烂的企业肯定不是好企业，同样，一家企业你要说它好，你得拿得出优秀的权益净利率数据。优秀不优秀，有一条笼统的分界线，一般认为优秀的权益净利率应达到20%。

2. 为何从权益净利率的角度观察企业

我们回到现实中去理解权益净利率的含义，它代表的是资本回报率。通俗地讲，就是运用自己的钱赚钱的能力。企业经营的最终目的是盈利，企业的资本是股东投入的，企业的盈利要么分给了股东，要么留在了企业，最终累积成企业的净资产。对于没有分给股东而留在企业的盈利，我们可以变相看作分给了股东之后，股东又拿出来的再投资。

所以，企业的净资产本质上都是股东投入的资本。我投入的一块钱能产生多少回报？权益净利率其实最直白地回答了股东最关心的问题。这个最直白的指标又有如此这般丰富的内涵：权益净利率将资产负债表和利润表连接起来，将资产运营能力、盈利能力和杠杆因素紧密联系起来，既直接又丰富，这就是应该从权益净利率出发观察企业的原因。

从权益净利率出发，我们可以非常直接地证否一家企业。权益净利率离优秀差距太大的直接排除，参考标准为20%。优秀与否，参照物是社会平均资本回报率，优秀要比平均高出一截，通常20%是一个被反复衡量后普遍可接受的标准。但这只是一条笼统的分界线，并不绝对，应用起来还要具体情况具体分析。比如，重资产型的企业应该放宽标准，轻资产型的企业应该收紧标准。价值投资是一门艺术，从来没有绝对可言，火候的拿捏那是核心的能力，是需要去悟才有可能沉淀出来的能力。

对于符合优秀标准的权益净利率，需要层层分解去探寻优秀数据背后的根源。销售净利率、资产周转率和权益乘数三个指标是哪个或哪几个成就了优秀的结果？哪个还不尽如人意？这种因果关系是否健康、能否可持续？这些深层次的问题是需要结合商业模式和业务实质去刨根问底、一探究竟的。再次强调，财务分析只能证否，无法证实，财务分析必须联系商业模式和业务实质。

权益净利率并不是越高越好，能持续的、健康的才是好的。因为利润是易变的，净资产是相对固定的，所以，权益净利率也是易变的。我们考察权益净利率必须从长期的角度出发，长期平均下来优秀才是真的优秀，偶尔一两年的优秀证明不了问题。健康与否，要考察高利润能否持续、风险是否可控。通常来讲，靠高效的盈利能力和资产运营能力造就的高权益净利率是健康的，靠高财务杠杆维持的高权益净利率是危险的。

权益净利率是一个非常重要的比率，有很大用处，围绕它，层层向下剖析、分解，不可避免地要碰到盈利的问题、资产效率的问题和杠杆的问题。把所有这些问题回答清楚，对企业的整体把握已经可以过关一大半了。对这些问题的深入探讨将在后面逐一展开，届时我们会更加深刻地看待权益净利率。但是，权益净利率也有自身的局限性。权益净利率将资产负债表和利润表无死角地覆盖到了，却单单没有提及现金流量，而我们做价值投资，测算内在价值最终的落脚点是自由现金流。从利润到现金流，我们还要寻求其他手段。

三、资产负债表透视

组成 ROE 的三个核心指标是销售净利率、资产周转率和权益乘数。其中，权益乘数代表了财务杠杆，具体含义是总资产 ÷ 净资产。杠杆是一个非常形象的比喻，指的就是负债，企业负了债就如同加上了财务杠杆，会产生放大损益的效果。探讨财务杠杆，自然离不开资产、负债和权益的具体组成，即企业的资本结构，这些与资产负债表直接相关。企业所做之事，用一句话概括，无非就是将手中的资本变成资产，然后运用拥有的资产获利。企业先拥有资产，然后才有利润。资产是企业的家底，讨论财务杠杆，我们先从认识资产的组成开始，从解剖资产负债表开始。

如今我们在财务报告里看到的资产负债表都是自上而下按照流动资产、非流动资产、流动负债、非流动负债、所有者权益的顺序，依次列示的。其实，这只是限于宽幅，标准的资产负债表是左右结构的，左边列示资产项目，右边上方列示负债，下方列示所有者权益，左右相平。这样设计，可以很直观地显示出企业的"家底"构成及"家底"的来源。

分析报表的前提条件是对商业模式的全面把握，这不仅限于资产负债表。拿到一份资产负债表，我们第一步要做的是浏览各资产和负债项目，与掌握的商业模式进行初步验证。对资产负债表的深入探究过程也是对商业模式认识的强化过程。

第二步，针对各资产和负债项目，找到财务报告里的"重要的会计政策和会计估计"部分，详细了解各项资产和负债采用的会计政策和会计估计。对于企业拥有自主选择权的项目应重点关注，比如坏账计提政策、固定资产的折旧方法、折旧年限选择、无形资产的摊销政策、投资性房地产是采用历史成本还是采用公允价值核算、金融资产的科目选择等。对有过会计政策和会计估计变更记录的项目，要详细了解变更的原因及影响。通过全面了解企业的会计政策，为下一步还原各项资产和负债的真实价值做准备，同时在了解的过程中会对企业萌生出一个印象分。接下来，需要结合附注，逐项资产、负债去详细考察。

整张资产负债表按照资产和负债的流动性强弱进行排列，越往下方的变现能力越弱。剖析资产和负债，需要着重强调重要性和实质重于形式两个原则。将各项资产计算百分占比，占比低的简略，占比越高越重要。按照商业实质将相关的资产、负债重新归类并汇总。

关于资产和负债的系统剖析，需要结合具体的会计准则，如果详细叙述，那会将此书写成半本会计学专著，显然跑题了。所以，本部分仅将我个人的通常做法和心得分享给大家，并对涉及的难懂的会计知识做出浅显易懂的说明。

1. 根据商业实质，重新界定货币资金

将应收的银行承兑汇票归入货币资金，将商业承兑汇票归入应收账款。因为银行承兑的汇票几无兑付风险，同银行存款非常相似，本质上就是没有利息的银行存款。而商业承兑汇票有赖于企业的信用，兑付风险较大，本质上是应收账

款。相对应的应付票据也不应作为往来项目对待，它类似于向银行的短期借款，是短期的融资行为，而不是经营行为。企业买的理财产品具有存款的性质，也应当作为货币资金来看待。我习惯于将重新界定后的货币资金定义为"类现金"。在金融工具准则实施后，货币资金、应收票据和理财产品统归于金融工具准则进行规范，近年来科目变化比较大，应收票据有的会在"应收账款融资"科目中列示，理财产品根据期限不同，可能会在"交易性金融资产"或者"其他非流动资产"等科目中列示。近几年，类现金这一块的变化十分频繁，但万变不离其宗，理解项目的商业本质重新界定即可。

类现金对于企业来说，相当于锁在保险柜里的现金，是实打实的"钱"。对于一些不差钱的企业来说，大量躺在保险柜里睡觉的"钱"，完全能独立于企业运营，日常用不到，将这些"钱"拿走也丝毫不会影响到企业的日常经营。这些超额现金会对资产的整体质量形成支撑，从而成为企业价值的缓冲垫，可以作为安全边际的一部分。

高端白酒企业的商业模式是先款后货，会有大量的预收款躺在账上，几乎不存在应收占款，所以会存在大量超额现金。以贵州茅台为例，2021年半年报显示，茅台有现金542亿元，拆出资金947亿元，银行承兑汇票12.3亿元，放给集团单位的贷款有24.6亿元，吸收集团单位的存款有236亿元，$542+947+12.3+24.6-236 \approx 1290$，贵州茅台拥有的类现金高达1 290亿元。这些"钱"几乎都可以看作超额现金，从贵州茅台手里拿走，丝毫不会影响贵州茅台的正常经营。所以，我们在评估贵州茅台的内在价值时，这1 290亿元就可以看作安全边际的一部分。然而，任何事情都具有两面性，从资产质量的角度来看，超额现金无疑是好的，但从资产收益的角度来看，超额现金无疑是极不好的，相当于让钱躺在保险柜里自然贬值。关于资产收益的问题，后续会专门探讨。

2. 深入考察往来项目

企业同上下游的往来通常会涉及应收账款、应付账款、预付账款、预收账款、其他应收款、其他应付款，在新的收入准则实施后，预付和预收分别变成了合同资产和合同负债。

应收票据和应付票据前已述及，不应作为往来项目对待。往来项目反映企业同上下游的供应商和客户之间营运资金的占用和被占用情况。考察往来，第一个目的是考察应收项目的可收回情况，这直接决定相关资产的质量。除了考察应收款项的账龄情况，坏账政策，坏账计提比例是否合理、充分，更重要的是考察以往计提坏账的转回及核销情况。

基于谨慎性的要求，企业要对应收款计提坏账。方法有两种：一种是个别认定，就是针对个别大额的、重要的、性质特别的款项，逐项判断款项的可收回性，按单项计提；另一种是账龄分析法，就是笼统地根据账龄长短，按照坏账政策中规定的比例计提坏账，总体原则是账龄越长收回的可能性越小，计提比例越高。可见，大多数坏账的计提其实并没有客观和充分的证据，也不意味着必然的损失，仅仅是满足会计准则要求的数字游戏。

所以，考察应收款项的可收回性，从历史角度为企业的应收款项管理水平给出定性评价更具说服力。可以依据企业多年应收款计提坏账的实际转回和核销情况加以判断。当对应收款计提坏账后，如果款项收回了，那么会计会做坏账转回；如果确定无法收回，则会对应收款和坏账准备做核销处理。通过比较多年的转回和核销情况，可以客观地评价企业的应收款项管理水平和企业的坏账政策。

第二个目的是寻找有没有通过坏账计提调节利润的线索。企业的坏账计提是有很大自主性的，而且应收款项不像其他大多数资产那样，为了防止人为操纵，强制规定了减值计提后不得转回。坏账准备计提后还可以转回，这就为通过坏账准备调节利润提供了便利。捎带提一句，在所有的会计准则里，允许计提资产减值后再转回的只有应收款项和存货，其他的统统不允许。对于大额的、缺乏合理性的坏账准备的转回应持警觉态度。

第三个目的是考察无息债务的合理性。应付款项的本质是占用供应商的资金，并且这种占用是没有代价的，是一种无息债务，和无偿使用他人的资金无异。如果是合理地利用产业链上下游之间的优势地位占用他人资金，那多多益善，何乐而不为？但是，如果是类似"老赖"的行为，就是非常重要的线索了。要么是管理层有问题，要么是企业的财务状况出了问题。具体方法是查看应付款项的账龄，并结合企业披露的重要诉讼去综合分析。

第四个目的是考察企业在其产业链上下游中的地位。企业的应收款项代表被下游客户的占款，应付款项代表对上游供应商的占款，二者相比较，就可以看出企业在其产业链上下游中的综合地位是强势的还是弱势的。

净占款的多寡反映的是在特定的商业模式下，企业占用他人或者被他人占用资金的数量。这才是判断企业在其产业链上下游中地位的正确逻辑，通常仅通过应收款项的增加或减少就草率得出企业地位减弱或提升的逻辑是牵强的，因为忽略了业务规模这个重要变量，就失去了可比性。

有三个细节问题值得注意：其一，在计算应收款项的总和时，各项应收应该使用账面价值加回坏账准备的原值，这才是真实的被客户占款的数量；其二，通过附注披露的明细资料，对于可以明确判断出与企业上下游占款不相干的往来款项予以排除，比如利息、股利、政府部门的各种押金、保险公司的保险理赔等；其三，对于金额奇大的其他应收、应付，应高度警惕。此逻辑对所有报表中带"其他"字样的项目同样适用。

养元饮品 2019 年 12 月 31 日的资产负债表显示，货币资金为 4.87 亿元，两类理财产品分别为 93.98 亿元和 17.09 亿元，定期存款为 2.98 亿元。类现金共有 118.92 亿元，总资产是 151 亿元，其中类现金占到令人咋舌的 78.6%。

同时，应收账款、预付账款和其他应收款显示，其被客户占款共有 2.24 亿元；而应付账款、预收账款和其他应付款显示，其对供应商的占款却高达 21 亿元。净占款高达 18.76 亿元，只有对应收款项的控制和对经销商的控制都做得极其出色，才能出现如此效果。

可见，养元饮品在其产业链上下游中占有绝对强势的地位。结合 7.35 亿元的存货，能发现什么？净占款足足可以覆盖整个存货的占用资金，还剩余 10 多亿元。也就是说，在日常运营中，养元饮品对经销商的占款都用不完，更用不到自己的一分钱。与此同时，它的保险柜里还锁着 118.92 亿元的"钱"没有用处。

3. 存货的真实价值

往来是企业同生意伙伴之间营运资本的相互占用，而存货则是自己占用自家营运资本的最重要的方式。存货是流动资产里流动性最差、变现能力最弱的资产项目，尽管存货被划在流动资产分类里，但是企业并不能保证在一年之内实现存货的变现。在不同的商业模式之下，存货停留在企业仓库中的时间千差万别。对于存货周转良好的生意，存货能符合流动资产的含义；而当某些存货会在企业仓库中停留很久，更有甚者并不比固定资产的年限短，那么，这些存货从商业实质上讲，并不符合存货的特征。停留在企业里的时间越久，其真实价值同账面价值的背离就越严重。凡非主观原因导致长期滞留企业的存货，大都是存货跌价强有力的证据，如服装厂的过时服装、牛奶厂即将过期的牛奶等。面对这样的生意，应深入考察存货跌价的因素，判断存货跌价准备计提是否充分、存货账面价值是否高估。相反，有些生意的存货滞留是主观意愿，或者虽非主观意愿，但存货的性质具有某种特殊性，非但不存在跌价可能，随时间的流逝，其真实价值还会大幅提升。

比如，贵州茅台生产的基酒不能全部用来出售，它的勾兑工艺需要用库存老酒进行调味，还要补偿老酒的挥发损失，所以，生产的基酒要留下 20% 左右储存成老酒。随着贵州茅台的产能越来越大，逐年储存的老酒就越来越多，以至于存来存去，现在贵州茅台的库存老酒有 27 万吨之多。这 27 万吨老酒存货相比于普通的茅台基酒质量更好、市场价更高。谨慎性原则要求当存货有减值迹象时要计提跌价准备，但升值的却仍要以历史成本计量。贵州茅台库存基酒的真实价值远非账面数可以体现的。我们在评估贵州茅台存货的资产价值时，应采用适当的方法重新界定，账面数毫无用处。

同理，尽管舍得酒业的 12 万吨老酒库存的留存并非像贵州茅台一样出于主观意愿，而是由于过去经营不善卖不出去，但是白酒存货具有随时间增值的特性，老酒越放越好、越放越值钱，所以，舍得酒业的存货和贵州茅台一样需要重估。企业的存货如果具有升值特性，无疑就拥有了一份重要的隐形资产。

4. 固定资产和在建工程的关注点

企业的资本支出主要分为两类：实物类投资和权益类投资。固定资产的购建无疑是实物类资本支出里最重要的类别，就像计算机的硬件，在很大程度上反映了企业的硬实力。固定资产和在建工程是同一性质不同状态的资产项目，在建工程完工后要转资，最终归于固定资产，在会计处理上唯一的区别就是在建工程不计提折旧。在这里我就把固定资产和在建工程合在一起叙述。

我们对固定资产和在建工程的分析可以从如下几个方面展开。

其一，通过固定资产和在建工程的账面价值占总资产的比例，与商业模式进行验证，确认企业是轻资产模式还是重资产模式。

其二，考察具体的固定资产类别组成，通过比较原值可以看出有史以来企业对各类固定资产的资本投入情况，从而识别各类固定资产对企业的重要性。

其三，考察企业的固定资产折旧政策，了解折旧方法、折旧年限、残值率，对重要类别的折旧政策做出评价。通过与重置价值相比较，得出账面价值与真实价值偏离程度的定性判断，识别隐形资产的价值。

其四，通过在建工程的原值、账面价值、预算数等资料，判断在建工程的规模和重点工程及其规模，从而验证企业的战略扩张政策。

其五，通过重要项目预算、工程进度、资金来源等资料，结合企业拥有现金及经营现金流的情况，判断企业的资金压力。

其六，详细考察计提过的固定资产减值准备、在建工程减值准备，了解计提原因，评价计提的合理性及充分性。

其七，对资金来源于借款的在建项目，考察其借款利息资本化金额是否合理，寻找通过借款利息资本化操纵利润的线索。

万华化学 2020 年年报显示，其固定资产账面价值 563 亿元，在建工程 232 亿元，总资产 1 337 亿元，"硬件"约占总资产的 60%。万华化学生意的重资产特性非常显著，这与它所处的资本密集型的化工产业吻合。万华化学固定资产原值 878 亿元，其中对机器设备和房屋建筑物的累计资本投入最大，分别达到 729 亿元和 136 亿元，可见最重要的固定资产是机器设备，即组成几条高度一体化的产业链的生产设备。

万华化学机器设备的折旧年限为 6.67~20 年不等，也就是说到目前为止，它用了几十年打造出来的几条赖以生存的产业链，不出 20 年账面价值将归零。仅以万华化学引以为傲的烟台和宁波的两套 MDI 装置来说，再过十几年折旧就折没了，到那时账面价值趋于 0。但在世界范围内，无论哪一套 MDI 装置，即便再老旧，也不会轻易被报废和重置。要重置一套，百亿元的资金门槛不说，难度极大的工艺设计、至少 8 年的建造时间都是难以跨越的鸿沟，所以，通常 MDI 装置不会被重置，只会被改造。万华化学的折旧政策显然过于激进了。十几年后这么先进的两套 MDI 装置就分文不值了？烟台的 MDI 装置技改只花了不到 3 亿元，增加了 50 万吨产能。难道这 50 万吨增量的设备就只值 3 亿元？由此可见，万华化学是拥有巨大的隐形固定资产的。

万华化学的在建项目，如果预算可靠，那么所有的在建未完工项目，不算美国一体化项目，一共还要投入 205 亿元。考虑临时的零星小项目大概 220 亿元。这里面投入超过 10 亿元的有聚氨酯产业链延伸及配套 66 亿元、乙烯项目二期 33 亿元、宁波技改 13 亿元、异氰酸酯新建（应该就是福建的工业园）57 亿元、高性能改性树脂项目 10.7 亿元。万华化学在高速扩张，资金非常紧张，2020 年的短期借款创下历史纪录，负债率接近安全边界，其进一步扩大负债规模，加杠杆的空间已不大。

一年内到期的长短借 389 亿元，一年以上长借 118 亿元，带息负债合计 507 亿元。而万华化学手里的类现金有 220 亿元，扣除分红的 40 亿元，还剩 180 亿元，单纯还债还需 200 亿元。2021 年经营现金流预计至少 300 亿元，还债几无压力。现有在建项目就算所有项目都在 2021 年完工，借新债还旧债，万华化学也没有太大压力。那么，万华化学的资金压力大小全看未在在建工程中体现，但已立项还未开工，计划在 2021 年开工建设的项目的资金需求。万华化学 2021 年的投资计划在业绩说明会上公布，是 245.5 亿元。

5. 长期股权投资和商誉的来龙去脉

会计将企业的权益类投资根据对被投资企业影响力的大小，分别按照长期股权投资和金融资产进行核算。其中，长期股权投资的标准是对被投资企业有控制、共同控制和重大影响。控制好理解，就是自己说了算；共同控制指的是没有人能单独说了算，但几个人联合起来就能说了算，不存在真正的老大；重大影响就是已经有说了算的，老大不是你，但你说的话老大得顾及。

这三种情况的被投资企业分别被称为子公司、合营企业和联营企业。通常以股权比例划分，子公司的股权比例一般大于 50%，联、合营企业的股权比例在 20%~50%，它们的区别在于联营企业里其他股东的股权比例有超过 50% 的，而合营企业里股东的股权比例均低于 50%。股权比例仅仅是对控制、共同控制和重大影响最笼统的判断标准，并不绝对。在实践中应遵循实质重于形式的原则，对控制与否做出判断。

长期股权投资的核算方法有两种：成本法和权益法，划分标准就是能否对被投资企业实施控制。能控制的就是子公司，采用成本法；不能控制的就是联、合营，采用权益法。成本法和权益法最本质的区别在于被投资企业的经营业绩是否在投资企业长期股权投资的账面上反映。

成本法类似于收付实现制，当被投资企业宣告发放股利时才确认投资收益，而不管被投资企业经营得如何，是盈利还是亏损，发放股利是不是坐吃山空等。投资收回了钱就是投资收益。成本法核算下的长期股权投资账面价值除非有增、减资的情况出现，不然不会调整。

权益法类似于权责发生制，只要被投资企业的所有者权益发生变化，不管是盈利还是亏损，不管有没有分红，都要按我的份额确认投资收益，并相应调整长期股权投资的账面价值。对于投资企业而言，你投资的企业经营好坏必然与你密切相关，权益法显然更合理。

成本法则违背了会计学最基本的原则——权责发生制。那为何要对子公司采用成本法核算呢？我的理解是因为简单。子公司是要作为上市公司的一部分被纳入合并范围的，子公司的一切经济活动都是要被并入合并报表的。合并报表最核心的工作是要将母公司、子公司内部的投资、交易等活动抵销，才能客观呈现母、子公司作为一个整体对外部的经济活动。反正要抵销，那么你对子公司的投资算得越精确，对于抵销工作来说就越复杂，并且毫无意义。所以，对子公司的投资采取了简易处理。这样做的后果就是牺牲了母公司的资产负债表中长期股权投资的质量，我们心里有数即可。对于上市公司的投资者而言，母公司的报表本身作用也不大。这里再次体现出"两害相权取其轻"。

由于抵销了母、子公司间的投资关系，对于合并资产负债表中的长期股权投资而言，仅仅是指母公司投资的联、合营企业。用权益法核算的联、合营企业，在账面价值里客观地反映出了被投资企业的经营业绩，我们可以通过投资收益、发放股利、减值准备、投资成本等信息，以股票投资的眼光逐项去评价母公司对联、合营企业的投资。值得注意的是，不应仅从投资回报的角度去看某项投资，而应结合企业的整体战略部署，去分析长期股权投资的战略目的，并给出客观评价。

商誉产生于企业的并购活动。对于非同一控制下的两个主体间的并购，是要对被并购企业的账面资产的公允价值进行资产评估的,并按照评估结果重新记录资产的账面价值。并购方支付的价格超过了"被购买方可辨认净资产公允价值份额"(评估价)的部分,就作为商誉。

所以,商誉是长期股权投资的附属品,是产生于对外股权投资的一项"名义资产",并没有实物属性。它的本质就是为多付的收购款找一个去处。那么,为什么会多付一部分钱呢?其实很容易理解。因为买公司就是买未来的盈利能力,是站在收益角度上看的,而不是为了买一件一件的资产,要为了买公司的资产还不如去交易市场省事。

资产评估给公司估价大都采用收益法,收益法的估值结果通常都会比资产的公允价值高很多。因为公司是一个组织,需要将拥有的一件件资产高效组织起来运营。商誉代表的其实就是超出资产公允价值的组织运营能力,在并购时以超额对价的形式外化出来。这代表了企业资产之外的综合价值,是一种实实在在的"经济商誉"。但是,在很多情况下,商誉却变成了没有实际价值的"会计商誉"。

究其原因,还要回到产生商誉的并购活动上。一种原因是过高估计了并购项目的价值,给了过高的对价,使"会计商誉"掺水虚胖。更重要的原因恐怕要算到多元化的头上,远离能力圈的多元化变成"多元恶化",买来的原本高效的组织运营能力水土不服,使"经济商誉"贬值。这些事见多了,渐渐地习惯了本能地将商誉和减值联系在一起。见到商誉,心里就发怵,似乎是一颗不定时炸弹,不知什么时候就"爆雷"了。出于谨慎性的要求,商誉需要每年进行测试,发现减值迹象就要计提减值,以后即使减值迹象消失,计提的减值也不允许转回。会计上谨慎的态度也导致了实际计提的商誉减值远多于商业实质上发生的商誉减值。科德教育并购龙门教育的案例具有典型性,通过此案例探讨一下我对商誉减值的认识。

科德教育的曾用名是科斯伍德,原来的主业是胶印油墨,油墨行业是一个既没有发展前景又不盈利的夕阳产业,科斯伍德早在2014年就开始谋划转型。2017年年底,科斯伍德找到了机会,它用7.5亿元一口吃下了龙门教育超过49%的股权,并取得控股,迈出了产业转型并购实质性的一步。

2020年3月9日,科斯伍德收购龙门教育第二笔的近51%的股权过户,至此，龙门教育100%的股权全部归于科斯伍德名下。前前后后，历时三年的科斯伍德对龙门教育的分两步进行的收购进入尾声。4月7日，科斯伍德公布了发行股份的方案，4月10日发行的股份就将上市，这一收购进入收官阶段。前后两笔收购，科斯伍德的对价一共是15.7亿元：第一笔是7.5亿元现金，科斯伍德借了6.38亿元加自有的资金支付；第二笔8.2亿元支付方案是给龙门的股东发行科斯伍德的股份支付近3亿元，给大股东马良铭发行3亿元可转债，再支付现金2.2亿元。

商誉产生于非同一控制主体间的合并。在第一次收购49%的股权时，科斯伍德和龙门教育是各自独立的非同一控制的主体，科斯伍德用了7.5亿元现金收购了49%的股权，取得了控股权，超过可辨认公允价值的部分被确认为商誉。这次并购确认了5.98亿元的商誉。也就是说，这次并购来的各项资产的公允价值只有1.52亿元，有形资产之外的商誉高达5.98亿元。在第二次收购51%的股权时，科斯伍德已经控股，双方是同一控制下的合并，不存在商誉的问题。那么，科斯伍德的商誉是否掺水及后期减值的风险，全部取决于第一笔7.5亿元的对价是否给多了。

2019年10月，龙门教育从新三板摘牌并变更为有限责任公司，摘牌时它的市值是16.78亿元，对应2019年1.66亿元的净利润，是10倍的市盈率。科斯伍德的总价15.7亿元不到9.5倍的市盈率，这对于一个拥有极优秀的财务状况和盈利质量，并且即使是原发增长，也能轻松维持在20%+的"小而美"来说，就算新三板由于流动性差，估值水平不能跟主板的估值水平相提并论，那也无疑是太便宜了。

按股价9元/股发行股份，市价却是16元/股（并购时的市价），这7元/股的差价，3 200万股就是2.24亿元。另外，马良铭的3亿元可转债利息只有象征性的0.01%，并且转股价也是9元/股。这样，科斯伍德差不多一共又送了4.5亿元，相当于用20.2亿元拿下了整个龙门教育，大约12倍的市盈率。这可是要并入主板的，以主板的逻辑进行估值的，以龙门教育的质地，30倍的市盈率应该不过分。那么，并入科斯伍德的龙门教育应该值大约50亿元。无论如何，7.5亿元现金拿下龙门教育49%的股权都是一笔非常划算的交易。

2020年因为众所周知的原因，龙门教育的业绩受到影响，没有完成1.8亿元的业绩对赌。2021年这种趋势仍将延续。所以，对于资产评估来说，相比于2017年产生商誉时所做的相较乐观的假设，确实存在减值迹象，计提减值也无可厚非，这是会计上谨慎性的要求。但是，会计上还有一项更重要的原则叫实质重于形式，我们来仔细探讨这个减值该不该计提。

先给出我的意见，从本质上看这个商誉，计提减值毫无道理。这个判断仅通过常识就可以确信无疑。我举一个例子，一支NBA的差队选秀抽中了状元签，有了复兴的希望，于是将这个状元作为建队的基石，一切引援、战术围绕这个新兵制定。那么，这个新兵的价值从这一刻起就和整个球队紧密联系在一起。纵使你再天赋异禀，总要有一个适应、成长的过程。假设球队一切顺利，从此走上了复兴之路，一年好于一年，最终称王称霸。状元作为核心，一路成为巨星，彪炳史册。

好了，即使是这么一条完美的路径，也不可能是一帆风顺的。新兵状元打了一年，表现正常，证明是当核心的材料，球队的发展战略被证明是可行的，于是坚定往下走。但第二年状元受了点儿伤，遭遇波折，数据下滑。那么，状元的核心价值会因为数据的一时下滑而减弱吗？况且数据的下滑还是因为伤病这个不可抗力。球队的总体战略会因为状元一时的数据下滑而有任何改变吗？球队的所有资源都是围绕他配备的，他的地位会有改变吗？一切都不会变。可以肯定的是，这时状元的价值比起刚进队时一定是大大提高的，对于球队来说他可能贬值吗？好了，龙门教育就是科斯伍德选到的状元，科斯伍德就是通过龙门教育实现转型的，不是子公司的地位，完全是新本部。科斯伍德变成了科德教育，油墨业务将被逐步剥离，所有的资源都投到了龙门教育身上。2020年，龙门教育因为不可抗力数据下滑了，那么龙门教育的一半股权就不如7.5亿元刚买它时值钱了？就要计提减值？这个逻辑是荒唐的。

由于收购活动发生过太多蠢行为，加上会计上谨慎性的考虑，导致了商誉和减值如影随形的现象。商誉似乎不再是超出资产公允价值本身的组织运营能力的集合，而成了甩不掉的包袱。平心而论，有些商誉减值并不一定意味着失败的收购，会计上的谨慎性处理类似于我们价值投资中的短视行为，在现实的股权投资过程中其实并不可取。所以，在评价商誉和商誉减值时，商业本质比账面价值重要得多。像伯克希尔·哈撒韦收购喜诗糖果、内布拉斯加家具城后，对其经营活动不做任何干预,仅仅是并入一家子公司的收购,那评估其是否发生减值往往比较客观,只需看当年评估时的假设条件是否发生了变化即可。而像科斯伍德收购龙门教育这样的收购,龙门教育不再是之前的含义了,判断其是否减值就不能用资产评估收益法那套死板的东西去套了,收购的战略意义往往无法估值。另外,即便真的买错了,确确实实买来一堆"会计商誉",确确实实面临减值的"爆雷"问题,站在投资的角度,那也已然是沉没成本了,提不提减值,对企业未来的经营不会有任何影响。错误是过去犯下的,对于面向未来的投资来说,错误能不能成为前车之鉴,未来不再犯错的意义远远强于揪着一个历史污点不放,盯着计提减值造成的惨不忍睹的会计利润捶胸顿足。

6. 金融工具

金融工具是会计中非常复杂的内容,但是距离投资者很近,因为它核算的都是和资本市场相关的活动。股票、债券、可转债、衍生品、套期、并购等,企业进行资本运作形成的资产、负债及权益,在金融工具上反映。这部分内容之所以复杂,是由资本运作的复杂性决定的。不同的合同条款细节,可能会使业务实质完全不同。因此,会计上要考虑各种纷繁复杂的实际情况,金融工具的核算就显得格外复杂。

鉴于这本书不是一本学术性专著,我对金融工具的叙述不那么严谨,以上我只是笼统地进行了表述。其实,会计对金融工具是有严格的划分的,大意是指由合同约定的,未来有现金或其他金融资产收取或支付的权利或义务。我没有咬文嚼字,严格按照会计准则滴水不漏地叙述金融工具的定义,理解其实质即可。按照这种含义,金融工具不光包括上面所说的资本运作的产物,连货币资金、往来款项、银行借贷等都属于金融工具的内容,因此,在与金融工具相关的财报附注中会有很多货币资金、往来款项、银行借贷的内容。

另外,金融工具涉及数个会计准则,分别规定不同的业务。比如,上一部分所说的长期股权投资,针对的是股权收购,只有在达到控制、共同控制和重大影响的情况下才按照长期股权投资核算,达不到控制、共同控制和重大影响的按照金融资产核算,分别由第 2 号准则和第 22 号准则来规范。在这里我们主要谈由第 22 号准则规范的金融工具。

除了金融、保险、券商、投行等特殊行业，对于一般企业而言，在资本市场上运作的活动是极少的，却是重要的投资或筹资活动。一般企业使用金融工具，主要是发行股票、发行债券、发行可转债、买入债券等理财产品这几种，有的企业为了平抑原材料价格的大幅波动，还可能用到套期保值。

除此之外，期货、期权、认股权证等衍生工具不应该出现在一般企业的业务里。如果出现了，则说明企业太不务正业了。还有不少企业利用自有资金炒股票，并把股票投资当成一项长期的、不小的业务，比如云南白药、浙江龙盛。这类企业一方面是因为钱多，另一方面是因为找不到扩张主业的路径，又想有超额收益，于是搏击股票市场。对待这类企业，我们最好保持谨慎态度，投资结果好，市场不会给它加分；投资结果不好，市场会怪它不务正业，加倍给它减分。

一般企业会涉及的金融工具通常就是债权和股权。投资方会形成金融资产，筹资方会形成金融负债或权益工具。对于金融资产，可划分为三类。

（1）以摊余成本计量的金融资产。

（2）以公允价值计量且其变动计入其他综合收益的金融资产。

（3）以公允价值计量且其变动计入当期损益的金融资产。

对于债券性投资，划分成这三类中的哪一类都有可能，依据的是投资的目的，以及实际执行情况。如果投资目的是收取合同现金流量，即按照合同约定收取利息及本金，且实际上就是这样做的，那么划分为以摊余成本计量的金融资产，会计科目是"债权投资"；如果投资目的既是收取合同现金流量，又是出售（例如，为了保持流动性，在流动性充裕时买入债券理财获得利息收益，在流动性紧张时卖出债券换回现金），且实际上就是这样做的，那么，划分为以公允价值计量且其变动计入其他综合收益的金融资产，会计科目是"其他债权投资"；其他的划分为以公允价值计量且其变动计入当期损益的金融资产，会计科目是"交易性金融资产"。对于股权性投资，只能划分为后两类。非交易类的权益工具投资（例如，非上市公司的股权）可以指定为以公允价值计量且其变动计入其他综合收益的金融资产，会计科目是"其他权益工具投资"；其他的股权性投资划分为以公允价值计量且其变动计入当期损益的金融资产，会计科目是"交易性金融资产"。

作为投资方的对手方，金融工具的发行方，即筹资方融到钱，他是作为负债性质对待还是作为权益工具对待，有一个原则：金融负债的金额是固定的，而且必须偿还；权益工具的股权数量是固定的，并且不是必须偿还的。权益工具的会计科目是"其他权益工具"；而金融负债的情况有些复杂，根据金融资产的性质计入相应的科目。

这里简单地将纷繁复杂的主要金融工具的分类情况做了概括性的阐述，更复杂的衍生工具还没有涉及。会计以这么复杂的方式对待各种金融工具，才让资产负债表上出现了"交易性金融资产""债权投资""其他债权投资""其他权益工具投资""衍生金融资产""交易性金融负债""衍生金融负债""其他权益工具"等报表项目。

会计之所以如此复杂地对待金融工具，是因为资本运作的合同具体条款千变万化，不同的条款导致的商业实质完全不同。我不建议对会计的金融工具准则下太大功夫，因为性价比很低。但我们要明白，研究企业的金融工具要遵循实质重于形式的原则。既然形式不重要，那么我们就没有必要在意企业将某项金融工具放入了哪个项目；既然要重实质，最真实的实质就是合同条款。深入分析主要的合同条款，是研究企业利用金融工具最直接、最有效的方式。对于一般企业而言，重大资本运作的活动是极少的，又是极其重要的投资或筹资活动，在大多数情况下会披露重大合同的主要条款，因此，逐个研究重大金融工具的主要合同条款是对待金融工具的不二选择。

在进行财务分析时，对待金融工具也应遵循实质重于形式的原则。比如，如果某项金融资产的实质是银行理财产品，那就直接将它视为货币资金。另外，根据金融工具的实质，结合企业做出的分类，清楚地判断出某项金融工具的市值变动是否会对利润产生影响，是否有潜在计提减值的风险，就足够了。

7. 被忽视的无形资产

无形资产的性质同固定资产本质上并无差别，只不过一个是有形的，一个是无形的。但会计对待这两类资产的态度是有明显差别的，总体上对待无形资产更为谨慎。举例说明，会计对自创的品牌等无形资产是不认可的，但对花钱直接购买的就予以确认。而自建的固定资产不会不被确认。从商业本质上看，这显然是不合理的。仍以品牌为例，品牌是白酒、服装、珠宝首饰等消费品企业最痛的消费痛点，毫不夸张地说，这些企业最有价值的资产就是品牌。然而，为了打造和维护品牌而产生的广告、宣传费用的长期积淀，均被作为当期费用进行了费用化，但品牌的效力却是长期的。这种不合理必然导致企业的无形资产价值是被实质低估的，在企业的无形资产中有可能隐藏着巨大的隐形资产。

前面讨论的商誉也存在类似的问题。企业花钱收购的公司，未被验证过的超出资产公允价值的组织运营能力可以被堂而皇之地确认为"经济商誉"，而自家呕心沥血打造的货真价实的经济商誉则分文不值。资产负债表对于企业的"软实力"过于忽视，但对于很多生意来说，"软实力"却是不容忽视的。资产负债表通常会出现"掺水"现象，但对于无形资产项目，"脱水"几乎是必然的。对于资产负债表忽视"软实力"的客观事实，我们通常会通过商业模式、护城河、企业管理和企业文化的优秀定性，在估值上给予弥补。这也是好生意通常会溢价的一个原因。

8. 递延所得税的由来

企业所得税是企业应尽的一项非常重要的纳税义务，它的税基是企业获得的利润总额。利润总额的计算过程就是利润表的总体编制逻辑，简单概括就是"收入 - 成本 - 费用 + 营业外损益"。由于会计和税法在收入、成本、费用等要素的确认计量口径上存在诸多差异，因此，导致了会计利润和税法利润必然存在差异。根据差异性质的不同，可分为两种类型。

一类是永久性差异。永久性差异是一种实质性差异，会计的处理同税法的规定存在根本矛盾。比如，企业买国债的利息收入被会计记为收入进入会计利润。但是税法对国债的利息收入是免税的，因此，不进入税法利润。这种差异永远存在，不会被时间抹平。

另一类是暂时性差异。对待这类差异会计和税法的分歧只是暂时的，拆开看每一年都不同，但是随着时间的推移，各年相加的总和是相同的。最典型的暂时性差异是折旧，会计和税法可能因采用的折旧方法不同，使每一年的会计折旧和税法折旧均不同。但在固定资产的整个使用寿命周期里，会计折旧和税法折旧的总和是没有差异的。

会计上对待永久性差异和暂时性差异的态度是不同的。对于永久性差异，因为差异永远存在，没办法处理，会计就只有屈从于税法，不予确认。而对于暂时性差异，把时间拉长差异自动消失，这恰恰是会计最容易处理的。暂时性差异相对于固定的所得税费用来说，相当于纳税义务的前置或后延，从性质上类似资产或负债。确认了暂时性差异，也正好符合了权责发生制的要求。

于是，递延所得税资产和负债产生了，用来确认暂时性差异。暂时性差异会导致两种情况的发生：一种情况是会计利润＞税法利润，当期实际纳税少，今后将要多纳税，相当于确认了一项负债，这种暂时性差异叫作应纳税暂时性差异；另一种情况是会计利润＜税法利润，当期实际纳税多，今后将会少纳税，相当于确认了一项资产，这种暂时性差异叫作可抵减暂时性差异。因此，递延所得税和暂时性差异存在这样的对应关系：应纳税暂时性差异对应递延所得税负债，可抵减暂时性差异对应递延所得税资产。

从会计角度来看，递延所得税存在的意义是符合权责发生制要求的。但从投资分析的角度来看，权责发生制使利润离现金流的距离更加遥远，给投资者预测自由现金流增加了麻烦。递延所得税更像一种会计游戏，在税费和纳税义务中间进行平衡，生硬地制造出名义上的资产和负债。所以，我对待递延所得税的态度是：金额不大就忽略；当金额达到不能忽略的程度时，要尽量弄清楚产生的原因，对相应的资产和负债进行剔除，并对所得税费用进行还原，进而还原出更接近现金流的净利润。

9. 带息负债才是最要紧的债务

企业的所有负债按照债务的性质可分为三大类：往来性负债、"纸面负债"和带息负债。往来性负债就是和供应商之间发生的应付款性质的负债，这类负债是对供应商资金的无偿占用，抛开企业信用的因素，正常运营的企业，往来性负债越多，意味着占用供应商的资金越多，相应地，自己的运营资本占用越少，从这一角度来看，这类无代价的负债对企业是有利的，反映了企业在上下游间的强势地位。

"纸面负债"是指由于会计核算产生的负债类项目，并非企业真正的偿还义务。在资产负债表中，租赁负债、递延收益和递延所得税负债是典型的"纸面负债"。由于并非是由契约约定的偿还义务，因而在评价企业的偿债能力时，"纸面负债"可以不予考虑。

带息负债是企业由合同约定的有代价的还款义务，只有带息负债才具有真正意义的"债"的性质。因此，在评价企业的偿债能力时，带息负债的偿还能力才是核心。另外，带息负债相当于企业主动加"杠杆"，财务状况稳健与否与带息负债息息相关。

带息负债主要包括短期借款、长期借款和应付债券，以及容易忽略的"一年内到期的非流动负债（通常是长期借款，由于到期日变成了一年之内，不再符合非流动负债的性质，故将其重分类至流动负债。针对这种情况，一年内到期的非流动负债本质上就是短期借款）。带息负债应该重点予以关注，有条件的话，最好逐笔合同去了解负债的具体情况，需着重关注到期还款日及利率。将短期内到期的偿债义务与现金及潜在的现金增量进行详细对比，以确定是否存在债务风险，以防资金链断裂。现金增量来源主要有两种形式：企业经营的内生现金和融资渠道。

2019年和2020年，由于"非洲猪瘟"的影响，生猪市场供不应求，缺口巨大，从而导致了猪价高企，一时间众猪企春风得意，过了两年多非常舒坦的好日子。同时，众多散户退出，给了规模化猪企扩张的空间，生猪市场顿时成为一片蓝海。众猪企手握大把钞票，进行了疯狂扩张。

进入2021年，生猪产量迅速得到恢复，缺口很快被填平，高企的猪价应声而落，猪周期开启了下行周期，众猪企风光不再，艰难度日。资金链成为苦熬寒冬时最重要的保障。过剩产能的清退成为必经的过程，在这一过程中，如何保证被清退的不是自己，"造血能力"成为关键。2021年所有猪企的日子都不好过，有的财务状况已经很危险，就连最优秀的牧原股份的资金链都让人倒吸一口凉气，后脊背发凉。

资产负债表（2021年三季报）显示，牧原股份短期借款有188亿元，长期借款有145亿元，应付债券有93.5亿元，一年内到期非流动负债有65.1亿元。逐项分析这几项带息负债，188亿元短期内肯定要还清；长期借款145亿元在接下来的一年里不用偿还本金，先不予考虑；93.5亿元应付债券是公司于2021年8月发行的6年期可转债，2027年才到期，同样不予考虑；半年报的披露信息显示，一年内到期非流动负债是由一年内到期的长期借款、应付债券、长期应付款、租赁负债四部分组成的（其中，长期应付款是应付的售后回租融资租赁款，售后回租融资租赁本质上就是按揭买地，这个债需要定期偿还。租赁负债就是租赁土地未来要支付的租金。与"租赁负债"相对应的资产项目是"使用权资产"，以前年度的报表不存在这两个项目，从2021年开始执行新的租赁准则，才新增了这两个项目。实际上，资产负债表上躺着的这两个科目并不是真的资产和负债，只是反映承租的土地未来要支付的租金）。

从中报来看，一年内到期的应付债券有18亿元，8月份已经支付2018年发行的10亿元债券，因此，9月底只有一个债券要支付，也就是2019年1月发行的8亿元债券。中报显示一年内到期的非流动负债为73.6亿元，扣除已偿还的10亿元债券，再考虑适当的利息，三季度末65.1亿元一年内到期的非流动负债也是今后一年里必须还掉的。

另外，还有应付票据69.5亿元。牧原股份的应付票据主要是银行承兑汇票和商业承兑汇票，商业承兑汇票自开票至兑付最长6个月，银行承兑汇票本质上相当于超短期借款，这69.5亿元在半年内必须偿还。所以，三季度末，牧原股份在一年内必须偿还的刚性债务大约有188+65.1+69.5=322.6（亿元）。再加上经营中往来款项的支付义务，一年内需要支付资金400亿元左右。这与投资者调研活动中公司答复的2022年全年大概要兑付400亿元的债务是相符的。这400亿元上半年要还100多亿元，下半年要还200多亿元。单看99.5亿元的现金储备（牧原股份没有披露现金使用受限情况，可自由使用的资金一定少于99.5亿元，暂按80亿元看待）是杯水车薪的，日常经营的造血能力及其融资能力至关重要。

先来看2021年10月至2022年3月这半年的情况。四季度相关生产数据完整，且生猪的育肥周期是6个月，2021年9月底，大约有3 100万头商品猪存栏，这3 100万头在未来的6个月里基本上就是出栏的总量（考虑10%左右的死淘率，出栏总量约为2 800万头）。四季度一共出栏了1 415万头，那么2022年一季度出栏量为1 385万头。牧原股份的完全成本在14.5～15元。猪价均价如果维持在这个区间附近，那么是微利或者微亏状态，四季度就处于微亏状态，2022年一季度最好的情况也就是维持这种状态，2022年大概率大部分时间会位于这个区间偏下的位置，不排除更极端的情况出现，造血能力具有极大的不确定性。所以，经营性的输血指望不上，就只剩融资一条路了。

常规的融资途径是银行借款、中期票据及短期债券。牧原股份最新的授信额度为 700 亿元，可以增加的借款最多有 200 亿元左右。不过，银行的授信额度不是借款合同，如果企业的经营情况恶化了，那么，能不能借出来钱、能借出来多少就要另说了。债券呢？2021 年 10 月牧原股份注册了两个超短期融资券，合计 130 亿元。即使能顺利发出来，通过常规的融资渠道最多能够融资 330 亿元左右。剩下的就只能靠其他手段融资了，也就是靠大股东股权质押找钱了。

理论上牧原股份靠股权质押再找到几百亿元不成问题，但是这毕竟不是稳健经营的常规路数，况且还没考虑最极端情况的出现。前面只是线性地算了算未来一年的总数，如果这中间有一段出现极端情况，造成一笔债务违约，那很可能就是多米诺骨牌倒下的第一块，会引发连锁反应。

杠杆是一把双刃剑，使用得当，那是用别人的钱为自己挣钱，是再好不过的事情，何乐而不为？然而，凡事有个度，如果过于激进，那么抗风险、抗打击的能力是很弱的，经不起风浪。对于高杠杆的经营模式要格外小心，无论之前多么风光，一旦资金链断裂，一切清零。

房地产行业采用的是典型的高杠杆经营模式，依靠银行借款支撑一个个楼盘项目，依靠商品房的顺利销售提供经营现金流的持续输血。如果整个链条畅通，良性循环，那这是很好的生意，用银行的钱为自己生钱。但是，只要有一个环节出现问题，整个链条就会土崩瓦解，相当脆弱。近两年政策持续调控，市场降温，房价回落，众多房企回款受阻，资金链受到极大威胁。银行又从资金提供者变成催债者，这就是曾经风光无限的大房企瞬间垮掉的根本原因。2021 年，华夏幸福和中国恒大资金链断裂，相继"爆雷"，是发生在眼前的血淋淋的教训。

10. 少数股东权益的由来

股东权益即平常所说的净资产，主要包括股本、资本公积、其他综合收益、盈余公积、未分配利润等。对于这几项的含义，通过了解企业的利润产生及股利分配的过程，理解起来就比较容易了。一开始，股东投入资本成立公司，投入的初始资本叫注册资本，计入股本。股本的含义是注册资本的金额，但由于我国规定每股股票的面值都是 1 元，股本的金额和股票的数量就一致了，所以，平常干脆就把股本作为股数来用了，比如总股本、流通股本。

公司用股东投入的资本开始运营，会产生收益或者利得。收益与利得的区别是：收益是由主要经营活动导致的，利得不是由主要经营活动产生的。无论是收益还是利得，对于公司都意味着经济利益，但是会计的处理是不同的。

对于收益，通过营业收入计入损益，影响利润。

对于利得，分为两类情况：一类是偶然发生的交易产生的利得，比如处置非流动资产、非货币交易、债务重组、接受捐赠、与日常活动无关的政府补助等，通过营业外收入计入损益，影响利润；另一类是非公司本身的原因而使公司产生的经济利益，比如汇率变动引起的外币价值变动，这类事项同公司运营无关，因此，不计损益，不影响利润，直接计入所有者权益。汇率变动具体计入的所有者权益科目为"其他综合收益"（也是所有者权益的组成部分）。与资本相关的就计入资本公积，如公司发行股票的价格超出票面价格的股本溢价。收益和进入损益的利得一起形成净利润。为了鼓励利润再投资，我国《公司法》规定了净利润的10%提取为法定盈余公积（法定盈余公积累计额已达注册资本的50%时可以不再提取），各公司还可以自行提取任意盈余公积。计提完盈余公积，剩余的净利润就可以用来发放股利，发放股利后剩余的净利润就是未分配利润。

由此可见，股东权益的来源有股东投入和经营利润或利得的积累。合并资产负债表股东权益中还有一项"少数股东权益"，它是什么？从何而来？

其实，"少数股东权益"并不应该出现在上市公司的合并资产负债表中，因为它并不属于上市公司的权益。母公司控制的非全资子公司，有一部分股权是属于少数股东的。当母公司和子公司的资产负债表进行合并时，母、子公司之间的投资关系要进行抵销处理，属于少数股东的那部分权益就计入了少数股东权益。这部分权益本不属于上市公司，但却出现在上市公司的资产负债表里，因此显得不伦不类。但不列示又不行，如果不列示，那么合并资产负债表不平。究其原因，是因为对属于少数股东的那部分资产和负债没有进行抵销处理。资产和负债是上市公司股东和少数股东共有的，那么股东权益自然要包括归属于母公司的权益和少数股东权益。

"少数股东权益"出现在合并资产负债表中，是因为没有对上市公司股东和少数股东共有的资产和负债进行分割。我们需要明白，合并资产负债表中列示的资产和负债并不完全属于上市公司股东。

资产负债表显示了企业的"家底"构成，但企业的真正"家底"并不像表上显示的那样，我们需要做的是对表上资产的真实价值做出合理估计，对资产的"掺水"与"脱水"做到心中有数，并识别有价值的隐形资产。对于负债，要谨慎评价企业的资金链安全性，客观看待杠杆的作用。

四、利润的形成——利润表的逻辑

利润表详细列示了利润产生的逻辑，高度概括起来就是一个等式：利润＝收入－成本－费用。整张利润表就是按照这个逻辑设计的，并进行了完善和细化。整张表分为八大部分，重要的是前五项。

第一项是营业总收入，逐项列示收入的来源。最重要的收入是营业收入，包括主营业务收入和其他业务收入。

第二项是营业总成本。总成本是"大成本"的含义，既包括生产成本，也包括税金及附加、"三费"（销售费用、管理费用、财务费用）及研发费用。至此，营业总成本还符合通常的含义，但是，再往下就令人费解了。在营业总成本里还加入了计入损益的众利得项目，如其他收益（主要内容是与企业日常活动相关的政府补助）、投资收益、公允价值变动损益、资产减值损失等，这就让总成本变了味道，不能再单纯地以成本和费用去理解第二大项了。我的建议是将第二项拆分开，忽略总成本的概念，还是以生产成本和费用去看第二项。至于利得部分，与生产经营无关，不能让其干扰对经营活动的分析。

"第一项总收入－第二项总成本"就是第三项——营业利润，"营业利润＋营业外收支"就是第四项——利润总额，"利润总额－所得税费用"就是第五项——净利润。同少数股东权益一样，对于非全资的子公司产生的净利润不属于母公司股东的份额，合并抵销成少数股东损益。对上市公司股东有意义的净利润是归属于母公司股东的净利润。

至于第六项——其他综合收益税后净额，是反映直接计入所有者权益而不计损益的利得的税后净额。

净利润 + 其他综合收益税后净额就是第七项——综合收益。综合收益就是无论是收益还是利得，公司获得的总的经济利益。

第八项是每股收益，就是归属于母公司股东的净利润 ÷ 股本。股本用实际股本，得出来的就是基本每股收益，即我们平时所说的 EPS；股本用稀释后股本，得出来的就是稀释每股收益。所谓稀释后股本，针对的是有潜在股份的情况，比如可转债。在进行可转债融资的时候，因为其特性，后期可能会出现债券转换为股票的情况，进而出现稀释每股收益的情况。计算稀释每股收益，股本要调整为假设转换完成后的总股本（严格地说，对分子也应进行调整，将稀释股本产生的费用和稀释后对利润的影响一并考虑）。

1. 利润的"虚幻"与"多变"

利润的"虚幻"根源于会计的权责发生制，同时会计计量的谨慎性原则起到了推波助澜的作用。权责发生制是会计存在的基础，做生意最直接的目的是"赚钱"，而当"赚钱"用权责发生制的产物"利润"来进行表达时，必然会出现"利润"同手里得到的"钱"不对等的情况。以手里看得见、摸得着的"钱"为参照物，利润就必然显得"虚幻"了。

如果只是因为权责发生制，那么利润和现金流的差异仅仅是暂时性的，将时间拉长，差异就不存在了。但是，谨慎性原则产生了实质性的差异。各种资产减值、折旧摊销和预计损失的计提，本身是缺乏确凿事实支撑的，严重依赖人为估计和职业判断。估计与事实必然存在差异，而事实往往又需要很长时间才能得以验证，因而差异注定要存在很久。同时会计准则会在合理性和强制性之间进行取舍，合理性会妥协于强制性。虽然很多规定不合理，但如果不这样规定，就有空子可钻，因此需强制堵住漏洞。这也是"两害相权取其轻"的又一例证。这就使得很多差异从根本上失去了矫正的机会，成为实质性差异。例如，多数资产的减值不允许转回，这虽杜绝了利用减值调节利润的可能，却也使得真实存在的减值偏差失去了修正的机会。这些原因综合到一起，更放大了利润的"虚幻感"。

利润的"多变"根源于会计估计的主观性和会计政策的可选择性。会计的目标是合理地反映经济活动的实质，经济活动本身的复杂性决定了众多会计政策的选择和会计估计的广泛使用，不同的人对同一事物的认知有差异，因此，选择不同的方法估计出不同的结果在所难免，这就为会计计量保有了极大的灵活性。从人性的另一面讲，灵活性越大，可操控性也越大。这里的操控是一个中性词，没有主观舞弊和造假的含义。资产和负债是时点的概念，具有累积性，历史上任何一笔业务都会对最终结果产生影响，所以，操控对于资产和负债的影响不明显。但利润是期间的概念，不具有累积性，定期清零，所以操控对于利润的影响就显著得多。利润的"多变"体现在只要一个小动作就可以使利润的结果千差万别，这种小动作很容易找到理由或者借口，合理合法，完全正当，更不用说处心积虑地造假了。因此，利润被操控的余地很大，是非常不可靠的。

会计利润在很大程度上无法代表企业真正的"赚钱"能力，但它却是市场关注的焦点。这是让人难以理解的。利润虚幻和多变，阴晴不定，难以把握。内在价值也和会计利润毫不相干，而利润却堂而皇之地走进舞台的中央，万众瞩目。既然以价值投资的理念无法解释这一现象，就只能接受市场并非完全按照价值规律运行这个事实了。市场的参与者有一套共识，但这套共识并不完全符合价值理念，却能大行其道。其中，对利润的热衷就是最典型的代表。预测短期利润是多数人最核心的任务，市场依据静态的短期利润给公司定价，并根据预期实现情况对股价进行动态调整。由于利润是多变的，这种通行的做法必然会引起股价随利润出人意料的变动而大幅波动。这就是市场中典型的"伪价值"运行模式，披着价值的外衣，本质和赌博无异，因为猜利润和猜股价一样不可行。

最乐观的情况是，他们对利润的操控是在规定允许的空间之内，在不违背准则要求的大原则的前提下，做出的利于自身且不会对投资者产生重大误导的操作。这类似于纳税筹划，在红线以内可以变通。因此，对利润的具体数字不必太较真，能由定量的数据得出定性的结果，不妨碍得到一个近似正确的结论即可。将增长率的数字精确到小数点后两位就大可不必了，对待利润数字应保持谨慎的怀疑态度。

针对利润被广泛操控的现实，在利用利润数字上就应有所应对。一种普遍的应对方法是将非经常性损益扣除，得到"扣非净利"。这么做的合理之处在于非经常性损益是偶然发生的，在红线以内对利润的调节很多时候是通过非经常性项目进行的。由于非经常性损益不具有持续性，因此它对预测未来无价值。用"扣非净利"做决策，可以在一定程度上排除人为对利润的操控。但是，会计准则定义的"扣非"标准并不明确，只是以举例的形式列举了 21 项非经常性损益，没有列举到的信息披露不算违规，这就给企业操控利润开了方便之门。这 21 项也是逐渐补充完善的，一定还有其他的非经常性损益没有涵盖进来，所以，通常企业在非经常性损益的认定上都是不完整的。

科德教育的 2020 年年报让人大跌眼镜，比起之前 1.4 亿～1.7 亿元的利润预告，1.13 亿元的利润令人猝不及防。这个不及预期的利润不是由于经营的问题，而是由于计提了一笔 3 600 万元的商誉减值。这个商誉产生于 2017 年第一次收购龙门教育 49% 的股权时，因为和龙门教育签有 2020 年的 1.8 亿元的业绩对赌条款，由于不可抗力，龙门教育没有完成对赌业绩。市场早就对商誉减值有所顾虑，但是此前董事长在投资者交流活动中对商誉减值发表过明确的声明后，市场又普遍认为不会计提商誉减值。

龙门教育是科斯伍德从油墨转型到教育行业唯一的平台，是二次创业的基石。开弓没有回头箭，无论当时收购龙门教育是赚了还是亏了，着眼于未来，龙门教育对科德教育的重要性都是毫无疑问的。那么，这 3 600 万元商誉减值无论提与不提，丝毫不影响科德教育未来的战略方针和经营决策。计提商誉减值，只不过是在资产和利润的数字上玩了一场"会计游戏"。

然而，这个和经营毫不相干的重大变动却没有在非经常性损益中有所体现。倒不是说企业违规，在《公开发行证券的公司信息披露解释性公告》(之前的《公开发行证券的公司信息披露规范问答第 1 号——非经常性损益》) 明文规定的 21 项中确实没有商誉减值，但"扣非净利"无疑被严重扭曲了。

在"扣非净利"的基础之上，充分考虑所有重大事项对经营利润的干扰，得到一个接近经营实质的经营成果，可能是唯一的途径。而对于虚幻和多变的利润，如何让它真实起来，我的原则是回到经营活动的实质中去，看会计计量的事情是否会对企业经营及发展产生影响，如果不会，那就是一个会计的变戏法，由此产生的对利润的影响可以忽略。

2. 盈利能力和资产运营能力

回到 ROE，在三个核心指标中，由利润表要素单独决定的是销售净利率，即净利润同销售收入的比值。通过前面对利润形成的逻辑分析,我们知道,净利润的起点是毛利,毛利就像一个蓄水池的进水管,那"销售收入－生产成本",毛利同销售收入的比率是毛利率。

毛利率就是利润空间的天花板,也是盈亏分界线的安全边际。售价和成本共同决定毛利率的高低,对于同质化产品,毛利率的高低取决于成本,拥有成本优势的具有高毛利率。从毛利到净利,要扣除所有的费用,主要的费用分为五大类:管理费用、销售费用、财务费用、税费、研发费用。费用是蓄水池的出水管,是从蓄水池中流走的"利润"。衡量费用的指标是费用率,即各项实际发生的费用同销售收入的比值。对于净利润而言,出水管流出的越少,留在蓄水池里的越多。

然而,企业的发展是一个长期的过程,要在眼前利益同长期利益之间进行权衡。为了长期的可持续发展,有些钱是必须花的。比如,为了精细化管理而上的ERP系统的摊销,为了增加品牌价值而花的销售费用,为了研制新产品而花的研发费用等。因此,不是费用率越低越好,在商业模式决定了费用率的大致水平的前提下,应认真厘清费用的去向,并对费用率给出客观的评价。

另外,净利不如毛利纯粹,会掺杂很多跟企业日常经营无关的非经营性利得,这些利得可能会对企业盈利能力的判断形成干扰。在评价企业的销售净利率时,配比原则是相当重要的。配比原则是会计学里的一项重要原则,它的本意是说收入应和成本配比,通俗地讲就是一份收入,要有一份成本与之相对应。在这里,也应该秉承净利润与销售收入相配比的原则,这样才能真实反映企业的盈利能力。

资产周转率将资产负债表和利润表联系起来,含义是企业运用资产产生收入的能力,反映的是资产运营的效率。要实现高盈利不一定非要有高利润率,还有一种盈利模式叫薄利多销。提高资产的运营效率,让同样的资产产生更多的收入,从而弥补利润率的不足,一样可以产生高盈利的效果。以量补价是低价战略的核心要义。沃尔玛、格力电器等都是高周转率策略的代表。

盈利能力和资产运营能力合在一起,代表利用资产获利的能力,核心指标是总资产收益率,即 ROA。相对于 ROE,ROA 排除了杠杆因素对于企业盈利的放大作用,更能直观地表达企业真实的运用资产获利的能力。盈利能力和资产运营能力的综合是一家企业最核心的能力，二者在多数情况下是鱼和熊掌不可兼得的关系，因此，需要突出一方，牺牲另一方。厚此薄彼是很容易犯的错误。对于投资者而言，综合能力才是最重要的。

3. 真实的资本回报

在剖析过资产负债表和利润表之后，在对资产、负债和利润有了深入的理解之后，再回到权益净利率，就会对权益净利率的本质有更加深刻的领悟。寻找优秀企业，财务分析所能起到的作用绝不是将账上的净利润和净资产相除，找到漂亮的 ROE 数据如此简单。我们花费大量精力去逐项识别企业拥有的资产、所背的负债，去深入探究利润的实质，实际都是在为得出真实的净资产价值和收益而努力。我们在尽力弥补会计的缺陷，规避会计视角对投资的误导，使财务数据成为能够反映真实情况，对决策有所帮助的数据。有了对真实的净资产价值和收益水平的把握，才能探寻真实的资本回报。

ROE 是站在股东的角度，衡量股东投入资本获得回报的能力。由于加入了杠杆因素，ROE 有时并不能客观反映一门生意运用资本的真实回报率。有的企业虽富得流油，拥有大量现金类及投资类资产，却没有运用到主业的运营之上。

因此，客观评价一家企业、一门生意的真实回报率，就面临两项任务："去杠杆化"和"实质投入原则"。"去杠杆化"是指将债务投入因素计算进回报率；"实质投入原则"是指将没有运用到的资本投入进行剥离。经过处理的 ROE 就变成了 ROIC，即投资资本回报率。投资资本回报率是从企业或生意的角度，衡量企业或生意投入资本的真实回报率。投入资本不仅包括股东的投入；也包括债权人的投入；相应的回报不仅包括股东的回报，也包括债权人的利息回报。

$$投资资本回报率 = \frac{投资回报}{投入资本} = \frac{归属股东利润 + 利息支出}{股东投入 + 债权人投入} = \frac{主业净利润 + 利息支出}{总资产 - 非投入资产}$$

在计算 ROIC 时，为了尽可能接近真实的回报率，对待资产及利润的态度和 ROE 无异，要尽量克服会计计量的弊端，还原出客观的资产价值和真实盈利水平。关于盈利，前面已有详细探讨，这里不再赘述。关于实际使用的投入资本，除了客观评价总资产的实际价值外，需要扣除的非投入资产主要包括银行存款、理财产品、其他理财性质的金融资产、与主业无关的出于财务目的的长期股权投资、在建工程等。

以养元饮品为例，养元饮品 2019 年的加权 ROE 为 22.85%，这是一个很高的数值。2020 年由于特殊原因，加权 ROE 下滑至 13.31%。但是，公司约 78% 的资产是低收益的现金及现金等价物，还有 7% 的资产是长期股权投资，与公司主业有关的资产占比不到 13%。ROE 严重扭曲了主业实际使用投入资本的回报率。

先来解剖一下养元饮品 2019 年 12 月 31 日的资产和负债结构。

（1）货币资金 4.87 亿元，理财产品 93.98 亿元和 17.09 亿元，定期存款 2.98 亿元。类现金一共 118.92 亿元，总资产 151 亿元，其中类现金占到令人咋舌的 78.8%。

（2）应收账款、预付和其他应收被占款一共 2.24 亿元；应付账款、预收和其他应付占款却达到 21 亿元；净占款达到 18.76 亿元。养元饮品对应收的控制和对经销商的控制都做得极其出色，才能出现如此效果。而存货 7.35 亿元是什么概念？净占款足足可以覆盖整个存货占用资金。换句话说，养元饮品的日常经营用不着占用自己的一分钱。

（3）在其他长期资产里，长期股权投资和其他权益投资是三家联营公司和两家合伙企业，一共 12 亿元多一点儿，其中 10.5 亿元是中冀投资，即养元饮品用 10 亿元资金参与的股权投资基金。实际上相当于高风险理财，2019 年披露的盈利数据是 5 400 多万元，2018 年披露的盈利数据是 4 800 多万元，年化收益率在 5% 左右，收益率还说得过去，比银行理财略强。

固定资产 7.55 亿元，只占总资产的 5%，饮品制造业居然是轻资产模式。房产和机器占了总资产的 95%，房产的折旧政策比较激进，20~30 年折完，机器 10 年折完。因此，在固定资产上做手脚基本没有可能。在建工程 8 900 万元，这是上市时募资的 3.66 亿元的总部 20 万吨新生产线，有投资计划，快完工了。1.25 亿元的无形资产几乎都是土地使用权，按 50 年摊销，正常。

（4）负债极其简单，没有带息负债，除了往来，就是暂时的应付薪酬和税款。再就是递延性质的"挂名负债"。剩下的就是一张 2.37 亿元的应付票据，这实际上是主动利用银行资金的短期融资行为。

用同样的逻辑,对养元饮品 2020 年 12 月 31 日的资产和负债结构进行分析,结论是一样的,什么财务比率,什么比较判断,都可以省略。养元饮品的财务状况极佳,资产的含金量极高,但接近 80% 的资产没有被运用于主业,也没有规划的用途,只能被运用于临时的回报率极低的理财类项目。

那么,养元饮品主业的资本回报率就被严重低估了。通过计算主业的 ROIC,可以在很大程度上反映出养元饮品主业真实的资本回报率。计算养元饮品的 ROIC,需要扣除的非投入资产主要包括银行存款、理财产品、交易性金融资产等金融资产、长期股权投资和在建工程。

另外,养元饮品没有任何带息负债,也就不存在任何形式的利息支出,主业的净利润为企业的合并净利润减去非主业的税后投资收益及利息收入。2019 年养元饮品的净利润为 26.95 亿元,利息支出为 0,投资回报合计 26.95 亿元。在净利润中包括 0.64 亿元的利息收入和 4.64 亿元的投资收益,因此,公司主营业务 2019 年度所产生的回报为 26.95−(0.64+4.64)×(1−15%)≈22.46(亿元)。同理,2020 年主业产生的回报是 15.42−(0.38+3.9)×(1−15%)≈11.78(亿元)。表 4-2 为养元饮品产业实际使用投入资本。

表 4-2 养元饮品主业实际使用投入资本

单位:亿元

项　　目	2019 年	2020 年
总资产	151.1	150.67
减:理财产品	17.09	0
减:交易性金融资产	93.98	102.38
减:长期股权投资	11.32	12.65
减:银行存款	2.97	8.8
减:在建工程	0.89	2.52
减:放债及其他权益投资	0	1.56
实际使用投入资本	24.85	22.76

因此,2019 年和 2020 年,养元饮品主业实际使用投入资本的回报率分别为 90.38% 和 51.76%。换句话说,养元饮品当前的主业,每投入 100 元的资本,2019 年能产生约 90 元的回报;即使是由于 2020 年特殊情况的影响,仍能挣回

51元的回报。但由于公司账上存在大量的低收益资产,使得公司整体收益率看上去不是很高,这也就是加权ROE不能真实反映公司主业真实盈利能力的原因所在。养元饮品的主业实质上就是这样一门令人咋舌的生意。

再看贵州茅台,由于贵州茅台存在大量表外的隐形资产(主要是库存老酒及品牌),使得投入的资本被显著低估。另外,贵州茅台还存在大量"闲置"的现金类资产没有用途,只能从事收益率很低的理财类活动,又显著拉低了回报率。两个原因综合起来,使得贵州茅台的真实收益率被极端扭曲。要还原酒类业务真实的收益率,首先要确定实际使用的投入酒类业务的资本。关键点有以下几点:

贵州茅台的往来净占款足以覆盖存货的占用资金,日常的营运资本用不着占用自己的一分钱,所以,类现金资产基本是"无用资产";存货的真实价值被严重低估;高档白酒最重要的品牌价值没有被资本化。考虑上述因素,贵州茅台2020年实际使用的投入资本为10 000亿元左右,见表4-3。

表4-3 贵州茅台主业实际使用投入资本

单位:亿元

项　　目	2020年
总资产	2 134
减:类现金	1 400
减:账面存货	289
减:在建工程	24.5
加:占用存货价值	7 700
加:品牌价值	2 000
实际使用投入资本	10 120.5

按酒类业务2020年的盈利能力,贵州茅台投入资本的回报率不足5%。这也是令人咋舌的结果。贵州茅台占用着大量优质资源,但相比于这些资源的价值,回报率实际上少得可怜。当然,这些资源虽然价值很大,但贵州茅台获得它们并没有投入如此巨大的资本,而是逐年经营结果的积累。从投入资本的角度来衡量,700亿元的投入带来470亿元的回报,资本回报率高达67%。从不足5%到67%,这巨大的差距体现在贵州茅台70年的经营积累之上。这就像做投资,从100万元做到1 000万元后,以1 000万元为基数,5%的收益率,

50万元的收益相对于100万元的原始投入就是50%的收益率。但站在当下，这"50%"的收益率能满足期望吗？通过对真实资本回报率的分析，还能体现出贵州茅台牢不可破的竞争优势。无论花多少钱都抢不走的生意是有护城河的。试想，贵州茅台的生意即便花大价钱能抢走，能获得品牌、库存老酒这些优质资源，但所投入的巨大的资本相对于不足5%的回报率来说，吸引力是极小的。

探究真实的资本回报，进行"去杠杆化"，并非对杠杆的全面否定，或是对含有杠杆影响因素指标的全面否定。强调ROIC的重要性并不是要否定ROE，"去杠杆化"的目的仅仅在于将一个多因素影响的结果拿掉杠杆的影响因素，去更深入、更纯粹地考察资本的回报率。与ROA相比，ROIC的优点是显而易见的。ROA过于笼统，像一个标准公式，没有考虑具体企业的业务实质的差异；而ROIC更强调具体问题具体分析，能客观反映资本投入、使用与所获回报的关系，为揭示真实的投入资本回报率而努力。在通过"去杠杆化"对企业业务的真实经营绩效有所把握之后，对杠杆运用的效果和风险的评价是另一个重要的课题。

五、从净利润到现金流

在深入认识了净利润之后，作为探究企业内在价值的价值投资者，我们的任务并未完成。内在价值的内涵是未来现金流折现，与净利润并无直接关系。我们的步伐停留在净利润上是不够的。同时，净利润和现金流之间又存在千丝万缕的联系，净利润是现金流的基础。那么，让我们继续向着现金流进发。

1. 净利润与现金流的差异

净利润和现金流之间存在巨大的鸿沟，而我们评估企业价值最终的落脚点是现金流。因此，我们需要跨越这道鸿沟，继续向现金流的目的地进发。

净利润同经营性现金流的差异来自两大方面。

一是原则不同。所谓原则，是指净利润以权责发生制为原则，这也是会计核算的基础，而经营性现金流以收付实现制为原则。最通俗的一个例子是赊销，销售完成，利润实现，但钱没收到，经营现金流为零。

二是内容不同。所谓内容，是指净利润中算进了诸多不是经营活动的利得，这些利得对应的现金流多属于投资或筹资活动，如投资损益、处置非流动资产损益、财务费用等。对于从净利润到经营活动产生的现金流量净额，需要进行一系列的调节。具体的逻辑是分两步走：第一步，将净利润调节成真正的税前经营性利润，方法是对照利润表的逻辑，倒推出经营性利润；第二步，由"税前经营性利润最终影响营运资本"的逻辑，扣除营运资本中非付现项目的增减变动，即经营性往来项目和存货，剩余的就是经营性现金流。

在财报的附注中，有一张表叫作现金流量表补充资料，样表见表4-4，通常会被忽视。其实，这是一份非常重要的资料，显示了从净利润调节到经营性现金流的全过程。我们利用这张表可以清晰地对净利润同经营性现金流发生偏离的原因及偏离程度做出判断，再结合商业模式，就可以对企业的现金流特征做出整体上的把握。

表4-4 现金流量表补充资料

项 目	行次	本期累计数	上年同期数
1.将净利润调节为经营活动的现金流量：	2		
净利润	3		
加：资产减值损失	4		
固定资产折旧、油气资产折耗、投资性房地产折旧及摊销	5		
无形资立摊销	6		
长期待摊费用摊销	7		
处置固定资产、无形资产和其他长期资产的损失（收益以"-"号填列）	8		
固定资产、油气资产、投资性房地产报废损失	9		
公允价值变动损失（收益以"-"号填列）	10		
财务费用（收益以"-"号填列）	11		
研发费用	12		
投资损失（收益以"-"号填列）	13		
递延所得税资产减少（增加以"-"号填列）	14		
递延所得税负债增加（减少以"-"号填列）	15		
存货的减少（增加以"-"号填列）	16		
经营性应收项目的减少（增加以"-"号填列）	17		
经营性应付项目的增加（减少以"-"号填列）	18		
其他	19		
经营活动产生的现金流量净额	20		

我们通常会利用经营性现金流量同净利润的对比来判断企业净利润的含金量。这个逻辑在细节上存在瑕疵，原因前面已经提及。由于净利润中包含了诸多不是经营活动的利得，使得净利润和经营性现金流之间缺乏可比性。理论上经营性利润才和经营性现金流具有可比性，在实践中应具体情况具体分析。对于非经营性利得不重大的企业，当净利润不会歪曲经营性利润时，用净利润得出近似的定量结果即可。如果非经营性利得足够重大，净利润严重歪曲了经营性利润，那么将净利润调节为经营性利润则是非常必要的。

我们还会将经营性现金流入量同营业收入进行对比，这是另一个衡量收益质量的角度，这一角度更为直接。在进行比较时应当考虑销项税的因素。例如，对于现金流优良的高端白酒生意，通过经营性现金流入量和营业收入的对比，在进行商业模式的验证时，除了考虑货款预收的因素导致经营性现金流入量通常会大于营业收入，销项税也是不可忽视的因素。因为企业收取的货款通常是价税合计的，而营业收入则是扣除销项税的不含税销售额，经营性现金流入量理应大于营业收入。

此外，在考察现金流特征时，个别年份的现金流是不具备充分的参考价值的，因为现金流量表和利润表一样，只反映一个期间的发生情况，而不具备资产负债表累积的特点。某一期间的现金流和利润一样，通常具有偶然性，不一定具有普遍的代表意义。同时，现金流以收付实现制为基础，将时间拉长，它和利润的很多差异自然会消失。

所以，在比较现金流和利润时，计算多年的总和，用总和进行比较是十分有效的方法。当然，对较长时期进行比较的前提是，期间企业的商业模式及现金流特征没有发生过重大变化。我习惯运用的是将过去5年及10年的数据分别进行加总。5年对于投资者而言，是一个非常特别的数字。在各个领域里，事物的发展都是遵循客观规律的，有些规律会在很多现象中得以体现。在经济领域里，5年一个台阶就是经济发展中的一个客观规律。大到国家的"5年规划"，小到价值投资领域通常所说的"5年翻一倍"，伟大企业的稳健发展通常也是5年上一个台阶。以5年为间隔进行比较是科学的，它能极大程度地规避偶然因素及周期波动的影响，使结论更有价值。

在2011—2020年的10年里，万华化学的经营性现金流一共是979亿元，利润是 567 亿元，现金流是利润的 1.73 倍；在 2016—2020 年的 5 年里，万华化学的经营性现金流一共是 796 亿元，利润是 456 亿元，现金流是利润的 1.75 倍。这两个 5 年基本上涵盖了两个完整的涨跌周期，能完美地平抑周期的影响。我们可以看到，万华化学的现金流超级稳定，稳定在利润的 170% 以上。我们还看到了万华化学显而易见的高成长性平抑了周期波动的真实的高增长。第一个 5 年的经营性现金流是 183 亿元，第二个 5 年的经营性现金流是 796 亿元，5 年 4.35 倍。

2. 通过现金流结构特征为企业"画像"

前面所探讨的现金流专指经营性现金流，现金流对于企业犹如血液。通过经营活动产生现金流，就像良好的造血功能，对于企业的新陈代谢具有重要意义。经营性现金流是企业维持运行及实现发展的基础，对于我们这些眼光挑剔，志在寻找优秀企业的价值投资者而言，企业自身具有良好的造血能力是基本前提，这是理所当然的要求。优秀企业经营日常业务，犹如好学生经营自己的学业，考试成绩绝不是学业的全部，却是非常重要的必要条件。好的考试成绩对于好学生是必备的特征，优良的造血能力也是判断企业是否优秀的一个基础条件。作为学生，学业是本分。同理，作为企业，经营主业是本分，连日常主要的经营活动都产生不了优良的现金流的企业算什么优秀企业？

A 股市场发展时间短，投资者普遍不成熟。以往出于对普通投资者进行保护的目的，审核制下对 IPO 企业的各种条件要求严格，这使得绝大多数上市公司在 IPO 时已经是很成熟的企业了，自身的造血能力在相当程度上是可以保证的。但是，近年来，随着注册制慢慢普及，初创企业上市融资的环境越来越宽松，会有越来越多暂时没有盈利能力，甚至自身没有造血能力的初创企业上市。

如今有前景的初创企业背后都有强大的资本力量在支撑，如滴滴、美团、拼多多，在这些新经济领域里，自诞生之日起，就面临"你死我活"的殊死搏斗。不计代价，不计成本，补贴烧钱抢市场，根本不在乎盈不盈利、能不能造血。等到胜负已分，行业格局成型，才会开始以正常模式运营。处于自身不具备造血能力的初创阶段的企业是没有优良的经营性现金流的，但并不意味着初创阶段的企业没有投资价值。

滴滴、美团、拼多多这些最终胜出的企业，初创阶段反而是最佳的投资窗口。但这只是从后视镜角度得出的结论，投资初创阶段没有经营性现金流的企业需要更为强大的认知能力，在企业做出成绩之前就能对其发展前景给予准确把握。本质上这属于风险投资的范畴，与投资成熟的优秀企业在逻辑上是有本质区别的，风险和不确定性也不可相提并论。以正常模式运营的成熟企业，对其自身的造血能力应该有苛刻的要求。

投资性现金流显示企业投资活动花掉的钱。企业要发展，持续的资本投入是必不可少的，投入的资本会形成营运资本、固定资产等长期资产和权益（主要是并购的股权）。其中，营运资本属于经营活动，固定资产等长期资产和权益则属于投资活动。"购建固定资产、无形资产和其他长期资产支付的现金"反映长期资产的投资，"取得子公司及其他营业单位支付的现金流量"反映并购等权益类投资活动。这是两类为了企业扩张而进行的真正的投资活动，而"投资支付的现金"则是为了财务目的而进行的理财性质的投资活动，与企业的扩张和长期发展不相干。这两类投资分别对应内生式和外延式两种模式的成长。通过分析投资性现金流，不但可以体现出企业寻求成长的意愿、动能和企业的进击力，还能体现出成长的途径和方式。

筹资性现金流显示企业通过外部融资找到的钱。资金是企业的血液，资金一边消耗一边需要补充，补充一方面要靠经营活动的造血，另一方面要靠筹资活动的外部输血。外部融资主要有两种方式：债和股权。增发股权融资会稀释控制权，摊薄股东收益，但好处是所融资金没有偿还压力。债又分两种形式：借款和债券。债须到期偿还，还有使用成本，因此会产生财务风险，借的债越多，还债的压力越大，财务风险越大。大量用借债补充投资活动的资金缺口，一旦投资项目产生的回报不足，偿债出现违约，极易发生资金链断裂。资金链一旦断裂，一切归零。这就是过度使用财务杠杆的风险所在。

将三种性质的现金流结合起来，就是一家企业的现金流结构。不同的现金流结构特征展现出不同的企业画像。通过现金流结构特征，我们可以快速勾勒出一家企业的大体轮廓，得出第一印象。也可以在对企业有了相当程度的了解后，利用现金流结构对我们的认识进行验证。三种现金流按照优和劣进行定性（其实对于现金流的优劣，仅经营性的有实质含义，而投资活动和筹资活动的现金流无优劣可言，这里优仅代表现金大量流入，反之则为劣），并且按照经营性、投资性和筹资性的顺序排列，组合到一起，一共会产生八种结果。其中，经营性现金流为"劣"有四种情况，这四种情况对于正常经营的成熟企业来说，直接排除，不予考虑，因为连日常的经营主业都挣不到钱的企业，是怎么都说不过去的。剩余的经营性现金流为"优"的四种组合分别是：优优优、优优劣、优劣优、优劣劣。

"优优优"的企业意味着八面来财，想来是一种人人艳羡的状态。但是，这在逻辑上是矛盾的。经营能赚回大把的钱，又不再投资烧钱，之前的投入到了回报期，能带来大把的投资收益，富得流油又没处花，却又大肆融资找钱。这是正常思路解释不通的，事出反常必有妖，选择远离就好。

"优优劣"的企业同样是富得流油，就完全符合逻辑了。手握大把现金，又没有用处，于是用来偿债或回报股东。这样的多金企业，如果是常态，筹资支出以回报股东为主，那就是我们通常所说的"现金奶牛"。"现金奶牛"的问题在于没有扩张的思路或机会，守着一份殷实的家业自我满足，缺乏进击力和持续发展的动能，成长性不足。可能大家都会喜欢，但对于投资人的吸引力仍然不足，投资人还要求它有不满足现状的进取心。

"优劣优"的企业就展现出十足的进击力。自己能挣钱，但不满足，依然大笔融资找钱，将自己挣的钱和找来的钱都投入扩张事业上。这是投资人非常喜欢的对未来充满希望的积极状态。但是，这样的企业又不免让人担心，理想很丰满，现实往往难遂人愿。过于激进的冒进就是蛮干。蛮牛似的硬拼硬闯，是蕴含巨大风险的。

"优劣劣"的企业就稳健得多。自己能挣钱，不另外找钱，将挣的钱再投资，有多少米下多少饭。有能力，有进取心，懂得优化资本结构，适当回报股东，稳健持重，踏实老成，是企业可持续发展的最佳状态。

由此可见，在现金流画像的众多类型中，价值投资者感兴趣的只有三种组合——"优优劣"的现金奶牛、"优劣优"的野蛮疯长和"优劣劣"的稳健增长，涵盖了我们通常所说的价值股和成长股。涉及具体企业的投资价值，还要具体问题具体分析，现金流结构只是一个分析的角度，且不存在固定的公式。在进行分析时，前面提到的将过去 5 年及 10 年的现金流分别进行加总，以 5 年为间隔进行整体分析的方法同样适用。

以伟星新材为例，在2016—2020年的5年里，经营性现金流净额一共是51亿元，投资活动的净额一共流出12亿元，其中购建长期资产一共流出10.11亿元，并没有并购行为，因此，内生式的扩张是投资的主要方式。结合各年的"销售商品、提供劳务收到的现金"及"经营活动产生的现金流量净额"的具体数据，不难看出，伟星新材在这5年里的扩张及成长是十分有限的。筹资活动一共流出27.2亿元，其中分红30.3亿元，占到经营性现金流的59.4%。由此可见，伟星新材是一个典型的"现金奶牛"，经营稳健，现金流充足，缺乏扩张动能，手握大把现金没有用处，大部分分给了股东，成长性不足。

再看牧原股份，在2016—2020年的5年里，经营性现金流净额一共是376亿元，但投资的净额一共有742亿元，购建长期资产流出748亿元，基本吻合。没有外延式并购，因此扩张方式是内生式投资。巨大的投资带来高速的扩张，在2011—2015年的5年里，经营性现金流净额一共只有21亿元，"销售商品、提供劳务收到的现金"一共是103亿元，而在2016—2020年的5年里分别是376亿元和1 065亿元，5年里实现了巨大的飞跃。但这种飞跃主要是依靠外部输血完成的，近5年，筹资活动净额流入499亿元，其中靠借款和发债共融资719亿元。也就是说，近5年的高速扩张所需的资金基本都是通过外部输血支撑的，绝大部分通过借款和债券的"债"的形式，其自身的造血功能仅仅够应付到期偿债的需求。仅通过现金流就能给牧原股份画出一幅"蛮牛"的画像，高速扩张，冲劲十足，但资金需求主要依靠"债"的形式加杠杆，激进蛮干，在实现发展的同时蕴藏了不小的风险。

万华化学则是另一番景象。在2016—2020年的5年里，经营性现金流净额一共是796亿元，但投资的净额一共是620亿元，购建长期资产流出614亿元。同牧原股份相同，万华化学也是依靠内生式投资实现高速扩张的。在2011—2015年的5年里，经营性现金流净额一共只有183亿元，"销售商品、提供劳务收到的现金"一共有1 158亿元，而在2016—2020年的5年里分别是796亿元和3 515亿元。

万华化学的高速扩张相比于牧原股份的野蛮疯长稳健得多。万华化学的扩张完全由自身的造血能力支撑，近5年，筹资活动净额流出45亿元，给股东分红和支付利息一共是 260 亿元。也就是说，近 5 年的高速扩张，万华化学没有依靠外部输血，完全依靠自身的造血功能支撑了高速扩张的资金需求，同时还有剩余来适当回报股东。相较之下，万华化学的高速成长才是稳健的、可持续的最佳状态。

六、警惕财务造假

财务报告的专业性极强，利益相关者对财务报告的依赖性也极强。投资者获取企业的信息，做出相关决策，财务报告是一条重要的路径。但是，由于会计的专业性和复杂性，外部人员想弄清楚企业报表的来龙去脉几乎不可能，所以，资本市场对企业的信息披露有较高要求。证监会要求企业把自己的报表数据和真实状况解释清楚，但企业呢？有些企业的做法是，你让我说啥我说啥，没要求我说得绝口不提。这似乎是一种怪现象，自信的企业应该生怕别人不了解自己的好才对，应该主动解剖自己，将自己一览无余地展现在公众面前，接受公众的审视才对。然而，个别企业的情况却恰恰相反，藏着掖着，能不说就不说，其信息披露的质量难以让投资人满意。

事实胜于雄辩，这种现象只能说明有些企业对自己的财务报告是不自信的。这也很容易理解，前面在谈利润的"多变"时，我们详细探讨过会计的可选择和可操控，有操控空间就会有操控行为，这是人性使然。那么，我们看到的就已经是企业愿意让我们看到的最好面貌了。企业刻意美化报表，就像化妆一样，情理之中。但凡事都有"度"，超越了"度"的界限，就会量变引起质变。对于财务报告而言，质变就变成了舞弊，通俗地说就是"造假"。

至于这个"度"怎么拿捏，就是企业的问题了。但是审计准则中有清晰的标准，就是审计重要性。审计重要性是指会计报表中错报或漏报的严重程度，这一严重程度在特定环境下可能会影响会计报表使用者的判断或决策。

对于投资人来说，本来应由注册会计师"把的门"变得不牢靠。我们必须使用财务信息，但又无法信任财务信息，这使得投资人处于两难的境地，使得本来就复杂的财务分析工作的难度倍增。财务分析的基础是财务数据是大致真实的，如果连这个基础都不存在，那么财务分析就失去了意义。

财务造假是投资人不得不面对的现实问题，这给投资活动无形中增添了许多难度。

事实摆在眼前，财务造假不得不防，对于财务数据理应保持谨慎的质疑态度。对待处心积虑的造假者，谨慎的质疑态度是难能可贵的优良品质。这对价值投资者提出了一项新的能力要求——侦探思维。

运用侦探思维来对待财务造假的问题，就是合理运用假设推定的逻辑，根据线索排除或认定嫌疑的过程。财务造假也跟犯罪一样，首先要有动机，财务造假也有其背后的驱动力。其次要有实施方式，也就是手段，对应财务造假，是要虚增收入，还是要减少成本费用？是要虚增资产，还是要虚减负债？是要单纯通过会计游戏来实现调节的目的，还是要虚构业务来造假？最后，犯罪必定会留下一些线索。会计的复式记账使得财务报告的三大报表之间的钩稽关系环环相扣。说了一个谎，就要为了圆谎继续说谎，造假必定会留下越来越多可疑的痕迹。动机、手段和线索可以成为投资者应对财务造假的有力工具。

1. 财务造假的动机

财务造假的动机就是利益，每件财务造假事件的背后无不是巨大的利益驱使。作为资本市场主角的上市公司，身处各种利益交织的旋涡中。有利益就有诱惑，有诱惑就产生动机。

股票增发、发债、"保壳"、市值管理、缓解业绩压力等具体的目标都会成为财务造假的动机。然而，所有的目标无一不是源自利益的。现代企业所有权与管理权分离，由于代理问题产生的矛盾，经营者本身就存在为了自身利益损害股东利益的倾向，自然也有通过财务造假完成考核指标的动机。现实中也存在个别大股东既是所有者又是管理者，大股东控制上市公司的情形。由于见不得光，必定要穿上虚假的合法的外衣，财务造假就在所难免。

以康得新为例，康得新 2014—2018 年的平均滚动市盈率为 33.76 倍，累计虚增营业利润 115.24 亿元，平均每年虚增的营业利润为 23.05 亿元。

1）造假收益

造假带来的市值 = 净利润 × 市盈率 =23.05×(1−25%)×33.76=583.63（亿元）。实际上，康得新最高的市值曾经达到 1 700 亿元。

2）造假成本

所得税 = 营业利润 × 所得税税率 =115.24×25%=28.81（亿元）。

增值税 = 累计虚增的收入 × 增值税税率 =270.99×17%=46.07（亿元），累计虚增的收入按照康得新披露会计差错更正公告中（公告编号：2021-018）2015—2018 年的营业收入调整金额相加，增值税直接按当时的销项税率，不考虑进项抵扣情况。

中间费用 = 营业收入 ×10%=27（亿元），包括造假过程中资金流转产生的费用、手续费、汇兑损失、物流费用等。这里按照营业收入的 10% 可能存在较大的误差，但不影响最后我们要说的结论。

造假罚款 =60 万元，这里以证监会的顶格处罚，并且造假被发现概率为 100% 得出。造假收益减去造假成本的差额即财务造假所带来的财富增值。造假财富增值 = 造假收益 − 造假成本 =583.63-(28.81+46.07+27+0.006) ≈ 481.7（亿元）。也就是说，康得新用了约 91 亿元的造假成本，撬动了约 482 亿元的市值，可谓一本万利。

造假成本的低廉在客观上纵容了造假行为的发生。长期以来行政处罚顶格是 60 万元。尽管 2020 年 3 月 1 日开始施行的新《证券法》将信息披露违法行为处罚上限提高到 1 000 万元，但这相比巨大的利益而言仍是九牛一毛，对作奸犯科者起不到震慑作用。

2. 财务造假的手段

这些上市公司财务造假的核心目的无非是迎合资本市场，投其所好。资本市场想要什么，他们就照猫画虎做出来。上市公司财务造假的具体手段可谓五花八门，但追本溯源，财务诡计万变不离其宗，无非就是无中生有和移花接木。不同企业的造假虽然最终都被定义为财务造假，但财务上的假只是结果的反映。不同的造假手段千差万别，有颇具技术含量的，也有简单粗暴的，有纯粹利用财务手段美化经营事实的，也有处心积虑虚构业务，一"假"到底的。财务造假通常伴随着业务造假，从这个意义上讲，将企业的造假全部归咎于财务是有失公允的。

扪心自问，作为投资人的我们，最在乎企业的哪一点？我想十之八九会说是强大的盈利能力和持续高速的成长。所以，几乎所有的财务造假都是围绕虚增利润展开的。利润＝收入－成本－费用，因此，理论上虚增利润的两条路径无非是虚增收入和虚减成本费用而已。

收入造假的手段通常有确认虚假收入、提早或推迟确认收入、将非经营性收入移花接木、利用并购操纵收入等几种形式。

确认虚假收入的意思就是本来没有的收入无中生有。在实践中有以下几种手段。

（1）确认没有经济实质的收入。什么是具有经济实质的交易呢？至少应该具备等价交换的特性。我们用钱买商品，钱和商品的所有权都发生转移。付出劳动，得到钱，付出的劳动和得到的钱是相对等价的。但是，并不是形式上符合所有要件的交易都具有经济实质。举个例子，两家企业签了一份售后租回的合同。A 把设备卖给 B，同时又把设备从 B 处租回来自己使用。B 给了 A 一大笔钱，A 再以租金的形式让这一大笔钱慢慢流回 B。这笔销售从法律上完全符合收入确认的条件，但是整笔交易除了多了一纸合同，好像什么都没发生过，被交易的设备甚至连个地方都没换过。利用没有经济实质的合同虚构收入，是隐蔽性很高的收入造假。

（2）关联交易。关联的两家公司之间买卖商品，不管他们之间怎么转来转去，最终都是自己人，相当于钱从左口袋到右口袋。然而，在报表里对这些关联交易确认收入没什么意义，都是自欺欺人的。如今的关联交易越来越隐蔽，关联方们通过一系列的协议来互相控制，各方的关系错综复杂，很难识别。

（3）将交易流水做成收入。这种虚假收入并不高明，好比银行将贷款业务的本金回款和利息一起作为自己的收入。当然，企业不会明目张胆地这么干，他们会对复杂的业务偷换概念，让虚假的收入看起来合理。美国的安然就是以这种确认流水收入的方式成为全球历史上第 6 家收入达到千亿美元的公司的。

提早确认收入主要有两种情形：（1）合同义务还没开始履行或者履行到一半就确认收入了，例如，在乐视花样百出的造假手段当中，就包含通过与客户签订并未实际执行的广告互换框架合同虚增收入；（2）将尚不满足收入确认条件的销售提前确认收入，例如，卖出商品对方还没验收，说不定对方要退货，或者买方只能付一半的货款，就着急全部确认收入。

推迟确认收入不会增加当期的利润，但会增加以后期间的利润，属于实打实的利润操控。举个例子，本来今年的目标是完成1亿元的收入，但是今年刚好碰到行情火爆，完成了2亿元的收入。管理层想，为什么不把多出来的1亿元在以后年度里确认呢？这样年年都可以完成目标，绩效奖金年年都可以拿到最高。对于企业来说，资本市场希望看到的是稳扎稳打、一步一个台阶的可持续增长，而不是忽高忽低的业绩表现。基于各种诉求，于公于私管理层都有在好的年份隐藏收入，用于以后年度平滑利润之需的动机。

将非经营性收入变成经营性收入，相应的非经营性利润就成了经营性利润，投资或筹资活动产生的现金流就成了经营性现金流。这并不影响利润和现金流的总额，但结构会发生改变。术业有专攻，评价一家上市公司是否具有竞争优势，主要关注其主营业务。为了迎合资本市场，市场喜欢什么，管理层就会给什么。他们会把其他收入包装成主营业务收入，这样就能向市场传递积极信号。其他业务收入往往是企业偶然发生的与主营业务无关的利得。

并购涉及大量的资产评估工作，并以评估为基础确定交易对价。而资产评估的主观性很强，企业是很容易通过并购来藏污纳垢的。典型的有以下两种形式。

（1）一般并购活动历时时间长，在谈判过程中，收购方要求被收购方隐藏并购活动期间产生的收入，等并购完成一次性释放，这样就能向各方证明，并购的"协同效应"立竿见影。

（2）举例说明，双方确定的交易对价本来是10亿元，但收购方给了12亿元。不过，未来三年你必须买我2亿元的商品。收购方多付出的2亿元变成了"商誉"，而未来则虚增了2亿元的收入。

利用并购的收入在操纵上无外乎这两种形式，本质上还是利用双方的虚假合同，虚构交易事实。

相对于收入，成本费用造假的手段也无外乎上述收入的几大类情形，只是反着做。收入的造假很可能伴随着要多交增值税，而成本费用的造假连带的显性成本也省了。

不确认当期成本费用，通常有三种方式：（1）将不该资本化的费用进行资本化，其中研发费用通常是费用造假的重灾区，乐视研发费用的资本化率高达60%；（2）资产的折旧摊销速度过慢；（3）该计提的资产减值不计提，或者随意通过减值的提取和转回操控利润，獐子岛的扇贝逃跑闹剧就是代表。

提前确认未来的成本费用。由于会计对待支出的原则是，要么费用化，要么资本化，不确认当期成本费用，就是变相增加了相关资产，进行了资本化。资产通过折旧、摊销、减值逐渐进入损益，影响利润。所以，不确认当期成本费用相当于推迟确认成本费用。相应地，和推迟确认收入同样的逻辑，企业有时也会有提前确认未来的成本费用的动机。

将经营性成本变成非经营性成本。和将非经营性收入变成经营性收入相同的逻辑，将经营性成本移花接木，意图也是使主营业务的利润好看。转嫁经营性成本，可以使主营业务的毛利率增高，这是资本市场希望看到的。

另外，还有一些其他隐藏、转嫁成本费用的花招很隐蔽。比如，将成本费用归集到"特别目的的实体（SPE）"，这些"特别目的的实体"根据某种特殊目的而设立，并非为了经营，根据会计准则可以不纳入合并范围，因此，通过这些"特别目的的实体"，带走了成本费用和损失。这是当年安然惯用的财务造假手段之一。殊途同归，个别公司更多地利用构造错综复杂的关联关系，让不并表的关联方承担成本费用和损失。又如，将成本费用和损失归集到少数股东占比很大的非全资子公司，让少数股东分摊大比例的成本费用和损失。乐视长达10年的造假过程，造假手段层出不穷，有些很低级，简单粗暴，有些却很"高级"。利用少数股东推高归母利润这一招，是我认为最具技术含量的"高招"。

复式记账被公认为一项非常伟大的人类创举。复式记账使每项独立的经济业务都在两个或两个以上相互关联的账户中进行记录，不仅可以了解每项经济业务的来龙去脉，而且在全部经济业务都登记入账以后，可以通过账户记录全面、系统地反映经济活动的过程和结果。各账户间有严密的钩稽对应关系，所有互不相关的独立业务最终形成了一个相互关联的有机整体。

由于复式记账的原理，为了维持虚增利润而使报表重新达到平衡，必定要调整报表里的其他项目，就像天平的两端，一边重了，另一边必须加码才能维持平衡。利润虚增，成为未分配利润进入所有者权益。根据会计恒等式"资产＝负债＋所有者权益"，利润增加，要么资产增加，要么负债减少，才能维持这个等式的平衡。所以，财务造假在虚增利润的同时，必定要顾及资产负债表的平衡。换句话说，由于利润的造假，必定牵带出资产或负债的造假。

资产负债表里的每个科目都有可能造假，成为藏污纳垢的垃圾场。以前公认不同科目的造假难度不同。应收、应付、存货造假相对容易，坏账准备和存货跌价准备也是唯一允许转回的资产减值科目，便于连续地进行系统操作，所以成为资产负债表造假的重灾区。而固定资产、在建工程等科目由于需要的原始支持附件烦琐且被高度重视，财务造假的难度大，所以，拿这些科目造假的可能性小一些。货币资金比较容易核查，向银行函证一下基本就水落石出了，造假需要的银行流水、回单、金融票据等原始附件也难以获得，所以，以前认为货币资金最不可能造假，整套财务报表里如果只有一个数据可信，那也是货币资金。但是，近几年发生的案例一再刷新了人们的认知，到康美药业"登峰造极"。

因此，现在对于财务造假而言，没有哪个资产负债表科目是安全的，这为识别资产负债表的财务造假增加了难度。但是，相对于利润而言，资产、负债具有累积性的特点，日子长了，累积久了，垃圾堆积如山，资产负债表容易出现明显的异常，通过资产和负债项目发现财务造假的线索更容易。

资本市场越来越聪明，相比过去，对现金流量越来越重视。资本市场想看到什么，财务造假的触手就会伸向哪里。近年来，针对现金流量的造假也越来越"专业"。他们会把筹资性现金流入变成经营性现金流入，把经营性现金流出变成投资性现金流出，也会为了增加经营性现金流而使用各种盘外招。

1）把筹资性现金流入变成经营性现金流入

投资人重视的是经营性现金流，依靠经营活动产生不了现金流入，怎么办？能不能把筹资得来的钱变成经营性现金流入？

（1）抵押存货借款。企业会把存货抵押给银行，然后从银行那里贷款，制造出把存货卖掉收到钱的正常销售假象。这样就把筹资性现金流入变成了经营性现金流入。

（2）应收账款保理。为了尽快回笼资金，企业有时会把应收账款以一定的折扣打包卖给第三方，这称为应收账款保理。其中最关键的地方就是第三方有没有追索权。通俗地讲就是，如果这些应收账款收不回来，那么第三方是自己吃亏，还是仍对原债权企业有追索这些坏账的权利。如果将信用风险完全转移至第三方，那么企业的应收账款就换成了银行存款，相应的现金流入就是经营性现金流入。但是，如果风险没有被转移，就只是通过抵押应收账款来借入一笔资金，那么相应的现金流入就是筹资性现金流入。造假企业会利用应收账款抵押借款来冒充经营性现金流入。

2）把经营性现金流出变成投资性现金流出

如果企业的经营性现金流入不变，将经营性现金流出变成投资性现金流出，就会增加经营性现金净额。美国世通公司将其经营过程中正常购买的通信线路成本予以资本化，就使得经营性现金流出虚减。2000年和2001年，美国世通公司通过这种操作方法虚增经营活动现金净额50亿美元。

除了在现金流结构上做手脚，为了达到虚增经营性现金流的目的，企业也会使用一些"打肿脸充胖子"的损招。

（1）延迟支付供应商货款。供应商为了尽早回款，通常会提供给企业商业折扣，比如，30天之内付款，享受2%的折扣。延迟支付相当于放弃了这些折扣，虽然会提高本期的经营性现金流，但是对于企业没有任何好处。试想，什么样的理财产品能够达到年化20%～30%的收益率？然而，就是有企业为了一个好看一点的现金流数字，宁愿放弃这唾手可得的20%～30%的眼前收益。

（2）提前收回应收账款。与延迟支付供应商货款相反，企业会提前收回客户货款，付出的代价是要给予客户更大的折扣。

（3）减少采购而让现金流更加强劲。这样做虽然增加了报表里的现金流数字，但是对于企业来说无异于削足适履，降低了资产的周转效率，更有可能贻误生产时机。

我们从三张报表入手，系统阐述了财务造假可能采取的手段。方法千变万化，但万变不离其宗，总结下来，无非两个目的：优化经营性利润和优化经营性现金流。围绕这两个核心目的抽丝剥茧，再复杂、再隐蔽的造假手段就都容易理解了。

3. 财务造假的线索

我们探讨财务造假，对于投资者而言，最大的意义莫过于对于造假企业的早期识别。研究企业，要有侦探思维，要用怀疑的眼光看问题。在资本市场中，从信息获取途径上看，一般投资者无疑是弱势群体。我们的判断有赖于企业讲真话，但有时个别企业在介绍自己时，都会是老王卖瓜，含有水分。

但物竞天择，适者生存。在同样的大环境里，有非常成功的人，这就说明这样或那样的问题并不像想象的那样棘手，是有足够的应对办法的。正如财务造假这件事，投资一家真实的企业本就不是一件易事，还要处处提防是不是假的。就算不是彻头彻尾的造假，但水分有多大？妨不妨碍定性？这无疑对纯粹的投资增加了额外的障碍。但是，魔高一尺，道高一丈，假的真不了，再严密的造假逻辑、再高明的造假手段也无法完全掩盖造假的事实。像侦探破案，在每一起案件背后总会露出无法彻底掩盖的蛛丝马迹。财务造假具有连续性，说一次谎话，就要继续说无数的谎去圆谎。谎话越多，露出破绽的可能性就越大。将斑斑点点的可疑之处串联起来，就可以大致推定一个事实。

因此，对付财务造假可直击命脉，去考察经营性现金流。如果经营性现金流惨淡，企业只有"纸面富贵"，那么这个"大款"十有八九是"假大款"。而有的企业造假没有底线，银行的整套票证都可以造假，货币资金都能无中生有，更别说经营性现金流了。康美药业就生造了300亿元现金出来。"大存大贷"、高比例质押股权、有大额存款但没有利息收入等矛盾的现象就能提供线索。

由于要找藏污纳垢的垃圾场，所以存货、往来项目、固定资产、在建工程等科目都有可能造假。但资产负债表具有累积性，积累时间长了，垃圾堆成山，目标大了，想藏也不好藏了。各种异常的周转率很容易暴露目标。所以，造假的企业通常会找机会"洗个大澡"、提个减值。异常的周转率指标和大额没有合理依据的资产减值就是线索。

假的真不了，只要是造假，多多少少都会留下破绽。就像上面提到的利用少数股东承担成本费用或损失，必定会导致少数股东的权益净利率与母公司股东的权益净利率相差甚远，这也是线索。

一个人如果有不可告人的秘密，那么他会全力伪装，会让一目了然的事变得错综复杂，这样他才好浑水摸鱼，不易被发现。这也是财务造假的企业普遍的做派，因为他们做的事情见不了光，就只能藏在阴暗处。他们会把简单的事情做得极其复杂，比如搭建极其复杂的组织架构，充分利用关联关系，将其所做的业务包装得神乎其神，没几个人弄得懂，自然也就不能怀疑。面对质疑，他们会"打太极"，顾左右而言他，创造看似有理但根本立不住脚的蹩脚说辞，把人绕晕，就是不正视问题。这些行事风格虽然露不出把柄，但人是有感知能力的。企业的躲闪行为也可以作为线索。

再者，财务造假的企业想展现好的形象，但分寸不好把握，容易"好"过头。这些超出一般常识的不正常的"好"，本身也是线索。

财务造假是在"作案"，投资者面对财务造假是在"破案"。但是，投资者没有侦探的调查权，因此，调查证据、坐实造假行为几乎不可能。但从中发现疑点并不难，将不能合理解释的疑点串联起来，能大致推测出一个结论。毕竟对于投资者而言，不需要证据确凿，完全可以仅凭怀疑就"淘汰"一家企业。

下面列举一个迄今为止 A 股中造假手段最为复杂、最为"敬业"的案例——康得新，来看一下投资者面对最为隐蔽的财务造假是否有应对之策。

康得新的造假逻辑并不复杂，就是通过虚构业务来实现造假的目的。之所以说康得新的造假手段最复杂、最"敬业"，是因为康得新为了配合虚构业务，下了血本。康得新做出了一整套虚假的业务循环，形成了严谨的逻辑闭环。从合同到产品出库、报关、出口、客户签收，再到资金流回形成资金闭环，一应俱全，在形式上几乎天衣无缝。换句话说，康得新的造假最为隐蔽，实属造假界的"天花板"。

根据 2020 年 9 月 24 日证监会发布的处罚公告，康得新 2015—2018 年通过虚增收入和成本，累计虚增营业利润 115.24 亿元。每年年初，管理层讨论完当年需要虚增的总体收入和利润目标后，会分配给各家子公司。子公司收到目标数据后，根据自身利润表的结构，制作好与虚增收入和成本相关的底稿。总部再汇总相关的虚增数据，确定具体虚增的科目。然后牵头人根据这些底稿的具体情况，就要虚增的收入和成本匹配对应的客户和供应商。

康得新的收入按照地域分为国内和国外。针对国外的客户，先拟订一份虚假的合同，交易对手方由自己的员工负责签字，反正国外的客户签章没那么容易核实。接着将公司库存中那些劣质的 PET 膜出库，把这些 PET 膜的出库单中的商品伪造成光学膜，而光学膜是康得新主营的产品。然后将这些劣质的 PET 膜运送到销售合同目的港，在物流环节拥有真实的货运提单、报关单、报关装箱照片等资料。当把这些货物运送到目的港后，由当地的货运代理公司负责将这些货物运送到印度，免费送给印度的客户。这时候就可以堂而皇之地在账上确认应收账款和收入了。到后来，可能由于收入造假的数据太大或者这些商品的质量实在太低劣了，对方不要了。康得新就跟目的港的货运代理公司说：把这些送给你们吧，由你们自行处置。目的港的货运代理公司说：口说无凭，你们给我出具一份声明。康得新就向货运代理公司出具了一份放弃货权声明，也正是这份声明成为日后坐实康得新造假的关键证据。

在内销方面的造假大同小异，只是会比外销的步骤更少，至此，康得新完成了收入确认的第一环。

第二环需要做出资金闭环，钱从康得新的账上出去，再流回康得新，做出销售回款的假象。实际上，康得新的账上从来就没钱，康得新的钱通过资金归集被控股股东康得集团一扫而空。康得集团、康得新及其三家子公司、北京银行三方签订了一份《现金管理业务合作协议》，约定当康得新及其三家子公司的银行账户上有钱时，自动划转归集到康得集团的银行账户上。

这实质上构成了上市公司和控股股东之间的关联交易。这样的关联交易在进行董事会或者股东大会决议时，有关联关系的股东和董事统统要回避，然而就是这样的交易连续发生了四年，且没有一丁点儿的披露。总之，100多亿元的现金就这样流出去了，而且注册会计师年年向北京银行函证，年年都没有问题。钱从康得新或康得集团转出后，会以多种形式转到国外。至此，康得新完成了资金闭环。

最后一环需要做出和虚构业务相对应的成本费用。成本和费用的造假相对于收入的造假，需要外部配合的环节较少，只需要把购买原材料和服务的相关款项支付出去，然后内部做一些资金平账和相关的底稿数据就可以了。

以上就是康得新造假的整体思路，不难看出，遵循严密的造假逻辑，是多么复杂的一个系统工程。这中间要协调客户、关联方、供应商、第三方公司、员工等方方面面的关系，要想方设法将无中生有的谎言圆得滴水不漏，是需要付出百倍的精力的。如果把这种锲而不舍的精神和聪明才智用在企业的经营管理之上，我想企业也会发展得很好吧。

对于投资者而言，康得新这般严丝合缝、处心积虑的财务造假，和简单粗暴形式的财务造假相比，隐蔽性其实并无差别。早在2017年8月25日，深圳证券交易所就下发了一道对于康得新2017年半年报的问询函，针对财务报表中一些可疑的情况，请康得新做出解释。

（1）大存大贷，账上躺那么多现金又借那么多贷款。

（2）毛利率显著高于同行业，且变化规律与行业背道而驰。

（3）应收账款周转天数从 2014 年的 76 天，增长到 2017 年的 144 天。

（4）出口的港杂费变动比例明显和收入的增长比率背道而驰。

不得不说，交易所问得相当有水平，这几刀下来，刀刀直击造假的命门。一般上市公司应对交易所的询问，采用的都是化骨绵掌，随便搪塞过去。比如，针对上述交易所的第四条询问，康得新解释说：我们收入的增长是因为商品提价了 30%，但是港杂费的变动是跟产量持平的，所以会出现差异。一件商品提价 30% 是什么概念？这绝对不是轻而易举的事情。况且 2017 年的毛利率反倒比 2016 年的毛利率降低了，这怎么说得通？利用常识和简单的财务分析，发现财务造假的线索是不难的。所以，假的真不了，无论造假是严丝合缝也好，还是简单粗暴也罢，想要面面俱到，都是不可能的。造假的"水平"高低，受影响的是注册会计师。对于投资者利用财务报告而言，造假手段隐蔽与否反映在报表上的结果则没有区别。

拥有侦探思维，对财务数据保持合理的怀疑态度；尊重常识，对反常的线索保持应有的重视。当几个疑点可以串联起来，形成"证据链"时，对这样的企业要慎之又慎。千万记住，投资者手握"生杀大权"，完全可以仅凭怀疑就"淘汰"一家企业。优秀的企业有很多，好的投资机会也会不断出现，对待有"嫌疑"的企业采取"杀无赦"的坚决态度，也许是最好的选择。企业造假与否是需要很长时间才能验证的。以往的造假大案多数都是因为偶然的事件才揭开冰山一角，证监会立案全力调查才水落石出的。就像康得新，是因为 15 亿元的债务违约才东窗事发的，账面上有 150 亿元现金，却连 15 亿元的到期债务都还不起。碰不上这件事，康得新还安然无恙。财务造假的企业如果能将编织的谎言一路圆下去，发展壮大，也许会持续很多年，但对于投资者而言，君子不立于危墙之下，大丈夫有所为有所不为。

第五章

估值艺术

价值投资同任何一门艺术形式一样，需要技术做支撑，技术不可或缺。但价值投资更多地体现出其艺术性，所做工作以定性居多。这其中，又以估值体现得最为透彻。

估值是以诸多"定性"的判断为依据，向"定量"的结果所做的一次"飞跃"尝试。其中定量的过程涉及诸多方法和参数的确定。这实际上都是"火候"的拿捏，"火候"的不同对应输出结果的差异。估值的艺术性可见一斑，如图 5-1 所示。

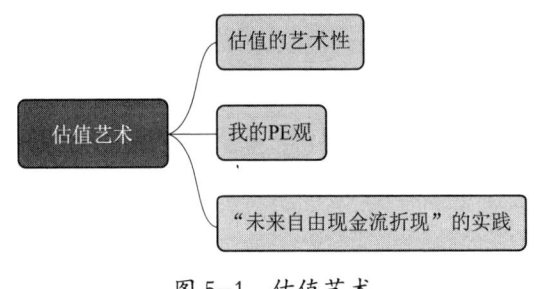

```
                    ┌── 估值的艺术性
        估值艺术 ────┼── 我的PE观
                    └── "未来自由现金流折现"的实践
```

图 5-1 估值艺术

一、估值的艺术性

艺术相较于技术而言，具有输出结果多样化的特征。比如唱歌，不同的人唱同一首歌，唱出来的味道千差万别。投资也具有这样的艺术性，不同理念的投资好比美声、民族、通俗等不同唱法。我们所遵循的价值投资是其中的一种唱法，相同的理念，相同的方法，相同的技巧，产出却完全不同。这种差异不像技术高低对应产品品质的些许优劣，而是"是与非"这种本质上的巨大差别。

艺术普遍具有这样的特性，百花齐放，风格各异，结果不唯一，审美标准不唯一。同一层次很难比较高低，就算强行进行比较也会带上浓重的主观色彩。所以，任何一场选秀的结果都不可能客观，第一名不一定是最好的。但不在同一层次的，主观比较出优劣，就很简单也很准确。这其中的缘由就在于对艺术深层的理解和对"火候"的拿捏。理解深度决定层次，对"火候"的拿捏决定造诣。越是登堂入室的大家，对"火候"的拿捏越炉火纯青。

价值投资也是一样的，看似核心理念都一样，方法、技巧也一样，不同的人输出的结果却千差万别，在根本上还是由理解深度和对"火候"的拿捏决定的。对价值投资各要素的理解深度决定了投资人的层次，生意模式、竞争优势、企业文化、自由现金流、折现率、确定性、风险观……这些要素是每个投资人都必须面对的关键点。

然而，这些关键点都没有标准答案，甚至没有绝对的是非对错，每个人有每个人的理解，理解的深度不同，体现了不同的功力。"火候"就是尺度和分寸，价值投资是最能体现"差之毫厘，谬以千里"的一个领域。价值投资处处需要做判断，并且多数判断只能定性而无法定量。但是，对于赚钱这个实实在在的定量目标来说，由定性向定量的尝试又是必不可少的。

因此，对尺度和分寸的把握、对"火候"的拿捏就至关重要了。对买卖点的拿捏、对仓位分散程度的拿捏、对估值变量的拿捏都是建立在对生意模式、竞争优势、产品评价、企业战略、企业文化、管理层能力与品行的客观理性的定性判断基础之上的。由定性的判断飞跃到定量的对"火候"的拿捏，这是投资功力"发威"的舞台，是认知能力最终变现的关键步骤，是由知到行、知行合一的质的飞跃。

在所有需要"火候"拿捏的要素里，最核心、最综合、最能体现价值投资艺术性的是估值。估值艺术具有同其他艺术形式相同的特征。

首先，任何艺术都是需要技术和方法做基础的，艺术性背后需要技术支撑，估值也需要方法。

其次，艺术性的深层理解和"火候"拿捏的功力主要靠"悟"，说教式的被动接受几乎无用。估值用什么方法合理？核心参数定什么数值？市盈率是用20倍还是用25倍？折现率是用8%还是用10%？增长率是用20%还是用18%？预测期是用10年还是用8年？这些问题统统没有标准答案，需要投资者自己去揣摩、去悟。

最后，艺术没有最好，只有更好。因此，对艺术的追求没有尽头，需要不断进阶。估值也是，估值永远是一个范围，内在价值的真实值的的确确存在，但不可知。价值投资者的追求是将这个估值的范围逐渐缩小，并且还能笃定地说真实值就在这个圈里，但永远也触摸不到。

估值艺术显示个人功力，因人而异。对核心之处的拿捏也只可意会，不可言传。我才疏学浅、水平有限，不敢在这艺术殿堂上大言不惭，仅就估值本身谈谈自己的理解和感悟。

二、我的 PE 观

关于估值,首先必须明确估值的含义。这里讨论的"估值"特指估算企业的内在价值。估值是一个被滥用的概念,就像本书的"商业模式决定估值水平的底层逻辑"部分所探讨的,那里的估值水平指的是股价的市场偏好,与内在价值无关。这里所说的估值,估的是企业的内在价值,与股价无关。

谈估值艺术,必先明确估值方法。理论中的估值方法多种多样,一般可分为两大类:相对估值和绝对估值。相对估值法根据参照物的估值倍数乘以估值对象的核心变量数值来确定估值对象的价值。根据核心变量的不同,分为市盈率(PE)、市净率(PB)、市销率(PS)等,还有将几个指标组合起来的,比如 PEG(市盈率 ÷ 增长率),本质上也是以参照物为标准的相对估值。最常用的是 PE。

相对估值在逻辑上存在硬伤,突出表现在三个方面。

一是参照物的估值是否合理以及参照物是否可以代表被估值对象。

二是以一个单一维度的核心变量指标去衡量整个企业,缺乏从全局审视企业的立体观。

三是对应指标是时点或短期的概念,随时变动,甚至剧烈变动,但企业价值相对固定。

唯一的优点就是简单。

绝对估值有严谨的估值理论作保障,只要参数选择合理,结论的合理性也可以得到保障。缺点是变量多,确定变量取值困难,"差之毫厘,谬以千里",实用性不强。最常用的是现金流折现(DCF),被誉为投资的"第一性"原理。

一目了然,绝对估值相比相对估值、DCF 相比 PE 更科学、更严谨、更合理,因此理应被更重视、更广泛运用。但事实却恰恰相反,PE 在实践中拥有至高无上的地位,成为公认的"核心算法"。

打开券商或者其他机构研究院的任意一份研究报告,估值部分的逻辑都是先预测净利润,然后给出 PE 值,相乘得出估值。专业机构尚且如此,PE 在一般投资者心目中的地位可想而知。整个市场都在开口闭口谈 PE,PE 根深蒂固地影响着每一个人。实不相瞒,至今我在思考相关问题时,PE 仍不请自来。在我开启思维模式之前,就本能地事先得到一个结果。这个结果没有意义,却时常产生锚定效应，对我产生干扰。我想我并不是个例。PE太简单，正因为简单，毫无疑问被滥用了。

PE和利润乘出来的结果是什么？PE是P/E，它和E相乘，得到的是P，Price，是市场价格，而不是内在价值。PE与价值没有任何关系。不仅是PE，PB、PS、PEG，所有带"P"字母的，指的都是市场价格，和价值毫无关系。

内在价值，Intrinsic Value，价值是"V"。用PE估出来的是股价，既然是市场标价，PE反映出来的也仅仅是市场偏好或偏见而已。市场先生具有"抑郁"和"狂躁"的双重人格，喜怒无常，阴晴不定。用一个"疯子"的思维方式做标准，去完成所谓的"估值"，结果可想而知。

市场先生总有正常的时候，他正常时候的偏好是有代表性的，用这个PE去估值，结果具不具有合理性？这样得到的PE，在逻辑上虽讲得通，但如何保证市场偏好不发生变化？我们知道，商业模式决定市场偏好，PE的合理取值取决于具体的商业模式。企业是发展的，具体的商业模式是不断变化的，正常的PE如何衡量？如果用历史数据，那无异于技术派的看图画线。如果用参照物的PE，参照物的可代表性是存疑的，即使具有代表性，那参照物的合理PE又该如何确定？再去寻找另一个参照物吗？这将是一个无解的死循环。如果用行业的合理PE呢？所谓行业，只是披的外衣相同而已，个体却千差万别。用总体代表个体，在逻辑上就行不通。那合理的PE从何而来？就只剩一条路径可走。

回到商业本身，由企业的具体业务去拿捏PE的合理取值，并根据变化动态调节。这样做需要极强的商业洞察力和对目标企业深入的了解。而且这样做的难度绝不亚于估计核心参数去做现金流折现。

因为现金流折现只需关注目标企业，而PE不仅要关注企业本身，还要关注市场反应。市场偏好说到底是一个很不可靠的经验总结。市场在变化，投资者的结构在变化，投资者的素质在变化，市场的偏好也是不断变化的。PE终究是一个虚无缥缈的东西。

退一万步讲，就算能得到一家企业分毫不差的PE值，也没有多大用处。PE将市场价格的决定因素全部归结到利润的单一因素之上，本身就是逻辑硬伤。市场价格以内在价值为基础，影响因素纷繁复杂，岂是一个单一的利润能涵盖得了的？利润本身也是虚幻和多变的，PE无论是从原理上还是从操作上，都不具备合理估值的功能。

那么，该如何解释PE"地位"的强烈反差呢？我的理解是，PE之所以运用广泛，不是因为PE合理、适用，也不是因为找不到更好的方法，退而求其次，仅仅是因为PE简单。

市场中这样的现象不少，明明知道正确的是什么，但就是不朝正确的方向努力。大家会变通出另一条"捷径"，达成共识，进而得出另一套公认的标准。我觉得原因仅仅是，变通出的路是一条平坦的路，并有合理的成分，但正确的路上却有一座山要翻。PE的地位就是这种逻辑最典型的产物。

PE多简单，拍脑袋给出10倍、20倍、30倍、50倍的取值如探囊取物，用随意获得的标尺就可以量天下。股市本身也是一个很好的例证，在形式上还有比"一买一卖"更简单的事情吗？但股票真的简单吗？复杂的事情可以尝试用简单的逻辑进行表达，所谓"大道至简"，但寻求用简单的逻辑试图"偷懒"就大错特错了。然而，这种错误在市场中随处可见。

否定PE的重要性，容易矫枉过正。我对PE的态度是，PE有一定的合理成分，没必要完全否定。市场先生有荒唐的一面，也有智慧的一面。在市场长期的交易实践中，总结出的合理的PE值是具有一定参考意义的，这不可否认。PE不具备估值的功能，不能用来估算内在价值。但市场有市场的逻辑，市场上都在用PE估值，我们反手可以利用PE去了解大多数人并不正确的逻辑，为自己所用。

价值投资者要不要挣市场的钱？我的观点非常鲜明：要。那怎么挣？当我们以内在价值为标准，非常肯定股价已经被极度高估时，应该准备撤离。但是不是马上撤，我的习惯是窥探这时市场是怎么想的。如果用市场所共识的PE估值仍合理，股价仍在稳健上涨，那么仍可踏实地挣一段市场送的钱，直到市场产生大的分歧；反之亦然。让多数人信奉的PE估值成为你挣市场的钱时的风向标，窥探大多数人的想法是否可能转向，这可能是PE对真正的价值投资者的最大用处。

PE并非无用，也绝不值得重用。但对于估值而言，PE确实无用。

三、"未来自由现金流折现"的实践

"变通的方法不合理，合理的方法行不通"，这是对企业进行估值时普遍面临的困境。内在价值的含义和估值理论都很完善，但用于实践，困难重重。这是一项艰巨的任务，但绝不应该因为路难走就去改道变通。内在价值的内涵就是未来自由现金流折现（FCFF），所以，对企业进行估值最合理、最正确的方法就是运用FCFF，无须去变通寻找其他路径。FCFF的原理很简单，但要运用到实践中，确实要面临很多问题。下面我尝试对运用FCFF进行估值时可能遇到的阻力进行全面分析，并探讨可能的解决途径。

在第一章中我们对FCFF的原理及每个变量和参数均进行了深入透彻的剖析，这里不再赘述。如有疑问，请回到第一章，温习相关内容，这对理解接下来的探讨大有裨益。

FCFF的原理很简单，就是把一家企业未来存续期内每一年获得的自由现金流折现后加总。这里面只涉及一个变量和两个参数。一个变量是每一年的自由现金流，两个参数是折现率和时间。理论上虽如此简单，应用起来却存在三个很棘手的问题。

（1）内在价值是企业未来存续期内产生的所有自由现金流的折现，可存续期是多少年？企业能存活30年还是50年？如何确定？"月有阴晴圆缺，人有旦夕祸福"，一家企业在竞争的大潮中命运多舛，能存活多少年根本不可预测。

（2）估计出企业存活的时候每一年产生的自由现金流，说一说很简单，但明显不具有可操作性。想要预测一家企业第二年的利润都难如登天，更别说预测今后每一年的自由现金流了。5年、10年以后企业是什么样子的，很可能连管理层都预想不到，要预测企业未来存续期内每一年的自由现金流，纯属天方夜谭。

（3）折现率如何确定？折现率的微小差异就可能导致估值结果的天壤之别。

正是面临这些无法回避的棘手的现实状况，FCFF的实用性大大降低。以常规的逻辑，FCFF显然是无法操作的。要实践FCFF的思想，只有引入一系列假设来为变量和参数赋值。这样一来，FCFF就引申出几种不同的模型。

区别就在于企业获得一系列自由现金流的规律特征不同，于是就有了不增长模型、两段增长模型、三段增长模型的区分，也相应引入了预测期、永续期的时间维度和不同阶段的增长率参数。模型的建立使FCFF具有了可操作性，但随之而来的是模型与企业实际经营情况的适配性问题。

模型显然低估了企业未来自由现金流的复杂性，对存续期的处理也过于理想化。模型假设预测期内自由现金流以一定规律变化，两段增长模型假设预测期内自由现金流以一定的增长率线性增长；三段增长模型假设预测期内自由现金流虽然不是线性增长的，但是其将整个预测期一分为二，在每段时期内又是以各自固定的增长率线性增长的，前高后低。如此理想化的增长模型，现实中符合的企业少之又少。

另外，几乎所有模型都理所当然地将预测期之后的存续期简化为永续，对永续期按照极简的假设进行处理。但企业绝不可能永续地经营下去，所以，假设企业以预测期最后一年的自由现金流永续经营下去，甚至假设永续期以一个低速永续增长下去，这是显而易见给予了溢价的。在第一章里，关于企业的存续期，我提出了一个观点：当预计一家企业未来大概率可以撑过30年时，我们可以近似将其看作永续经营对待。因为"折现率为10%，期数为30"的复利折现系数为0.057 3。也就是说，在30年之后，在合理的折现率之下，预测产生的自由现金流经过折现，对真实内在价值的影响不会超过现金流总额的5%，这是一个可以接受的误差。但当企业未来的真实存续期远小于30年时，永续假设产生的高估就不可忽视了。实际上，一家企业想活过30年是非常不容易的。

那么，FCFF到底该怎样运用？我认为使用FCFF应最大限度地贴合企业现实，忘掉标准的模型，假设要用，但绝不是模型中简单的线性关系。一切假设均应从企业经营中来，到企业经营中去，建立核心的逻辑关系，避免线性外推的简单思维。

核心逻辑包括收入的增长逻辑，成本、费用与收入的关系，利润与收入的关系，经营性现金流与利润的关系，自由现金流与经营性现金流的关系，以及对企业寿命的合理预估。这些核心逻辑才是能否将FCFF进行到底的关键。对FCFF的应用实际上是建立在对企业商业模式、业务经营及未来前景的深刻理解和把握之上的。即便这个基础坚实无比，我们对未来的掌控也是很无力的，大千世界瞬息万变，不以个人意志为转移。

因此，无论逻辑再合理、态度再笃定，保守是应用FCFF的最重要的原则。我们只能争取在有限的认知能力之内，大致看清楚未来三五年将要发生的事情，对更久的未来，如8年、10年是无能为力的，至于30年、50年，甚至企业的整个未来，那只存在于幻想之中。所以，对一家企业我们可以把握的只有眼下和未来的三五年，对更远的未来只有靠猜测，猜测的依据是企业的商业模式、企业过去的所作所为、企业文化和管理层品行等。

因此，我用FCFF估值的总体原则是：对于可预见的将来，在尽可能长的时间里，建立起估算自由现金流的核心逻辑，逐年估计；对于不可预见的远期，只能靠猜。既然是猜，只能极尽保守，聊胜于无。我发现，在实践当中，预测期的折现额占内在价值的比例通常都很低，以我的观察，这一比例为20%~30%，而永续期的这一比例达到70%以上。可见，对内在价值的影响，永续期的作用最大。

然而，永续期无法建立核心逻辑，只能简化。最重要的部分却只能依靠最不严谨的逻辑简化处理，这是使用FCFF最大的矛盾所在。尽管越远的未来越不可测，但对永续期应更加重视。在我的体系里，实际上并不存在永续期的概念。所谓永续期，实际上是不可预测期，因为没有企业是可以永续存在的。对未来寿命预计会超过30年的企业，可以近似作为永续看待，能使用永续期的简便求和公式。对寿命难以估计，或者没有把握会活过30年的企业，永续假设就是不适用的，其内在价值是无法估计的。适用永续假设的，永续期内的估算也应极度保守。保守具体体现在对永续增长假设的慎用和以足够大的折现率作为安全垫上。

应用FCFF是价值投资艺术性最综合的表现，变量的确定、参数的拿捏都体现着功力。艺术性的问题只能谈原则，至于具体操作则只可意会，不可言传。最后，通过上述对FCFF的剖析，我还想说几点自己的思考和认识。

（1）多数企业的内在价值是不可测的。FCFF站在一家企业的全寿命周期的角度测量其内在价值。而未来是不可知的，尽管我们可以通过严密的逻辑推理，事先对企业的未来略知一二，但是想对整个未来进行掌控却无异于痴人说梦。掌握不了全局，窥测真实的内在价值就不可行。

因此，使用FCFF的目的并不是试图得到一个接近准确的内在价值，只能全面采取保守的态度，以求得到一个确保低估的内在价值。这个确保低估的内在价值对我们的决策也是具有重大价值的。但是，窥探这个显著低估的内在价值，"低"也应低得有限度，否则没有任何意义。你不能拿着结论为"一元"的估值报告，指望它能在决策时帮到你。因此，这个显著低估的内在价值也是在对未来有一定深度的判断基础上形成的。但想要满足这个条件也是艰难无比的，并不是所有企业的整个未来都能被窥测的。相反，多数企业的远期未来完全不可知，不光投资者不可知，连管理层自己对8年、10年后的事情都未必有预见。企业能否存活到10年后，可能都是巨大的问号，企业的发展是走一步看一步的。多数企业的远期都无法建立清晰的逻辑关系，甚至连是否健在都无法保证。因此，多数企业的内在价值根本不可测。

（2）企业真实的内在价值是逐年递减的，但随着时间的推移，优秀企业在投资者心目中的内在价值是不断提升的。企业都会有"寿终正寝"的一天，站在企业"寿终正寝"的那天，以"后视镜"的角度看当前的内在价值，一切盖棺定论，这是一个常量。内在价值的内涵是未来自由现金流折现，所以，以后的内在价值逐年递减。优秀企业在成长期里获得自由现金流的能力逐渐提升，会超出保守的投资者之前的预期。另外，投资者对企业存续期的重视普遍不足，永续的假设"深入人心"，从而导致了优秀企业的内在价值随时间流逝而提升的错觉。从这个角度来看，企业的内在价值是一个动态的变量，变量需要动态评估。

（3）内在价值重要吗？我认为也重要也不重要。精确的内在价值无法触及，于我们也无实际用处。我们只有对少数可以把握的企业做出保守的估计，以求得到一个确保低估的内在价值。对多数企业，我们连接近真实内在价值的机会都没有。这其中也包括了多数的优秀乃至伟大的企业。苹果是迄今为止市值最大的公司，如果以市值来衡量公司的成就，那么苹果无疑是最成功的公司。苹果今天的内在价值该如何确定？这就是一个无法执行的任务。我们可以合理地期待贵州茅台再存活50年，却没法保证苹果20年后仍然存在。

因此，苹果不具备估值的基础条件。无法进行估值的公司就无法投资吗？这也是需要探讨的话题。

马斯克和贝索斯的公司都无法估计内在价值，却并不妨碍他们的公司成为最伟大的公司。由此可见，内在价值能否估计或者估值的高质量并不是能否投资的必要条件。公司的品质和对公司未来的想象空间很重要，估值则次要得多。估值的作用是最大限度地保证你立于不败之地，而无法保证你获得巨大的成功。对商业本质的理解才是投资成功的钥匙。估值的目的不是为无限接近真实的内在价值而努力，而是确保以一个足够低估的价格买到你想要的公司的股票，如此而已。

因为任何企业最终的归宿都是消亡，盛极而衰，价值逐渐归零。这趟车程的大背景就是一场价值的毁灭之旅。这中间，估值就像一个没有谜底但又不断释放更多谜面信息的谜语，等待着不同的人动态给出属于自己的所谓的"谜底"。

第六章

一场关于认知的实践之旅

任何探索都必须经历"从理论中来,到实践中去"的考验。当价值投资体系搭建完成之后,当投资者拿到"全能选手"的合格证之后,还需接受市场的检验。接下来,让我们开启一场关于认知的实践之旅,如图6-1所示。

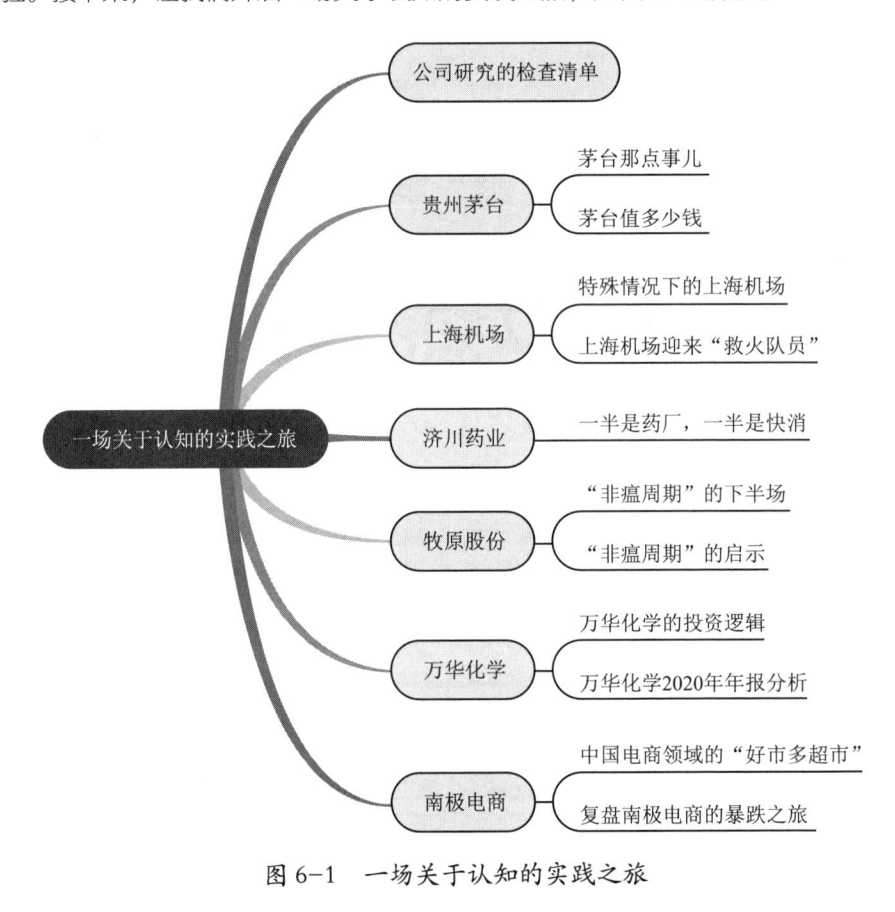

```
一场关于认知的实践之旅
├── 公司研究的检查清单
├── 贵州茅台
│   ├── 茅台那点事儿
│   └── 茅台值多少钱
├── 上海机场
│   ├── 特殊情况下的上海机场
│   └── 上海机场迎来"救火队员"
├── 济川药业
│   └── 一半是药厂,一半是快消
├── 牧原股份
│   ├── "非瘟周期"的下半场
│   └── "非瘟周期"的启示
├── 万华化学
│   ├── 万华化学的投资逻辑
│   └── 万华化学2020年年报分析
└── 南极电商
    ├── 中国电商领域的"好市多超市"
    └── 复盘南极电商的暴跌之旅
```

图6-1 一场关于认知的实践之旅

一、公司研究的检查清单

芒格在《穷查理宝典》中提到过飞行员的检查清单,"聪明的飞行员即使才华再过人,经验再丰富,也决不会不使用检查清单"。

所谓检查清单,就是把做一件事情的所有关键点逐一列举出来,然后在做事情的过程中对照检查清单逐项检查、谨慎落实。芒格提出的检查清单思维在各行各业中有着普遍的应用。

好比一个工厂车间的操作手册,操作步骤、操作内容、操作规范、注意事项统统列明。工人比照手册，进行标准化操作。

检查清单的作用是确保工作的完整性，对关键点保持警觉，降低出差错的概率。研究公司是一项复杂的系统工程，检查清单非常适合烦琐的系统性工作。研究公司的核心任务是对标的公司做出多维度、立体化的客观评价，而检查清单能很好地帮助我们全方位、无遗漏地审视标的公司所有重要的方方面面，从而为客观地评价标的公司打下坚实的基础。下面我尝试制作一份检查清单，作为研究标的公司的《操作手册》。

（1）了解公司所处行业、行业发展历史及演变过程。

（2）全面掌握本行业的重要基础知识。

（3）了解行业通行的商业模式及特征，对行业的优缺点做出初步判断。

（4）了解行业的竞争格局及发展前景。

（5）详细了解公司的发展史、重要节点、重大事件、重要人物。

（6）对公司的管理层和治理结构进行深入了解及评价。

（7）剖析公司的商业模式，对公司的产品、目标客户、价值主张、价值链、盈利模式和生意特性进行深入了解。

（8）识别公司相比行业同行的独特之处，客观评价公司商业模式的优劣和竞争壁垒。

（9）结合公司发展史，体会企业文化的根源及实质，并做出评价。

（10）了解产品、生产工艺、生产流程、原材料、产能等生产情况。

（11）识别影响公司业绩的关键变量，建立核心逻辑关系。

（12）进行系统的财务分析，对定性的认知进行定量的数据验证。对资产、负债、营收、成本费用、盈利和现金流进行全面考察。

（13）识别公司在可预见未来的成长逻辑，评价其合理性。

（14）根据核心逻辑，从财务角度尝试为公司可预见未来的业绩定量。这些核心逻辑包括但不限于营收的增长逻辑，费用的结构组成及成本、费用与收入的关系，利润与营收的关系，经营性现金流与利润的关系，自由现金流与经营性现金流的关系。

（15）遵循保守原则，谨慎对未来做出假设并选择关键参数，估算出显著低估的内在价值。

（16）根据估算出来的内在价值，做出相应决策。

二、贵州茅台

第一个案例之所以选择贵州茅台，是因为贵州茅台太简单，同时太典型，各种理论及方法应用于其上，都没有多大困难。换言之，贵州茅台的可预测性和确定性很强，是一家只需花费很少精力就能搞"懂"的好企业。

因此，贵州茅台被投资者称为 A 股中的 Bug。我选择贵州茅台来展示全面、系统地分析一家企业的步骤和思路，有投机取巧之嫌。但是，能通过一个简单且典型的案例，让想展示的东西一览无余，将道理说清楚，那无疑是事半功倍的。况且，高端白酒对于价值投资者而言，是一个绕不开的领域，谁都会花大量精力在它上面。

原因很简单，好投资简单点说就是"好公司 + 好价格"，而对于高端白酒企业，前半句几乎多余，投资者唯一需要的就是等待好价格。不同投资标的有难度系数之分，但投资却不是靠难度系数取胜的。高端白酒无疑是难度系数最低的一档。巴菲特说，应该去跨 30 公分的栏。难度系数对于投资而言，是出力不讨好的画蛇添足，不该是价值投资者刻意追求的方向。而高端白酒不仅是 30 公分的栏，还是能存续很久很久的 30 公分的栏。我们不用担心这门生意在可预见的未来突然消失。因此，这个能力圈是可以持续发挥作用的，并且对累积的认知不用花大气力进行大修和计提折旧。这几乎是性价比最高的领域。

关于白酒的历史、行业演变的历史，以及白酒行业的基础知识和商业模式，我就不一一介绍了，仅就高端白酒的商业模式做出评价。

（1）社交属性。具有社交属性的商品都会溢价，因为你的价格低了，客户都不乐意。

（2）成瘾性。具有成瘾性的商品，客户重复消费的频率高，并且对其价格不敏感，企业握有提价权。

（3）库存老酒是隐形资产。白酒没有保质期，库存减值的风险为零。基酒和成品酒不但不会减值，还会随时间推移大幅升值，从而形成隐形资产。

（4）金融属性。上述第一条和第三条结合起来，促成了金融属性的诞生。社会上价值认同度高，价格透明，具有升值潜力，就具备了类似金银的金融属性。

（5）优质的现金流。先款后货，现金流极好。基本不需要运营资本。崇尚旧法，过度研发和改良就是画蛇添足。

（6）轻资产，不需要大规模的资本支出。

（7）非要吹毛求疵找点毛病，那就是钱太多，又没地方花，会大大拉低真实的ROE。

1. 茅台那点事儿

在众多白酒企业自主发展、自由竞争的三十多年里，发生过许多故事，事关成败，事关兴衰。在这一历程中，各企业在浩浩荡荡的变革大潮中几经沉浮，远不是现在高端白酒格局成型之后这般风平浪静。茅台作为偏安西南边陲一隅，要历史没历史，要资源没资源，资质平平的酒企，最终能杀出重围，成为中国高端白酒的翘楚，我认为主要原因，是茅台没犯过大错，而其他更有可能成功的条件更优越的众酒企多多少少犯过严重的错误，从而将机遇拱手让给了茅台。

回头看中国白酒业自主发展的这三十多年，面临过几个关键的岔路口，选哪条路大家都是摸着石头过河，选对了以后一马平川，选错了就是举步维艰。从后视镜看去，我们都知道正解是什么。当时的酒企应该走高端路线而不是平民路线，走高端路线最重要的、起决定作用的因素是品牌力，品牌力的建立和维护，通过创立企业的酒文化，品牌与文化相结合是最好的方式，企业的营销主打文化元素，突出主题。这是高端白酒实践出来的正解之路。而在实践过程中，只有茅台是遵循这条正解之路一路走过来的，没走弯路，没犯过大错。

这里面不可否认茅台决策层的英明，是优于其他众酒企的。但以我个人的理解，其中也无法回避茅台的运气成分。

茅台酒的运气实在太好了，茅台人也非常聪明，把自己仅有的历史资源无限发扬光大，在上头做足了文章，从而形成了茅台既独特又典型的红色文化和国酒文化。创立酒文化都要有一个主题，茅台选的这个主题，试问谁比得了？太绝了，很容易俘获消费者的认同感，培育消费者的心智。

前面说过，在选择发展道路上茅台是选无可选的，它拥有的只有高端的酒、比别人复杂得多的工艺、从天而降的国酒殊荣和点点滴滴的历史。当别人为走哪条路左右为难时，茅台选无可选，只有在既定的道路上砥砺前行，利用手里的资源，尽量把自己的路走好。

我从不认为茅台的高层有高瞻远瞩，看清中国白酒未来格局的能力，他们只是做好了自己能做的事情而已。对于行业发展的走向，他们也预料不到，整个行业只是恰巧按照他们走的那条路发展了而已。但是，茅台做好了他们能做的事情——独特文化的创立，对品牌价值的维护，精准的营销策略，对高端和稀缺的辩证关系的权衡把控，都堪称行业典范。

前两点已经谈了很多，下面谈谈后两点。

茅台的营销策略是有的放矢地精准营销，与它打造的国酒文化紧密结合，有重点、有步骤，具有极强的渗透性。

（1）利用国酒的地位，紧抓政务消费市场，由上层消费渗透到民间消费。对民间消费有非常强的带动作用，这个着力点抓得精准。

（2）懂得反思，知错就改。茅台一度打造健康概念，宣传语是"喝出健康来"。白酒跟健康风马牛不相及，把茅台酒跟健康强行挂钩，显然违背科学与常识。茅台的这个营销策略并不高明，是一个败笔，还可能面临潜在的诉讼风险。茅台认识到了，及时转变了策略。过而能改，善莫大焉。

茅台酒是高端酒，任何走高端市场的产品必然会面临一个价格和量的平衡问题。像奢侈品一样，卖得越贵，就不能再追求上量，这是矛盾的统一。而茅台酒却做到了卖得最贵，同时卖得最多。原因是茅台处理好了高端与稀缺的辩证关系，把控好了茅台的产能与稀缺性的权衡。

我认为茅台的产能不是能不能增，而是需不需要增，天花板绝非是10年之内需要关心的问题。茅台一直在有意制造稀缺性，使得茅台酒的销量增长与稀缺感共存而不产生冲突，这样既能保证量，又能保证价。

关于量的问题，还剩下一个小尾巴——经销商囤货问题。

茅台酒的需求有两种：消费和收藏。由于茅台酒具有金融属性，收藏是很正常的一种需求，不正常的是经销商囤货。茅台的市场价疯涨，一定存在经销商囤货现象。渠道里的库存让人担心茅台酒的真实需求。一旦市场价格松动，渠道库存蜂拥而出，会不会造成市场承接不了？

来算一笔账吧。今年的销量是3.5万吨，也就是7 000多万瓶，极端假设经销商全留在手里了，到明年崩盘，全部涌入市场，加上明年的7 000多万瓶，共

1.4亿瓶。中国14亿人，按4口一小家、10口一大家算，全国有1.4亿大家庭，一个大家庭正好能分到一瓶。过年、中秋节、老人生日全家聚会，一年里重要的节日有多少？要在一起吃多少顿饭？中国有4亿中产家庭，分布在这1.4亿个大家庭里，当一瓶茅台从3 000元价崩到1 000元时，这个大家庭有没有一年消费一瓶茅台的能力和意愿？

接下来，该说说出厂价的问题了。

首先要明确，茅台拥有定价权，只是受到各种因素的制约，不能随意提价，所以，涉及提价的问题就必须格外谨慎。当各方力量充分角逐后，才会促成一次提价，节奏慢，但总体提价趋势是确定的。在从2001年到2017年年底的17年里，出厂价提高了4.4倍多，年复利约9%，差不多能和GDP增速持平。三大高端单品调价统计表见表6-1。

表6-1 三大高端白酒单品调价统计

调价时间	出厂价：53度茅台：500 mL（元）	调价时间	出厂价：52度五粮液：500 mL（元）	调价时间	出厂价：国窖1573 泸州老窖（元）
2001-08	218.00	2001-12	249.00	2002-12	268.00
2003-10	268.00	2003-09	330.00	2003-09	288.00
2006-02	308.00	2005-01	343.00	2004-02	308.00
2007-04	358.00	2006-01	348.00	2005-01	328.00
2008-01	438.00	2006-07	368.00	2006-02	358.00
2010-01	499.00	2007-02	388.00	2007-03	388.00
2011-01	619.00	2007-10	418.00	2008-01	408.00
2012-09	819.00	2008-01	438.00	2008-08	468.00
2017-12	969.00	2010-01	509.00	2009-12	519.00
		2011-09	659.00	2010-09	619.00
		2013-02	729.00	2011-11	889.00
		2014-05	609.00	2013-08	999.00
		2014-11	605.00	2014-07	560.00
		2014-11	729.00	2015-01	620.00
		2014-12	609.00	2017-03	680.00
		2015-08	659.00	2017-07	740.00
		2016-03	679.00	2017-07	760.00
		2016-09	739.00	2019-01	810.00
		2017-12	789.00	2019-12	830.00
		2019-05	889.00	2020-01	850.00
				2020-09	890.00

在 2001 年上市后茅台提过 9 次价，距离最近的一次 4 年多了。对比五粮液和泸州老窖，可以发现几个明显的特点：（1）在 2012 年提价之前，五粮液的出厂价一直压着茅台一头，而在 2012 年之后，五粮液主动示弱，标志着茅台的品牌力正式超越五粮液的品牌力，老大的地位正式确立；（2）茅台的提价频率低得多，可以理解为茅台受到外界的关注和影响强得多，从另一方面来看，茅台利用提价政策相对也稳健许多；（3）在 2013 年和 2014 年的行业低迷期，只有茅台坚定地维持了出厂价不降。

特立独行是需要勇气的，在重压之下的特立独行尤其难能可贵。事实证明，茅台管理层的决策能力高于行业水平，在困境中的突出表现奠定了茅台今天的行业地位。一个行业的危机，对于多数企业来说是"危"，但对于一些企业来说却是"机"，它提供了行业结构重塑的难得机遇，谁抓住了，新的行业格局一旦形成，在短时期内很难被打破。茅台、伊利和最近的牧原股份，行业地位的奠定无一不是得益于危机。

关于茅台提价的问题本就不是一个问题，因为必然会不断提价。从长期来看，普通飞天茅台的出厂价和 GDP 增长基本一致，只是早提晚提、在什么时点提价的问题。

市场上普遍认为影响茅台提价的几个因素有：

（1）消费者的收入水平。

（2）市场价和出厂价的价差幅度，经销商的利润空间。

（3）集团的收入和利润的长、短期规划。

从目前来看，从以上几点出发，无论是中产阶层的比例、人均可支配收入，还是市场价和出厂价巨大的价差，茅台具有充分的可提价的余地。另外，从茅台集团"十四五"规划提出的"三翻番"的目标来看，未来 4 年可销售量基本维持在 4.2 万吨左右的制约条件下，茅台想顺利实现年化将近 15% 的增速目标，提价几乎就是必然的手段。而且，历史上茅台最长的一个提价周期是 5 年，五粮液和泸州老窖在 2019 年和 2020 年都有过提价动作，茅台在这个白酒的强周期里始终没有提价。在各方面条件成熟的情况下，提价只是时间问题，不会拖太久。

除了直接提价，变相提价也是今后相当重要的提升业绩的手段。变相提价来自两个方面："非标"茅台比重的提升和直销比重的提升。

"非标"茅台是标准的 53 度 500 毫升的普通飞天之外的茅台酒,包括各种纪念酒、定制酒、年份酒、生肖酒等,由于满足的是部分个性化需求,出厂价会高于普通的标准茅台酒,酒还是一样的酒,换一换包装,换成不同容量,就可以涨价。提升这部分的比重,满足更多的个性化需求,相当于变相提价。

加大直销比例是变相提价的又一途径,且效果立竿见影。一瓶酒,卖给经销商是 969 元,卖给商超就是 1 299 元,在供不应求的市场环境里,什么也不用做,就提价 34%。近年来,茅台反腐,在肃清违规经销商的过程中,收回部分经销权,把这部分配额用于扩大自营规模,对茅台的业绩增长贡献很大。未来,茅台继续扩大自营规模,限制经销商,将是板上钉钉的。2022 年将是销售量大增的一年,理论上的销售量大约会增加 7 000 吨,这部分增量全部来自自营,效果相当于变相提价 7%。

最后说说茅台的系列酒。

茅台的系列酒指的是一曲(贵州大曲)、三茅(华茅、王茅、赖茅)、四酱(王子酒、汉酱、仁酒、迎宾酒)。

系列酒不如茅台酒高端,也不在茅台镇生产,受自然地理环境的制约没那么苛刻。

短短 8 年时间,茅台系列酒在次高端市场上确立了地位,这离不开茅台强大品牌所带来的拓展能力和延伸能力。同样是延伸到牙膏行业,云南白药可以顺利做到牙膏行业的第一,而济川的蒲地蓝却怎么做也做不起来,这不是产品的差距,而是品牌力的差距。我们还能给茅台强大品牌的拓展力和延伸力以更大期望,还能给茅台系列酒的 5.6 万吨产能以更大期望。

2. 茅台值多少钱

1)当下的清算价值

茅台的持续经营能力不用怀疑,计算其清算价值,只是想以格雷厄姆的逻辑,算一算在极端情况下以处置资产的方式卖掉贵州茅台,整个上市公司能收回多少钱,这代表了公司内在价值的下限。

茅台的资产负债表严重失真,即资产负债表上的数字远不能代表其拥有资产的真实价值,算清算价值,要先把这些资产的真实价值找回来。

不考虑其他，茅台的所有资产只算三样最值钱的，其他的跟负债相互抵消，公司负债并不多，足够抵消了。这三样最值钱的资产是类现金、库存老酒和品牌。

（1）先看类现金。2021年半年报显示，茅台有现金542亿元，拆出资金947亿元，银行承兑汇票12.3亿元，放给集团单位的贷款24.6亿元，吸收集团单位的存款236亿元。也就是说，茅台拥有的类现金合计1 290亿元。这可以看作锁在保险柜里的现金，是实打实的，不需要折价。

（2）再看库存老酒。2020年年报披露的库存基酒和成品酒一共24.92万吨，这里面含有几千吨的系列酒基酒，茅台酒大约24.5万吨，2021年的基酒已经生产完毕，大约5.3万吨，全年最多可售大约3.5万吨，而当下这3.5万吨还没卖完，所以现在库存茅台基酒有27万吨左右。这27万吨茅台酒当下值多少钱？其中有近三年产的还没出厂的正在陈放老熟的基酒是149 828吨，按15万吨算。那其他12万吨可以理解为品质更好、更值钱的老酒。现在处置这些茅台酒，不按市场价，也不按出厂价，就按现在商超渠道每天12点开抢，怎么抢也抢不到的1 499元来算这批库存茅台酒的价值。27万吨，1吨大约2 100瓶，一瓶1 499元，累计8 500亿元。

（3）最后看品牌。茅台的品牌值不值钱？肯定很值钱。可口可乐曾表示，就算厂房一夜之间全烧光，凭借它的品牌，第二天不用花钱就能把所有工厂全部建好，说的就是品牌的价值。茅台品牌的价值一点也不差，但这是无形资产，很虚，不好计算。

根据Brand Finance（英国品牌金融咨询公司）发布的2021年全球烈酒品牌排行榜，茅台2021年的品牌价值为453.33亿美元，位居全球品牌第27位，稳居全球烈酒品牌第一。折合成人民币，茅台的品牌大约值2 900亿元。但是，品牌价值毕竟有点虚，给这个权威机构的评估价打一个7折，那还值2 030亿元。

仅上述三项资产合计就是11 820亿元。其他的资产和负债相互抵消，也就是说，当下让茅台强行清算卖资产，至少也值1.2万亿元。这1.2万亿元就当成茅台内在价值的下限，因为持续经营、盈利良好的企业的内在价值一定比清算变卖资产的企业的内在价值多得多。

2）茅台利润及现金流预测

茅台的收入有两部分：酒类的销售收入和财务公司管理现金的利息收入。简单起见，利息收入就当作无成本无费用收入，成本费用均由酒类销售承担。利息收入就以 30 亿元估算。

在成本费用端，按占比多少排列是税金及附加、营业成本、管理费用、销售费用。

税金及附加包含的内容有消费税、城建税、教育费附加、房产税、土地使用税、车船税、印花税、地方教育费附加、环境保护税。

增值税是流转税，所谓流转，就是货物易主，只要发生交易就得交，而不论交易了多少次。但是在交税的同时允许抵扣进货。实际上是针对增值的部分交税。白酒的增值税税率是 13%。在进行会计核算时，增值税不作为费用核算，而是单独拿出来，直接作为负债放到应交税费中。

消费税也是流转税，但和增值税不同，只征从生产转到流通一个环节，对以后的流通不再征收。主要针对烟酒、化妆品、珠宝首饰等暴利行业，多征一块税。消费税比较复杂，有从价的，有从量的，有混合的。白酒就是混合的，从价的部分税率为 20%，从量的部分是每升 1 元。

城建税、教育费附加、地方教育费附加都具有从属税的性质，税额分别是增值税和消费税总额的 7%、3% 和 2%。

所以，消费税、城建税、教育费附加、地方教育费附加为营业收入的 (13%+12%)×(7%+3%+2%)+12%=15%。再加上其他小税种，税金及附加应该在 15%～16%。纳税时间是从生产车间交付销售公司时，所以纳税义务和销售收入可能存在时差，税金及附加就会围绕 15% 波动。税法的具体规定经常变化，税率也经常变化，所以，税金及附加÷营业收入在前些年并不符合这个规律。近几年 15% 上下是符合的。我取理论值 15.2%。

营业成本÷营业收入的总体趋势是下降的，这反映了提价的幅度是大于粮食和人工增长的幅度的，近几年反弹，是因为茅台酒没提价，但粮食和人工却一直在涨。等到茅台酒提价，成本率将下降到 7% 上下。管理费用占比呈持续下降态势，保守一些，取近 5 年平均值 8%。销售费用占比也呈持续下降态势，这同茅台的江湖地位不断提高密切相关，考虑到广告间歇性投放，将近几年平均比较合理，我取 3.8%。

成本费用就是 15.2%+7%+8%+3.8%=34%，提价前是 36%。

所得税费用就是 (1-34%)×25%=16.5%，提价前是 16%。

净利率就是 1-34%-16.5%=49.5% 或 1-36%-16%=48%。

还有少数股东权益的扣除。主要的少数股东权益是茅台酒销售公司的 5%、财务公司的 49% 和赖茅的 51%，大约为净利润的 6%。那么，归母净利润为净利润的 94%。

现金流与利润的关系：茅台的商业模式为先款后货，现金流极好，由于存在几个月的预收，整体上的经营性现金流应该高于净利润。我统计了多年的经营性现金流和净利润的总和，在 2001—2020 年的 20 年间，经营性现金流为 2 862 亿元，净利润为 2 720 亿元；在 2011—2020 年的 10 年间，经营性现金流为 2 626 亿元，净利润为 2 502 亿元。经营性现金流和净利润高度一致，由于必然存在少量的维持性资本支出，所以可以把净利润近似当作自由现金流，误差很小。

最后，就剩下最核心的营收的预测了。采用保守的假设，即 5.6 万吨茅台酒的设计产能、7 万吨实际产能、5.6 万吨系列酒产能就是茅台的天花板。2022—2025 年茅台酒的销量为 4.2 万吨左右，2026—2029 年茅台酒的销量为 7 万吨左右，不再考虑 30 多万吨的老酒库存维持增长的情形，而作为安全边际看待，同时潜在的产能扩张也作为安全边际看待。

至于茅台酒的出厂价什么时候提没法估计，但理性预计这 8 年会有两次提价，幅度不好说，但与 GDP 增长持平是必定能达到的。考虑到 GDP 增速已经 4 年没有反映在茅台酒的出厂价上了，未来的 8 年很大可能会补回来。

至于出厂价问题，我就以一个 GDP 的连续增长模式来替代茅台酒的两次提价，增长率为 6%。选 6% 是因为未来 8 年 GDP 能否维持 6% 增速的不确定性很大，但综合过去 4 年 GDP 实现的增长，以及茅台酒未提价的情况来看，我认为这样估计也是偏保守和谨慎的。2021 年的基期，官方的经营目标是营收增 10.5%，即酒类收入 1 047 亿元，分解开：茅台酒增 11%，为 848×1.11=941（亿元）；系列酒增 6%，为 106 亿元。一共正好是 1 047 亿元，2021 年几乎是明牌，出入不会有多少。基期确定好，预测期 8 年，茅台酒分两段，前四年和后四年，前四年的销量 4.2 万吨不变，增加的 7 000 吨直销变相提价 7%；后四年的销量为 7 万吨，公司产能天花板，产多少销多少，不需要再多储存老酒。系列酒的 3 万吨产能 2022 年落地，储存两年，2025 年实现销售。所以，系列酒也分两段，前三后五，销量前三年 2.5 万吨，后五年 5.6 万吨。利息收入简化处理，每年 30 亿元，贡献净利润 22.5 亿元。

3）自由现金流量折现后的内在价值

自由现金流量折现是估算内在价值的最标准的方法，但是运用的假设众多，一个重要参数的变化就可能使结果有天壤之别，所谓"差之毫厘，谬以千里"。现金流折现的用处是考察影响内在价值的因素的变动，给出定性判断。一旦定量，难免发生精确的错误。所以，对于所有假设和参数选择我均确保保守，力求得出明显低估的结论，不求靠近茅台真实的内在价值。自由现金流折现后的贵州茅台估值如图 6-2 所示。

	2021年(基期)	2022年(第1年)	2023年(第2年)	2024年(第3年)	2025年(第4年)	2026年(第5年)	2027年(第6年)	2028年(第7年)	2029年(第8年)	2030年之后永续(增长率3%)	内在价值
茅台酒销量（万吨）	3.5	4.2	4.2	4.2	4.2	7	7	7	7	7	
系列酒销量（万吨）	2.5	2.5	2.5	2.5	5.6	5.6	5.6	5.6	5.6	5.6	
茅台酒营收（亿元）	941	1 281	1 358	1 439	1 525	2 694	2 856	3 027	3 208		
系列酒营收（亿元）	106	112.4	119	126	299	317	336	356	378		
利息收入（亿元）	30	30	30	30	30	30	30	30	30		
净利润（亿元）	525.06	691.33	731.46	773.70	898.02	1 467.78	1 554.66	1 646.34	1 743.78		
归母净利（亿元）	493.56	649.85	687.57	727.28	844.14	1 379.71	1 461.38	1 547.56	1 639.15		
自由现金流（亿元）	493.56	649.85	687.57	727.28	844.14	13 79.71	1 461.38	1 547.56	1 639.15		
折现系数	1	0.943 4	0.89	0.839 6	0.792 1	0.747 3	0.705	0.665 1	0.627 4		
自由现金流折现（亿元）	493.56	613.07	611.94	610.62	668.64	1 031.06	1 030.27	1 029.28	1 028.40	12 904.36	19 527.654

图 6-2 自由现金流折现后的贵州茅台估值

重要的假设如下，我将对做出如下假设的理由给予简单解释。

一是选用两段模型，预测期为 8 年，即 2022—2029 年，2030 年之后为永续期。

二是预测期的折现率选 6%。折现率包括两部分：时间价值和风险溢价。时间价值就是无风险利率，可以用长期国债收益率表示，当前，10 年国债的收益率为 2.96%，30 年期国债的收益率为 3.5%。而风险溢价的确定要看公司的确定性。我综合权衡，选 6% 是合适的。因为一则茅台的确定性很强，二则我用了很保守的假设。还有一个原因就是，如果在茅台身上都不敢用 6% 的折现率，那我不知道 6% 还有没有用武之地。

三是永续期的折现率选 8%，增长率选 3%。折现率增加到 8%，因为离现在越来越远，未来的确定性减弱。选 3% 的永续增长，是考虑茅台长期和 GDP 基本一致的提价因素。而 GDP 3% 的增速，我是直接把茅台的永续期看成了中国成为发达国家后的低速增长期。

按照我的认知，给出了非常保守的估算模型，得出茅台如今的内在价值是 1.95 万亿元。这是因为我基于非常保守的假设条件，具体体现在：完全忽略了茅台库存 30 多万吨老酒的价值；将 5.6 万吨设计产能、7 万吨实际产能作为茅台的天花板，死死限制住了产能的扩张；预测期只有 8 年，之后就强行把茅台拉入低速增长期，增长率只有 3%。

所以，我敢说茅台今天的真实价值一定比 1.95 万亿元大很多。而且，优秀公司的内在价值随时间是不断增长的。

3. 点评

本节全面、详尽地对贵州茅台进行了分析，目的是展示分析一家企业的具体步骤、逻辑及全过程。全文剖析了高端白酒的生意模式。从茅台酒的历史、茅台酒厂的历史、茅台酒和系列酒的生产工艺以及产能、价格因素等入手，确定了预测贵州茅台未来 8 年业绩的核心逻辑，为保守估值打下了坚实的基础。逻辑是保守估值的灵魂，逻辑合理是估值可靠的保障。贵州茅台的核心逻辑包括产能与销量的关系；出厂价的提价逻辑；收入的增长逻辑；费用的结构组成及成本、费用与收入的关系；利润与收入的关系；经营性现金流与利润的关系；自由现金流与经营性现金流的关系。对于这些核心逻辑，本节都做了详尽阐述。估值过程所用的假设遵循了保守的原则，确保了贵州茅台的真实价值大于所得结论的必然性，从而保证了所得结论的可用性与可信性。

三、上海机场

上海机场是一个非常典型的"落难王子"的案例。"好公司 + 好价格 = 好投资",好公司易得,但好价格难求。千载难逢的好价格往往只有在极端情况发生,市场极度恐慌,对企业的未来过度悲观时才会出现。但是,在悲观情绪蔓延,危机事件不断发酵的情况下,理性判断"王子"是暂时的虎落平阳,有朝一日定会东山再起,还是一蹶不振,就此沉沦,是需要强大的认知能力的。

这才是价值投资最核心的能力。在市场中,这样的好机会可遇不可求,但也并不鲜见。如 2008 年三聚氰胺事件后的伊利股份、2011 年乙肝疫苗事件后的重庆啤酒等,事后证明,在这些公司落难时,是最佳的投资时机。芒格说,这样的大机会一生抓到三次就足够了。那么,特殊情况下的上海机场是不是提供了一次这样的机会呢?

1. 特殊情况下的上海机场

自 2020 年以来,上海机场接连遭受 4 记组合拳打击,且一拳重过一拳。一是国内疫情,二是国际疫情,三是和日上改签合同,四是发表悲观言论(抛出海南离岛、市内免税店分流、跨境电商冲击和进口关税减免的四重奏)。对于上海机场这个完美的、无以言表的优等生给予了极大的宽容,前两拳几乎毫发未损。而后两拳却直击软肋,股价开始大幅下挫,因为直接改变了先前市场的逻辑。

那么,面对黑天鹅事件,上海机场是千载难逢的机会吗?

要回答这个问题,首先要清楚之前的上海机场为什么众星捧月、它有哪些过人之处,然后看它的过人之处哪些改变了、变了多少、哪些没变、变了的是否大到足以改变对它的定性。

1)上海机场的生意

上海机场的生意,用一句话概括:"双特权"下构建的具有垄断性质的能将顶级流量精准变现的收租神器。

任何一座机场的本分都是为航空公司服务,这也是上海机场逃不掉的基础功能和义务。在这一点上,它和其他任何机场并无二致。如果没有过人之处,那么上海机场和其他地方的机场一样,将变为低估值的公用事业股。可是,上海的国际地位是历史积淀的,所处的长三角的核心区域位置是最富庶的地方。上海的国际化大都市的地位像一块巨大的磁铁,持续发挥着强大的虹吸效应,保证了周围所有好的东西都能被吸引过来。这些光环是别的地方没法比的。其客流代表了顶级流量,甚至连北京的首都机场也难以望其项背。

那么,上海机场是如何将这些顶级流量变现的呢?它恰好找到了最精准的变现途径:免税店。在机场候机这个相对密闭的空间里,乘客是顶级流量,又有需要打发的时间,如果这时恰好提供了比市价便宜很多的免税品,那就是完美的匹配。其中的底层逻辑和分众传媒的电梯广告异曲同工,并且还多了一个低价的诱惑。

这种模式的吸引力有多大?日上免税即使被分走42.5%的销售额,也蜂拥而至。机场免税店的生意,上海机场不是个例,全球最大的免税零售巨头Dufry的机场免税店被"分走"七成是常有的事。可见,机场免税店的生意,机场方占绝对强势地位。对于上海机场来说,也就找到了最好的顶级流量变现方式。

疫情之前的上海机场,集无数优点于一身。它充分利用航空公司带来的顶级流量,起降费、客桥费、旅客服务费、安检费、停车费、广告等收入足以覆盖成本费用,剩下的就是日上免税店贡献的利润。疫情之前的上海机场基本符合这样的盈利模式。这种盈利模式与Costco(好市多)的盈利模式极为相似,Costco靠主业(超市卖货)仅覆盖成本费用,靠收取会员费作为利润来源。这样的盈利模式是让芒格赞不绝口的。由此还可以看出航空公司对于上海机场的重要意义,二者相互依存。而上海机场对航空公司的服务并非着眼于盈利。

上海机场的利润绝大部分来自商业及餐饮的无成本租金收入,而日上免税店的租金占了90%以上,在一定意义上说,日上免税店的租金就是上海机场几乎全部的利润来源。在目前的生意模式下,航空业务和与吞吐量相关的非航业务决定了上海机场的生存,以日上免税店租金为主的商业及餐饮租金决定了上海机场的盈利能力。而商业及餐饮租金直接取决于旅客吞吐量,尤其是顶级的国际客流量。

任何生意都有缺点,上海机场也不例外。重资产、周转率低、扩建成本巨大、边际成本高,尤其突出。这些决定了上海机场成长的代价是巨大的。但成长慢不代表不成长,它的成长是被日益增加的吞吐量倒逼扩建产生的。浦东机场现有的T1、T2航站楼规划支撑5 000万~6 000万客流量，2018年的客流量为7 400万，倒逼机场扩建了三期工程，建了卫星厅。卫星厅于2019年投入运营，规划能支撑8 000万~1亿客流量。如果不是特殊时期，2020年、2021年就饱和了。按照120%过载运行，现在的浦东机场最多能支撑1亿~1.2亿吞吐量。

这就是上海机场成长的确定性，虽然慢，但成长是一定的。

2）优势被削弱了吗

上海机场的优点因此变了吗？上海的国际地位没有变，上海及长三角的区域优势没有变，上海机场的"双特权"护航没有变，上海机场区域内垄断性质的格局不会变，上海机场的生意模式没有变，顶级流量变现的途径没有变，其近、远期扩建规划没有变，成长路径和成长空间没有变。飞机还是最快的交通工具，人类对飞机的依赖没有变。有飞机就要有机场。

上海机场眼下的困境是清晰可见的，但应该明确区分是战略问题还是战术问题，以不同的态度待之。上述所列各项，凡涉及能给上海机场定性的，都没有因疫情而改变。这些是战略问题。

因此，对上海机场的定性没有变，上海机场"从0到1"的逻辑依然存在。理性判断人类社会的发展前景，像交通运输这种生产力行业一定是逐渐向最快、最便捷的方式聚集的。飞机在可预见的将来都是最快、最便捷的交通方式，尤其是对跨境长途而言。航空依旧是最高端的交通方式，随着社会进步，客流向头部方式聚集也会是不争的趋势，这也是一种虹吸效应。有客流量保证，上海机场收租的盈利模式会始终可行。

剩下的就是战术问题。虽短期没有国际流量，但疫情会结束，过程不会很久。这是投资上海机场的前提，离开了这一前提，一切免谈。上海机场和日上免税重签的租赁合同，从"下有保底，上不封顶"变成了"下不保底，上有封顶"，市场反应强烈。很多人认为上海机场对中免的绝对优势地位发生了逆转，公司的盈利能力和内在价值也大受损失。先不要轻易下结论。上海机场和日上免税是一荣俱荣、一损俱损的关系。上海机场的资本是国际客流量，这个资本没有了，话语权自然减弱。将这个问题搬到实际生活中就很容易理解了。现实极可能是双方相互体谅难处，找一个折中的、都能接受的方案，好过两败俱伤即可，这叫互利互赢。平心而论，日上这么签这份合同，已经相当实在了。

3）当下的投资机会

提一个问题，如果上海机场是你的私产，当下910多亿元市值，从最新的一季报来看，期末现金及现金等价物余额110亿元。现在假设上海市没有浦东机场，但需要一个，有两个选择：自己建、从你手里买现成的。从你手里买，相当于800亿元买下了上海机场所有的资产。负债里有40亿元的超短期融资券，再没有任何带息负债。那么，相当于840亿元买到了上海机场所有的无债务资产。

自己建要花多少钱？账面上，目前固定资产的原值是313亿元，这是漫长的二十多年陆续建设的累积结果，考虑通货膨胀的物价因素，新建的话，600亿元够吗？还有道路、通信、水电这些配套的市政建设，是由上机集团完成的，所以，不知道费用。但T3航站楼的配套是140亿元的招标，所以，现有的T1、T2航站楼和卫星厅的配套重建最少不会低于300亿元。仅这些简单估算就远超840亿元了。

所以，一定会买你手里现成的。上海机场低不低估，不用再证明了。

上海机场值得投资吗？这要看收益空间，用现金流量折现试试。在2011—2020年的10年间，上海机场的利润一共是256亿元，现金流是283亿元，现金流高出利润10%。模型按照"4年恢复，6年增长，之后永续"的三段模型。4年恢复期现金流每年按-12亿元计算，增长期基数按2025年流量恢复后的预计，增长期基数按2025年的保底免税$101 \times 1.1 = 111$（亿元），增长率为6%。折现率取5%，计算结果约为2450亿元。就算用10年时间恢复到内在价值，年化复利11%，也不算很差了。这当然是最悲观的预期。乐观一点，内在价值逐年上升，价值回归之路也很可能早很多年，那么收益率将提高很多。

2. 上海机场迎来"救火队员"

2021年11月30日晚，自发布《发行股份购买资产并募集配套资金暨关联交易预案》之后5个月，上海机场的重组方案（草案）正式发布。

标的资产虹桥公司100%股权最终确定交易作价为145.16亿元、物流公司100%股权最终确定交易作价为31.19亿元、浦东机场第四跑道的最终确定交易作价为14.97亿元，上述标的资产合计交易作价为191.32亿元；同时募集配套资金50亿元（见图6-3）。

上海机构本次配套募资投向
数据来源：公司公告

序号	项目名称	项目投资总额（万元）	拟投入募集资金（万元）	募集资金占比
1	四型机场建设项目	66 231.17	65 100	13.02%
2	智能货站项目	80 000	80 000	16.00%
3	智慧物流园区综合提升项目	17 212.96	17 200	3.44%
4	支付本次交易相关费用	10 000	10 000	2.00%%
5	补充上市公司及标的公司流动资金	327 700	327 700	65.54%
合计	—		500 000	100%

图 6-3　上海虹桥配套募资投向

概括本次重组方案的实质内容，就是上海机场通过发行约 5.6 亿股份，换来了上海机场（集团）有限公司（下称"集团公司"）的作价约 145 亿元的虹桥机场、31.2 亿元的物流公司、15 亿元的第四跑道和 50 亿元资金。

1）资产标价不贵

三项资产标价 191.32 亿元，是根据资产评估确定的。通过仔细研究评估报告，可以确定，这个价格真不贵。

虹桥机场是经过包装的，装入了广告公司 49% 的股权和 10% 的地服公司股权，并将广告阵地的租赁收益权一并纳入。虹桥机场的评估采用的是资产基础法和市场法，评估增值的主要是长期股权投资、固定资产和无形资产三项，其他的基本都是按照账面价值来的。

其中固定资产的增值主要是房屋建筑物的增值。虹桥机场的房屋建筑物建成时间较早，账面价值反映不了真实价值，评估报告对房屋建筑物的评估采用的方法类似于重置法，并且考虑了成新率，完全合理。房屋建筑物增值 22.5 亿元，另有 2 亿元为设备增值。关于设备，根据评估报告提供的信息，很难判断设备增值的合理性。假设合理，我猜想原因可能是折旧政策过于谨慎，有一些在用设备的账面价值已为零。不过，这 2 亿元从重要性上来说并不影响定性。无形资产和长期股权投资的增值均来自广告板块，其实就是给包装装入的广告公司 49% 的股权和广告阵地的租赁收益权估了个值。

估值用的收益法，其原理就是我们常用的现金流折现。广告公司的股权价值就是德高动力价值的 50%，德高动力是虹桥机场的关联方。广告阵地的租赁收益权价值估算更容易一些，租金就是收德高动力的，没有其他成本费用，租金收入基本上是已知的，折现率用了11.1%，足够良心了。我认为长期股权投资和无形资产的增值也没什么问题。其余的基本都按照账面价值。换句话说，虹桥机场除了房子和广告，其余的航空业务和非航业务是按照1倍市净率卖掉的。

对第四跑道的评估用的是重置成本，2015年建成的跑道，原值16.4亿元，6年后重建并考虑成新率估值15亿元，能出入到哪儿去？

那么，三项资产里有"掺水"可能的只剩物流公司了。对物流公司的评估使用收益法，关于未来收益的预测及参数的选择使用了大量假设，评估报告却不是物流公司的"年报"，关于物流公司情况的介绍远达不到可以通过折现估算其内在价值的深度，故对物流公司的估值高度存疑。但重组方案中有业绩补偿安排，业绩对赌条款中约定的物流公司在2022年度、2023年度及2024年度预计实现的扣除非经常性损益后的归属于母公司所有者的净利润分别为1.87亿元、2.19亿元及2.43亿元，所以，这三年的业绩应该是能够保底的，并且有10%以上的增长。按保底业绩推算，物流公司的市盈率在15倍左右。相较于东航物流的估值水平，物流公司31.2亿元的估值应该也算不上太离谱。

2）重组的目的

方案中描述的本次交易的目的有：优化航空资源调配，提升航空枢纽竞争力；提高货运枢纽品质，提升国际物流节点能级；推动履行历史承诺，积极解决同业竞争；主动承担抗疫责任，提升公司盈利能力；深入贯彻国企改革，提高资源配置效率。其中的某些说辞不免有些冠冕堂皇，考虑到这次重组选择的时点，我觉得本次重组的根本目的是集团的"抄底"行为，同时为上海机场补充一些利润，使上海机场脱离"底部"，顺便解决同业竞争的问题。

3）"两场合一场"的远期图景

在短期几年里，虹桥机场作为"救火队员"的角色将发挥立竿见影的效果，随着国内航线业务量逐步恢复，虹桥机场的业绩会率先恢复，与此同时，航空物流行业快速发展。这些都对上海机场整体的"业绩底"形成强有力的支撑，从而为日后的内在价值回归提供动力。

然而，我们必须看到，浦东机场和虹桥机场在旅客结构、盈利模式、资产效率、资本回报率等各个方面均存在巨大差异，如果业务量恢复正常了，那么"救火队员"会不会成为拖后腿的？多数投资人选择上海机场，本质上还是冲着国际客流和免税店租金来的，而对公用事业类的航空服务没有兴趣。"两场合一场"必然会稀释国际客流的巨大优势，从而对估值水平产生很大影响。

另外，上海机场如何去优化配置航空资源值得关注，两个机场是继续各有侧重，还是将二者变为"连锁店"？如果继续各有侧重，浦东机场仍将是焦点，虹桥机场作为附属品，那么对整个上海机场估值水平的影响会小很多；如果将二者变为"连锁店"，那么市场极可能对上海机场进行价值重估，估值方式和逻辑将产生巨变。"连锁店"模式的好处也显而易见：免税店面积增加，免税业务规模扩大，可能会成为免税店租金增长的动力。总之，此次重组对上海机场的影响是深远的，后续还待观察。

3. 点评

好公司的"危"，投资者的"机"。当好公司遭遇危机时，对于投资者而言，往往是最佳的投资机会。当然，从后视镜往以前看很容易，但当身处困境，草木皆兵时，仍能气定神闲地客观看待同一家好公司，是不容易做到的。

企业好的时候夸上天，遇到问题时会贬到地下再踩几脚。无论是好还是坏，通常都会夸大其词、过度反应。在这种强烈的冲突之下，对核心逻辑的把握至关重要。

特殊时期下的上海机场，免税店收租的核心逻辑没有改变，唯一的不确定性在于国际客流能否恢复、何时恢复。这个问题恰恰不是问题。上海机场终将回归常态。以这一核心逻辑的判断为基础，我用了"资产重置法"来确定市场价格的明显低估和巨大的投资价值。在估算内在价值时，我并没有采用非常保守的假设，折现率也用了5%的低折现率。

这是因为上海机场一旦回归常态，它收租的生意确定性很强。而且这门不存在竞争的好生意具有永续存活下去的特性。实际上，上海机场一旦确认了这么好的买入时机，在买入之后，基本不用考虑卖出的问题。因此，估值开放一些，市场总会有配合实现的时机。在根据内在价值确定预期收益率时，我将价值回归的期限假设为10年。有很多事情，看眼前和近处都是一团迷雾，但往远处看看，则清晰无比。做投资，不能过于纠结眼前的得失，要具有终局思维。

上海机场的重组实现了浦东机场和虹桥机场的合并,也使得整个上海机场的商业模式大变,对未来的影响是深远的。在投资领域里,没有确定的和一成不变的东西,唯一可以确定的是一切都在变化。

四、济川药业

济川药业是一个典型的困境反转的案例。

我眼中的济川药业:一半是药厂,一半是"快消"。

济川药业的前身是国营泰兴制药厂,由于经营管理机制陈旧,加上产品的附加值较低,市场表现一直乏善可陈。1993—1998年更是连续换了五个负责人,企业经济效益跌至谷底。1998年,泰兴制药厂累计亏损额达2 000多万元;职工工资已有两年没发;企业的人才纷纷远走高飞。这一年,曹龙祥被市领导点名接手这家濒临倒闭的制药厂。曹龙祥是军医出身,高中毕业,没有专业的教育背景,却是江苏企业界的名人。曹龙祥曾在7年间将一家乡镇企业——泰兴市第二水泥厂从亏损状态发展成为年销售额过亿元、利税过千万元的江苏华翔集团,并成为"全国最佳经济效益乡镇企业"。后又将泰兴市医药公司改制为江苏济源医药有限公司。济川药业是在他的手上起死回生的第三家国有企业。从1998年8月企业资不抵债1 749万元,到中国医药工业100强的上市公司,曹龙祥将济川药业一手打造成一个国企改制的成功典型。下面来揭开济川药业的面纱,看看这个典型的与众不同。

1. 主要产品及地位

1)清热解毒类:主要是蒲地蓝消炎口服液

公司的大单品,从公司上市以来,蒲地蓝营收一直高歌猛进,2015—2021年的营业收入分别为16.6亿元、21.4亿元、24.8亿元、32亿元、23.5亿元、21.4亿元、24.2亿元,7年的营收占当期营业收入的比重分别为44%、46%、44%、44%、34%、35%、32%。销售量分别是8 012万盒、10 477万盒、12 557万盒、16 614万盒、12 606万盒、11 543万盒、13 089万盒。

2）儿科：主要是小儿豉翘颗粒（同贝）

小儿豉翘颗粒是国家医保品种，独家品种，有发明专利，2025年到期，这几年无竞争压力。2020年公立医院儿科感冒中成药的市场占有率约为60.4%，排名第一。2015—2021年的销售收入分别为4.94亿元、6.71亿元、9.04亿元、12.46亿元、15.25亿元、10.38亿元、17.01亿元，营收占比分别为13.1%、14.3%、16%、17.3%、22%、16.8%、22.3%，除去2020年的疫情不可抗力导致的非正常状态，小儿豉翘颗粒均呈现快速放量增长态势。

3）消化类：主要是雷贝拉唑（济诺）

雷贝拉唑钠肠溶胶囊，仿制药，无保护，国家医保品种，市场占有率约为21%，排名第一。厂家很多，目前竞争对手主要有丽珠集团和润都制药，份额都很小。济诺一直以来稳健地以10%左右的增速保持增长态势，2021年已成为15亿元左右的大单品，具有相当的市场地位。

蒲地蓝、小儿豉翘和雷贝拉唑是济川药业最重要的三大单品，对济川药业有着决定性意义。三种产品2021年的营收占比高达73.6%，地位举足轻重。除此之外，比较重要的小产品还有健胃消食口服液、蛋白琥珀酸铁溶液（盛雪元）、三拗片、妇炎舒胶囊、川芎醒脑颗粒及蒲地蓝日化（主要是蒲地蓝牙膏）等。

总结一下济川药业的产品体系，济川药业曾经提出"33451"大品种战略，指的是远期销售规模达到的目标，分别是30亿元的济诺、30亿元的盛雪元、40亿元的同贝、50亿元的日化和100亿元的蒲地蓝。对照来看，就知道济川药业的产品在管理层心目中的位置和期望值。现在看，最有可能率先达到目标的就是同贝，离这个目标实现虽然还有一定距离，但这个目标一点也不是高不可攀的。同贝也是济川目前最具竞争力的品种，很可能快速取代蒲地蓝"老大"的位置。盛雪元有可能达成目标，但短期内距离太远。济诺30亿元的目标可能不成问题，但达成的方式是"七伤拳"。蒲地蓝曾经的地位可见一斑，但100亿元的规模，如今看来是天方夜谭，能稳健做到30亿元就很好了。最不靠谱的是蒲地蓝日化，做了7年，目前还没有眉目。

另外，也要提一下东科制药。2014年并购的东科制药，经过多年整合，如今也初具规模。2021年营收达到5.12亿元，盈利达到1.1亿元，并保持了高速增长。黄龙止咳颗粒和甘海胃康等几个品种具备一定潜力，有可能带来惊喜。

2. 济川药业的商业模式

通俗点讲，济川药业做的生意就是找了几个祖上留下来的中药配方，申请了专利，生产蒲地蓝口服液和小儿豉翘颗粒。又仿制了几个没有什么难度的化学药，再就是收购了快要倒闭的东科制药，带来了几个还不错的中药品种。济川药业的这些中药和化学药产品，功能都不具备排他性，都不是少了它不行的，同样功能的药很容易找到替代品。所以济川药业是缺乏核心竞争力的。不具有创新能力，对于一家医药生产企业来讲，济川药业显然不具备优秀的基因。但长期以来，除了2019年增长受阻和2020年的不可抗力，济川药业的经营业绩着实优秀，那么该如何解释？

济川药业奉行的是大单品战略，蒲地蓝、小儿豉翘和雷贝拉唑三款药品占了营收的七八成，都是超10亿元规模的大单品。蒲地蓝主治清热解毒和消炎，小儿豉翘主治儿童感冒发烧，是应用范围和场景极广的大适应症品种，也是家家户户的常备药。从这一角度来看，济川药业的两款主打单品具有类似食品一样的商品属性。药效好，客户体验好，会形成客户黏性，经常使用形成了高频次的重复消费，又具有差异化和定价权，这和酱油、酵母等食品何其相似。如果把蒲地蓝和小儿豉翘当作酱油和酵母来看待，那么除了产品相比竞品自身的竞争力，决定成败最关键的因素就是营销渠道和营销能力。

营销能力的前提是产品力，对于药品而言，产品力的核心自然是疗效。蒲地蓝和小儿豉翘的产品力是强大的，口碑是在患者长期的实践中积累而成的。小儿豉翘是儿科用药，蒲地蓝在一定程度上也具有儿科属性，疗效好，容易形成客户黏性，且对价格不敏感。有了产品力作保障，营销能力就是成败的关键，"酒香也怕巷子深"。济川药业的营销能力恰恰是其核心竞争力。

济川药业有员工6 600多人，其中销售人员有3 000多人，最多的时候有3 600多人，营销办事机构覆盖30个省、自治区、直辖市，覆盖医院终端超23 000家。销售费用常年占营收的50%上下。公司在渠道建设上下了大力气，产品力与渠道力相得益彰。2021年，天境生物之所以找济川药业合作TJ101长效生长激素，正是因为看上了济川药业强大的销售渠道。

综上所述，济川药业的蒲地蓝和小儿豉翘更像具有医药属性的快速消费品，与酱油、酵母、牛奶等产品很相似,且客户黏性更大。专利和客户黏性形成了一定深度的护城河。仿制化学药虽前景黯淡,但在研发投入少、代价低廉的前提下,利用强大的销售渠道,仍有利可图,但竞争壁垒很低。

所以,综合起来看,济川药业一半是药厂,一半是快速消费品企业。核心竞争力是营销能力,不具备研发创新能力,但具有"抄作业"的能力。将众多"抄完的作业"放入强大的营销渠道中,不求每个都成功,但求出几个"爆款"。济川药业也确实有不断出"爆款"的能力和基因。这就是济川药业的生意,"广撒网,多敛鱼,择优而从之"。

3. 客观评价济川药业

济川药业的各主要品种的毛利率都在 80%~90%,毛利率很高,堪比茅台。但净利率只有 20% 上下,最重要的费用是占到营收 50% 上下的销售费用,而用在研发上的钱只占区区 3% 左右。近 5 年的销售费用率分别为 52.13%、50.83%、49.7%、48.82%、48.67%,相对应的研发费用率分别为 0、2.72%、3.03%、3.96%、6.85%(其中含与天境生物合作长效生长激素的 2.24 亿元合作费)。"重营销,轻研发"是济川药业一直被广为诟病的原因。但是,联系济川药业的商业模式,营销是它安身立命的根本,而研发不是。通过花小钱抄对作业,再通过营销将不具排他性的产品卖出竞争力,这才是济川药业的生存逻辑。在这样的逻辑左右下,将一半的营收拿出来建立和维护营销渠道,研发就只能遵循花小钱办大事的性价比原则。

因此,对济川药业的高销售费用应辩证看待。销售渠道的建立和维护是需要花钱的,能把药卖出去当然是能力,销售费用从另一角度来看也意味着挖深护城河的努力。

但如今医药改革的核心目的就是控费,控费的核心是控销售环节。带量采购的总体思路就是基本上不需要销售。砍掉销售环节的巨大费用,将药价降下来。但是由于中药的特殊性,没办法做一致性评价,各种药就没法比较,集采在实施起来就没有依据。所以,带量采购政策一时半会儿不会用在中药身上。但西药的全面集采可能近几年就会实现。在这样的大环境下,中药就是不集采,降价控费也必然是大势所趋,未来可能会针对中药专门出台具有可操作性的政策,但核心目的都是控费。带量采购引起的医药行业深度变革必将是倡导"重研发"和"轻销售"的,这种趋势必将蔓延到中药。那么,济川药业引以为傲的营销渠道,销售费用居高不下,学术研讨的营销方式,看似都会慢慢成为弊病和负担,优势和核心竞争力将荡然无存。

这也是近年来市场上思考整个医药行业的主要逻辑,可谓阴云密布。未来几年医药行业持续的深度改革无疑会使整个行业天翻地覆,过去药企普遍遵循的一整套商业逻辑会产生巨变,整个行业都将受到冲击。但是,整个医药行业与全国人民的健康息息相关,人们需要越来越先进的医药产业,未来的药企发展一定也会越来越好,这无可辩驳。而目前面对环境的变化,药企需要适应,完成进化,适者生存。

所以,济川药业的未来也会根据生存环境的变化做出调整,这确信无疑。那么,济川药业的商业模式和它的优势及竞争力是否仍可行,是否会被削弱,这要看环境如何变化和济川药业如何适应,绝不像表面看上去如此绝望。未来的路径有很多条,究竟会走哪一条是未知的,但企业有适应能力。

我们再看医改控费,根本目的是满足国家医保的基础性保障需求,但在医保之外,个人自费的改善性需求,医改控费不会管。这就好比猪肉价格上涨,国家会想方设法把猪肉价格调控在合理的价位来满足基础性需求,但你偏要吃高端猪肉,那你有钱可以随便吃,就算其价格涨上天,国家也不会为了你的改善性需求去调控高端猪肉价格。从蒲地蓝选择不进国家医保来看,济川药业是要在改善性需求市场上发展的。这个领域政策调控少、干扰少、自主权大、利润高,但市场小、竞争激烈,更需要客户黏性和发达的营销渠道支撑。因此,走"食品"消费的商业模式,兼具医药的属性,这是一条康庄大道。

4. 济川药业未来的发展路径

目前的济川药业,无论是财务状况、盈利能力还是现金流都是极佳的,公司的质地再怎么夸都不为过。在这里系统的财务分析就省略了,简单摆几个关键数据就可见一斑。

公司的资产负债表很干净。从 2021 年年报来看,总资产 121 亿元,现金类资产占比 45% 以上,应收往来 22 亿元,3.76 亿元的存货,30 亿元的固定资产和在建工程,2.8 亿元的无形资产绝大部分是土地使用权,比较特殊的就两项，一项是 3.15 亿元的权益类投资，另一项是 1.67 亿元的商誉，是在 2014 年收购东科制药时产生的，不存在减值可能。负债主要是约 20 亿元的往来性应付，2.9 亿元的薪酬和税费，带息负债只有一个 6.3 亿元的可转债，其余的就是递延收益、递延所得税等"挂名负债"。这样的资产结构极其稳健，唯一不足是钱太多。

上市 9 年来，济川药业的加权 ROE 仅在 2020 年微低于 20%，长年保持在 30% 左右，近两年显著降低，是在手握大量现金低效资产的情况下实现的。真实的资本收益率远高于 30%。杜邦分析拆解指标可见，优秀的 ROE 并不是因为高杠杆因素，而是由盈利能力和资产运营能力的合力促成的。近两年的 ROE 显著下降，主要是因为资产运营效率下降了，而原因在于手握大量的低效现金资产产生不了收入。问题再次聚焦到钱太多上。

从商业模式上进行分析，济川药业的下游客户多是医院，占绝对强势地位，济川药业的现金流不应该太好。但是，济川药业上市 9 年的总营收为 475 亿元，销售商品、提供劳务收到的现金为 528 亿元；净利润为 100 亿元，经营活动产生的现金流净额为 111 亿元；投资活动现金流净流出 58 亿元，筹资活动现金流净流出 15.6 亿元；2013 年经营性现金流净额为 2.87 亿元，2021 年经营性现金流净额为 18.9 亿元。可见，济川药业是明显的稳健增长类型，现金流极其充裕。这与常识的判断不符。济川药业是如何将产业链中的劣势化解的呢？年报中的"其他应付款附注"揭示了原因，如图 6-4 所示。"货物及岗位保证金"及"员工报销款"占款是主要的化解途径。也就是说，济川药业将客户的占款有效地转嫁给了销售渠道的占款。

其他应付款
（1）按款项性质列示其他应付款
√适用 □不适用

单位：元币种：人民币

项目	期末余额	期初余额
风险责任金	496 272 813.25	504 884 722.59
应付报销款	369 741 927.10	357 080 365.20
保证金及押金	43 711 288.48	46 943 970.68
其他	3 628 962.27	5 224 704.59
合计	913 354 991.10	914 133 763.06

图 6-4 济川药业年报中的其他应付款

（2）账龄超过1年的重要其他应付款

√适用　□不适用

单位：元币种：人民币

项目	期末余额	未偿还或结转的原因
风险责任金	137 235 495.27	货物及岗位保证金
保证金及押金	16 318 738.19	工程项目保证金
合计	153 554 233.46	/

图 6-4　济川药业年报中的其他应付款（续）

来源：2021 年年报附注。

那么，目前济川药业的生意是极其优异的生意，唯一的问题就是未来的发展问题，即如何利用好大量现金开拓第二增长曲线的问题。近两年济川药业的困境说到底就是第一大单品受阻后的空窗期。如何接过蒲地蓝的接力棒，能否保持成长性，直接决定了济川药业的价值大小。

进入 2021 年，济川药业迎来业绩反转，主要靠的就是同贝的崛起和济诺的稳健增长以及蒲地蓝守住了基本盘。同贝成为又一爆款接棒蒲地蓝，保证了成长性的恢复。随着同贝无蔗糖型的升级提价，以及产能问题的解决，济川药业未来几年恢复稳健增长的概率很大，从而很可能引发业绩和估值水平同向增长的"戴维斯双击"效应。

另外，2021 年，济川药业同天境生物合作长效生长激素 TJ101 的尝试可能开发出另一条发展思路，即合作卖药模式。济川药业的最大优势在于渠道优势，营销强，研发弱。对于医药行业而言，重营销、轻研发显然不对，但对于公司个体而言，渠道是优势，这没什么错误。国外研发的新药在国内需要有销售渠道，自己现建渠道无论是费用还是效果都不一定比现成的渠道更优，合作模式是符合双赢理念的。将自己的优势发挥到极致，回避劣势，无疑是非常明智的。

在 2021 年年报中，在公司的发展战略里第一次提出了"发力产品合作引进，积极实施改良创新研发领域及技术平台搭建"，将合作引进写进了公司战略。合作卖药的模式如果走得通，那么济川药业可能又找到了一条康庄大道，发挥自身优势，专业替人卖药，参与分成。济川药业"囤积"现金的目的很可能就是为合作引进新药所做的储备。一个 TJ101 如果最终引进成功，则要花 20 亿元；若能引进几个重磅品种，那么济川药业手里囤积的 50 多亿元现金也不禁花。

至于估值问题，如以找买点为目的就非常容易了。未来自由现金流维持 20 亿元，现金奶牛，不再成长，永续经营，医药属性不确定性大，折现率用 10%，内在价值起码也有 200 亿元。如此估值的含义是：200 亿元买入，不强求它日后继续成长，就保持目前的状况，永续经营下去，长期年化收益率也有 10%。

5. 点评

近几年的济川药业充分展示了成长性的巨大价值。在市场里，成长真的非常值钱。在 2018 年之前维持稳定高增长的济川药业春风得意，就因为 2019 年大单品的挫折，业绩增长受阻，市场对其的评价一落千丈。偏偏不巧，2020 年又赶上不可抗力，济川药业更是雪上加霜。谁还没有个沟沟坎坎，但市场对企业的要求就是不允许不好。一旦不如以前好，即便是再合情合理的原因，市场也会马上落井下石。济川药业从高处回落近 70%。其实，公司还是那个公司，业务还是那些业务，企业家还是那个企业家，公司的未来也没有因为暂时碰到的问题而看不到希望。蒲地蓝到头了，小儿豉翘马上接过了接力棒，但市场连交接的时间都不想等。2021 年，随着业绩开始反转，市场在疑虑之中开始慢慢对济川药业做出一些正面评价，但远不如一则"进入生长激素领域"的消息的爆发力强劲。可见市场是多么的急功近利。

评价企业，究竟是质地和基因更重要，还是一个臆想的成长更重要？一个是实打实的，一个是虚无缥缈的。我们该如何对待市场的急功近利和肤浅呢？首先，应明确市场的脾气秉性是错误的，决不能被带进市场的情绪之中。其次，光知道远远不够，该忍受的要学着忍受，别无他法。说说很简单，但真能做到很难。心境是需要磨炼的。

五、牧原股份

2019 年和 2020 年进入一轮生猪上涨周期，幅度史无前例，是生猪行业历史上最风光的一段时光。面对如此令人兴奋的行业格局重塑的历史性大机遇，我于 2020 年 10 月找到机会，搭上了这轮猪周期下半场的快车。半年之后，在牧原股份即将突破 5 000 亿元市值之际，我果断离场。从结果来看，这轮猪周期，我对牧原股份的投资很成功。但从过程来看，绝非完美，自己的认知有很大局限，结论也绝非正确，只是结果近乎完美。这一次投资牧原股份带给我很多值得深入总结的东西。

1. "非瘟周期"的下半场

我选择参与"非瘟周期"的下半场，基于两个基本判断：一是"非瘟周期"缺猪严重，产能恢复缓慢，所以，高猪价将延续；二是以量补价。随着产能逐步恢复，猪价下降是趋势，但行业集中，头部猪企都在极致扩张产能，产能扩张的速度比猪价下降的速度要快，以量补价是行得通的。

接下来根据供应情况，我大胆预测了一下生猪价格的走势。2019年9月能繁母猪存栏见底，对应的2020年7月的出栏量应该是最少的，接下来，随着能繁的持续恢复，肉价应该进入持续下跌的正常趋势里。生猪行业是一个价格几乎完全取决于供应方的市场，这样的市场价格对于供给具有弹性。尤其是在严重短缺的情况下，价格的变动幅度会远高于供给增加的幅度，所以，生猪的价格会经历从快速回落到慢慢放缓的过程。

在考察供需基本平衡时，大部分企业只能获取合理利润。猪粮比是非常好的测算指标。6~8.5是绿色区域，6代表基本盈亏平衡，8.5代表高利润区，那合理的利润应该在7~7.5之间。对照当时每公斤38元的价格对应17的猪粮比，7~7.5对应的生猪价格是每公斤15.6~16.8元。考虑到其他成本的增加，所以，供需平衡时的价格应该在每公斤17~18元。这中间应该大约有20元的下降空间，降幅达到53%。这20元的降幅，2020年下半年、2021年、2022年这两年半按5∶3∶2的比例分配，这三年的均价大约是每公斤30元、25元、20元。如此分配这20元的降幅，也没有什么确切依据，只是按照边际效用递减的原理，对于很饿的人，第一口饭的满足感最大。对于极度缺猪的市场，最早的增量补充影响最大。所以，生猪的价格会经历从快速回落到慢慢放缓的过程。

2. 为什么选择牧原股份

在以量补价的逻辑中，扩张最快、成本最低的猪企无疑是最好的选择，牧原股份恰恰集二者于一身。

从1992年的22头仔猪起家的牧原股份，在之前位居行业第二，但与"老大"温氏股份差距巨大。这也是二者的商业模式不同的具体体现。温氏股份采用的是轻资产型的"公司+农户"模式，牧原股份采用的是重资产型的"自繁自养"模式。所以，温氏股份的规模比牧原股份的规模大得多。而牧原股份具有成本优势，它拥有全行业最低的完全成本。猪瘟的爆发，使牧原股份"自繁自养"模式的优势被无限放大，全流程控制成为防疫的最好选择。感染少，养得活，在能繁母猪不足的情况下，"二元回交"的独特育种体系能迅速补充母猪数量。牧原股份将猪瘟的影响降到了最低，并且在历史机遇面前迅速扩张，成为行业老大。

3. 为什么牧原股份扩张最快

猪瘟对于牧原股份来说，是一次重大的历史机遇。牧原股份之所以能抓得住，最关键之处是它的"二元回交"育种体系。头部企业迎来迅速扩张的历史机遇，但瓶颈是能繁母猪的极度欠缺，无猪可养。牧原股份之所以能迅速脱颖而出，是因为它不存在这个瓶颈。这其中的原因就在于独特的"二元回交"育种体系。

"二元回交"育种体系是牧原股份能牢牢抓住历史机遇最重要的"功臣"。牧原股份有猪养，可以极致扩张产能，迅速发展成行业第一。

4. 牧原股份低成本的来源

牧原股份的低成本优势主要源于其"自繁自养"的重资产模式。自繁自养不需要委托养殖费用，在全流程控制下，饲料和药品疫苗等主要成本的控制是优势。但是人工和折旧则是劣势。综合起来看，自繁自养有利于成本控制，放眼整个生猪行业，只有牧原股份采用的是彻底的"自繁自养"的重资产模式，因此，牧原股份的完全成本一直是行业最低的。这也是牧原股份的核心竞争力。在至暗时刻，行业淘汰过剩产能时，成本优势是巨大的竞争优势。在猪瘟发生之前的猪周期中，都是以牧原股份的短期微亏为底线的。牧原股份的成本几乎可以被当作猪周期的周期底部来看。

牧原股份对低成本一贯是孜孜以求的，为了强化成本优势，牧原股份做到了无所不用其极。图6-5详细总结了牧原股份成本优势的来源。在猪瘟发生之后出色的防疫表现，进一步扩大了牧原股份的成本优势。成本优势在猪价下行的过程中，对利润的保护作用是巨大的。

牧原成本优势

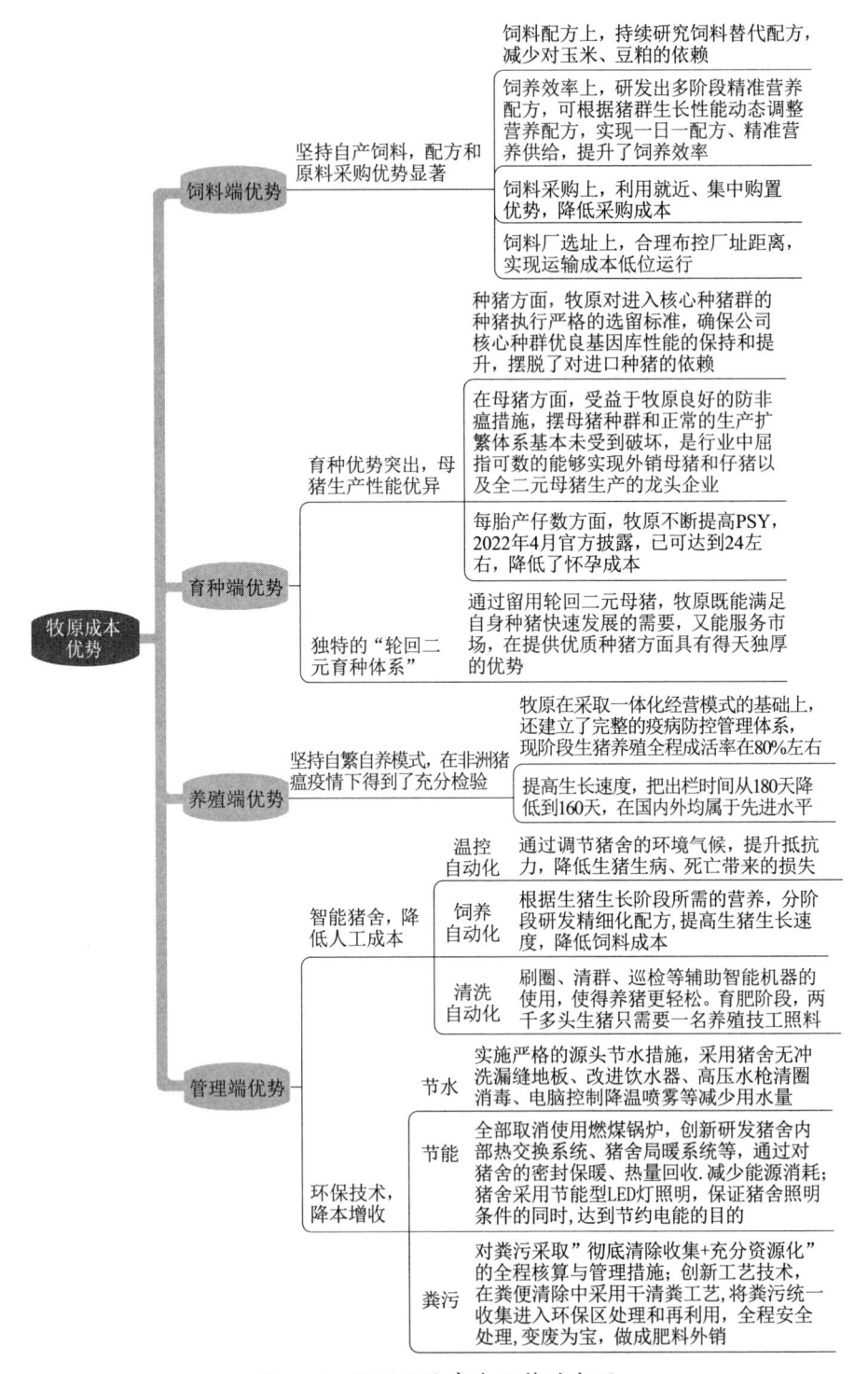

饲料端优势
坚持自产饲料，配方和原料采购优势显著
- 饲料配方上，持续研究饲料替代配方，减少对玉米、豆粕的依赖
- 饲养效率上，研发出多阶段精准营养配方，可根据猪群生长性能动态调整营养配方，实现一日一配方、精准营养供给，提升了饲养效率
- 饲料采购上，利用就近、集中购置优势，降低采购成本
- 饲料厂选址上，合理布控厂址距离，实现运输成本低位运行

育种端优势
育种优势突出，母猪生产性能优异
- 种猪方面，牧原对进入核心种猪群的种猪执行严格的选留标准，确保公司核心种群优良基因库性能的保持和提升，摆脱了对进口种猪的依赖
- 在母猪方面，受益于牧原良好的防非瘟措施，摆脱母猪种群和正常的生产扩繁体系基本未受到破坏，是行业中屈指可数的能够实现外销母猪和仔猪以及全二元母猪生产的龙头企业
- 每胎产仔数方面，牧原不断提高PSY，2022年4月官方披露，已可达到24左右，降低了怀孕成本

独特的"轮回二元育种体系"
- 通过留用轮回二元母猪，牧原既能满足自身种猪快速发展的需要，又能服务市场，在提供优质种猪方面具有得天独厚的优势

养殖端优势
坚持自繁自养模式，在非洲猪瘟疫情下得到了充分检验
- 牧原在采取一体化经营模式的基础上，还建立了完整的疫病防控管理体系，现阶段生猪养殖全程成活率在80%左右
- 提高生长速度，把出栏时间从180天降低到160天，在国内外均属于先进水平

管理端优势
智能猪舍，降低人工成本
- 温控自动化：通过调节猪舍的环境气候，提升抵抗力，降低生猪生病、死亡带来的损失
- 饲养自动化：根据生猪生长阶段所需的营养，分阶段研发精细化配方，提高生猪生长速度，降低饲料成本
- 清洗自动化：刷圈、清群、巡检等辅助智能机器的使用，使得养猪更轻松。育肥阶段，两千多头生猪只需要一名养殖技工照料

环保技术，降本增收
- 节水：实施严格的源头节水措施，采用猪舍无冲洗漏缝地板、改进饮水器、高压水枪清圈消毒、电脑控制降温喷雾等减少用水量
- 节能：全部取消使用燃煤锅炉，创新研发猪舍内部热交换系统、猪舍局暖系统等，通过对猪舍的密封保暖、热量回收，减少能源消耗；猪舍采用节能型LED灯照明，保证猪舍照明条件的同时，达到节约电能的目的
- 粪污：对粪污采取"彻底清除收集+充分资源化"的全程核算与管理措施；创新工艺技术，在粪便清除中采用干清粪工艺，将粪污统一收集进入环保区处理和再利用，全程安全处理，变废为宝，做成肥料外销

图6-5 牧原股份成本优势的来源

综上，我来推算牧原股份 2020 年、2021 年、2022 年这三年的盈利，逻辑如下：根据牧原股份的能繁母猪存栏及留种情况推算，这三年出栏的中位数大约是 1 800 万头、3 800 万头、7 500 万头左右。牧原股份的完全成本按 14 元、12 元、11 元预计。那么三年的每公斤盈利分别为 16 元、13 元和 9 元，三年出栏均重根据短缺程度，按 120 公斤、115 公斤、110 公斤估计，那么三年的净利润分别为 346 亿元、568 亿元、743 亿元。这三年在猪价持续下跌的背景下，牧原股份的利润可以维持快速增长，"以量补价"的逻辑是成立的。所以，"非瘟周期"的下半场是值得参与的。

5. 点评

投资生猪生意无疑不是三尺跨栏，我认为它至少是很难跨的"七尺栏"。如果没有猪瘟营造的行业结构重塑的大环境，那么我可能永远不会对牧原股份感兴趣。涉足生猪行业，我涉险进行了一次猪周期的"火中取栗"。过程中错得离谱，结果却堪称完美。这说明投资中最关键的是投资逻辑，确保大逻辑的正确性，可以掩盖许多细节甚至重要细节的瑕疵。除此之外，越是群情激昂时，越要保持客观和冷静，这次胜利一大半要归功于我的客观。

六、万华化学

从 2017 年 5 月至 2023 年，我和万华化学结缘 5 年有余。大多数投资人在回望漫长的投资生涯时，都会有几个津津乐道的得意之作。而其中最重要的那一笔或许不是赚到的钱最多的，但对其投资生涯而言却是意义最为重大的，比如可口可乐之于巴菲特、得州仪器之于费雪、房地美和房利美之于林奇。对于我而言，万华化学就是我的"可口可乐"。5 年多的"牵手"，作为经典的成功案例，万华化学促使我完成了重大蜕变。

本案例通过讲述万华化学 40 年的奋斗历程，来系统地阐述万华化学的投资逻辑，并以 2020 年为例，展示如何进行年报分析，还对万华化学进行了保守的估值尝试。

1. 万华化学的投资逻辑

万华化学发展了 40 年，其中前 3/4 时间专注于 MDI。最近 10 年开始开枝散叶，先是聚醚、TDI，再延伸到聚氨酯下游应用 TPU 和异氰酸酯的"Plus"版本 ADI，实现了聚氨酯产业链的全覆盖。作为聚氨酯的配套，提供 PO 的 C3/C4 石化链和消耗盐酸的 C2 石化链，最直接的目的是为做强聚氨酯服务。单单支撑聚氨酯这个任务，对于这两条石化链来说无疑大材小用。如何最大限度地利用这两条石化链？那就是利用中间过程产生的基础化学品作为原材料，往下游延伸，做高附加值的精细化学品及新材料。而将暂时用不到的基础化学品直接出售。

如图 6-6 所示，上半部分就是 2015 年建成投产的 C3/C4 石化链，核心是 PO/MTBE 装置，直接目的是聚醚。间接生产出 AA、AE、NPG、MMA、PO、MTBE 等基础化学品，向下游延伸出 SAP、PC、PMMA 等精细化学品及水性树脂、尼龙 -12、柠檬醛、可降解塑料、膜材料、三元正极电池材料和 CMP 材料等新材料。下半部分就是 2021 年建成投产的 C2 大乙烯石化链，核心

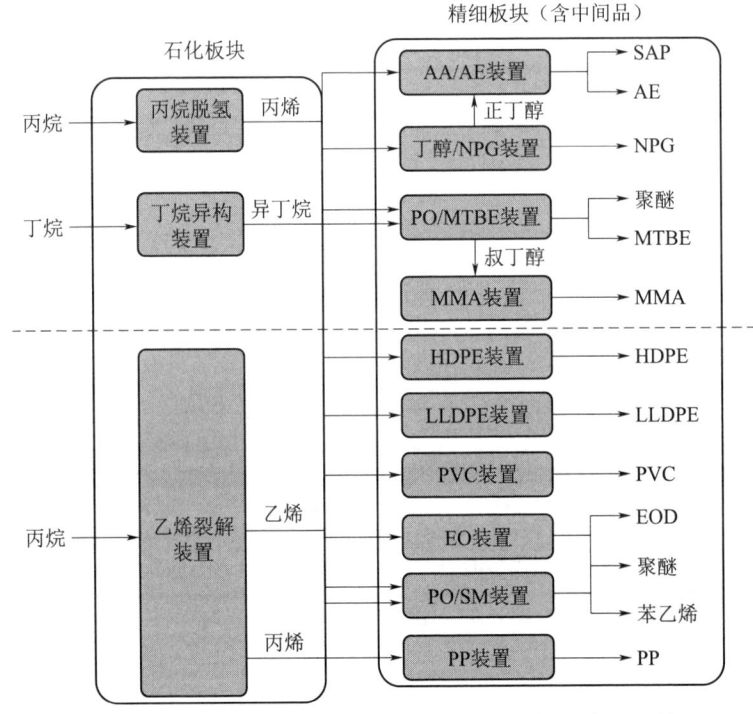

图 6-6　万华化学 C3/C4 石化链及 C2 大乙烯石化链

是PVC装置，直接目的是消耗盐酸。间接生产出PE、PP、PVC等聚烯烃基础化学品。下一步将向下游延伸做高端聚烯烃，第一站是POE。这将是大乙烯二期的核心目标。

当你对万华化学的聚氨酯板块、石化板块和精细化学品及新材料板块三大产业布局的思路有了清晰的认识以后，就能理解万华今后的发展路径其实有两条：一条是围绕聚氨酯，MDI、TDI、聚醚、TPU、ADI继续做大做强；另一条是以两条石化链提供的基础化学品为原材料，向下游延伸出各种各样高附加值的精细化学品和新材料，目前已经完成布局的包括SAP、PC、PMMA、POE、水性树脂、尼龙-12、柠檬醛、可降解塑料、膜材料、三元正极电池材料和CMP材料等。

第一条路径，其中MDI是万华最具优势的产品，现有产能265万吨，加上宁波基地MDI技改和福建基地的规划产能共335万吨。2021年以来发生了两件事情，直接对万华MDI的发展前景产生了深远影响。一是宁波的MDI技改扩能，MDI产能将由120万吨/年扩大至180万吨/年，这比之前认为的从120万吨/年扩增到150万吨/年，又多出了30万吨/年。产能进一步增加，每吨的生产成本进一步降低。二是万华化学（福建）有限公司要配套建设年产108万吨的苯胺项目和年产80万吨的PVC项目，福建基地建设108万吨苯胺和80万吨PVC产能的动作是意味深长的。

第二条路径，利用两条石化链产出的众多基础化学品作为原材料，向下游延伸出SAP、PC、PMMA、POE等精细化学品及水性树脂、尼龙-12、柠檬醛、可降解塑料、膜材料、三元正极电池材料和CMP材料等新材料，品类众多的产品线都是万华未来发展的方向。由于涉及的行业和领域众多，每样产品的竞争格局和自身的优劣势都不同，想要面面俱到难如登天。即便了如指掌，各产品对于万华的重要性不同，所占权重不一，如何给各产品赋权？因此，对于这条路径的把握难度就大得多。

但是，万华的这条路径是遵循这样一种逻辑的：两条石化链供应基础化学品原材料，强大的技术研发能力作为向下游、向高端延伸的支撑，能延伸下去的就去做高附加值的精细产品，暂时延伸不下去的就卖大宗商品。这就是万华化学的石化板块和精细化学品及新材料板块的整体思路。石化板块是基础、是过渡，精细化学品及新材料板块才是目的。尽管精细化学品和新材料出成绩的周期长，发展速度慢，不像基础化学品的石化板块，只要投产，业绩立竿见影，比如2021年辉煌的业绩表现，大乙烯产业链投产贡献了一大半增量，但是，已涉足的众多精细化学品及新材料领域，未来必定是百花齐放的局面。从万华布局的五大产业基地来看，烟台基地、宁波基地和将来的福建基地都是高度一体化的聚氨酯和石化综合产业链，而眉山基地则定位于新材料基地。从眉山基地两期建设的资本投入来看，第一期13.6亿元，第二期400亿元，总投入甚至超过大乙烯一、二期投入的总和，万华对水性涂料、电池材料、维生素及营养化学甚至可降解塑料都是寄予厚望的。蓬莱基地于2022年刚刚动工建设，总投资231万元，从建设内容来分析，其定位于聚醚、PC、SAP及水性树脂等产品。粗算下来，加上乙烯二期向POE的延伸，未来几年万华为了从基础化学品向精细化学品及新材料延伸的总投入将超过千亿元。

这些年万华大规模的资本支出并没有等比例地体现在业绩上，最赚钱的MDI的扩能只花掉了很少的钱，大量的钱被花在了"搭台"上，C2、C3/C4两条石化链的搭建和向下游延伸平台的搭建，就像万华重金打造的"魔术箱"。有了道具，往后就是持续产出，持续带来惊喜的时刻。

这两条发展路径充分保证了万华化学可持续的高成长性。万华强大的技术创新能力和进击力又保证了这种可持续高成长的可实现性。这是投资万华化学最核心的逻辑。当然，万华身处周期性很强的化工行业，并且作为万华立身之本的MDI是上游的基础化学品，具有同质性，没有差异性，所以，万华的业绩不可避免地具有周期性。周期性和成长性兼具，是万华身上鲜明的特征。以往万华单靠MDI包打天下时，其周期性很强。但是，如今万华的发展越来越多元，特别是在向下游客户延伸类似定制化的新材料产品后，价格更稳定，相应地，周期性的价格波动会被弱化。再加上确定性极强的业务增长，可以在很大程度上对冲价格波动对整体业绩的不利影响。因此，未来万华的周期性会被弱化，成长的确定性会被加强。

2. 万华化学2020年年报分析

万华过去的财务报告总体很务实，现在的报告很"官方"。2020年的年报延续了2019年的风格，但不同于2019年，在大段的官话、套话里，高度概括并隐含了大量极为重要的信息，结合公布的相关数据，足以达到重新认识万华的战略方向的效果。对于2020年的年报，需要抽丝剥茧，去细品万华管理层点到为止的说话艺术，以及在大谈情怀的同时透露出的点点滴滴万分重要的信息。

2020年的年报太重要，我像拿着放大镜一样，逐字逐句从大段话语中寻找着那些无比重要的东西。令我欣慰的是，我找到了一些足以改变我的认知的东西。

1）从产品结构出发

在如图6-7和图6-8所示的有关产销量的数据中，一个来自2020年度主要经营数据公告，一个来自2020年年报。在两张图里只有一处矛盾，即石化系列的销量，主要经营数据公告里比年报里大约多440万吨，并且备注了销售量统计包含贸易量。

主要产品的产量、销量及收入实现情况

主要产品	产量（吨）	销量（吨）	营业收入（万元）
聚氨酯系列	2 871 796	2 884 384	3 441 687
石化系列	1 879 133	6 282 957	2 308 499
精细化学品及新材料系列	573 005	554 944	794 786

注：以上销售量统计包含贸易量。

图6-7 万华化学2020年度经营数据公告节选

产销量情况分析表
√适用 □不适用

主要产品	生产量（吨）	销售量（吨）	库存量（吨）	生产量比上年增减（%）	销售量比上年增减（%）	库存量比上年增减（%）
聚氨酯系列	2 682 387	2 619 603	215 053	16.37	12.27	22.07
石化系列	1 990 066	1 978 362	91 695	10.99	9.78	14.63
精细化学品及新材料系列	426 902	414 670	56 260	38.07	37.35	27.78

图6-8 万华化学2020年年报节选

相应地，2019年度主要经营数据公告里比年报里大约多182万吨。这多出来的440万吨和182万吨就是LPG贸易的销量。由于LPG贸易的存在，万华的营收增量实际上是被严重扭曲的。因为LPG贸易对利润无效，所以我称其为"无效营收"。但几年来这部分营收的规模快速扩大，大到足以扭曲客观评价营收增长的程度及石化板块盈利能力的地步。

只有剥离LPG贸易的无效增量，才能还原出很多事实。

（1）2020年的营收结构由聚氨酯系列344亿元、石化系列231亿元、精细化学品及新材料系列79亿元，变为聚氨酯系列344亿元、石化系列110亿元、精细化学品及新材料系列79亿元；2019年的营收结构由聚氨酯系列318亿元、石化系列201亿元、精细化学品及新材料系列71亿元，变为聚氨酯系列318亿元、石化系列125亿元、精细化学品及新材料系列71亿元。还原之后，可以看出总营收从增加54亿元，变为增加19亿元。其中，聚氨酯增加25.6亿元，精细化学品及新材料系列增加8.6亿元，而除去LPG贸易的石化系列实则降低15亿元，降幅达20%。这符合2020年量价双降的事实。

（2）我一贯的认知是，石化产业链是配套工程，目的是为聚氨酯和精细化工服务，而石化产品的销售只是合理利用产能的捎带，而不是目的。2020年，聚氨酯和精细化工产品的产量不同程度地增加，内部消耗的石化原材料相应地也应该增加，那么外销的下降也合情合理。

（3）LPG贸易的规模激增对应的另一个后果就是石化系列的毛利率骤降近7个百分点，只剩4.26%。如此低的毛利率侧面证明了LPG贸易对利润的贡献近乎为0。那万华为何还要无限度地扩大贸易规模，费力不讨好呢？这实在是令我不解的事。万华的LPG直接合约采购自中东，为了平抑价格波动，万华采取了一定的期货合约的手段，难道LPG贸易和期货合约有关，不是真正意义上的贸易？这是今后我需要努力搞清楚的点（当时我对LPG贸易的认识并不深，但通过毛利率分析可以发现问题）。

（4）弄清楚了石化板块"增长"的实情，那么聚氨酯板块和精细化学品及新材料板块的表现就着实可圈可点了。先说精细化学品及新材料板块，营收增加12%，毛利增加11%，毛利率基本持平。但是这样的成绩是在销量大增34%，均价由1.71万/吨降到1.43万/吨的状态下取得的。这只有一种解释行得通：精细化学品及新材料板块的产品结构不均衡，增长也不均衡，并且平均成本与均价同比例下降。这就能体现出石化板块对于精细化学品及新材料板块降低成本的显著作用了。

对于精细化学品及新材料板块产品的价格，万华也是无法控制的，也具有周期性，但是在规模上却保持了快速增长。这个板块从无到有，仅仅用了5年时间，但这5年时间足以平抑周期属性的影响，从2016年将将10亿元的毛利，做到了5年翻倍的20.2亿元。15%的复合增长说明成效显著。但这一板块的问题在于体量太小，5年前对毛利的贡献将将10%，5年后还是将将10%。这引发了我的深度反思。

那么，是对精细化学品及新材料板块的期望过高了？还是对万华的战略布局理解有误？先留个悬念，等到下面的内容再联系到这里时，我会非常明确地给出结论。

再说聚氨酯系列，时至今日，聚氨酯依旧是万华不可撼动的支柱。2020年196亿元的毛利中聚氨酯系列贡献了150亿元，占76.5%。MDI全球领先，并且和对手的距离越拉越大，进一步巩固了优势地位。今后很长一段时间，万华的MDI都会保持一骑绝尘的态势。短短几年，万华通过并购、自建、扩建等多种形式快速拥有了TDI 65万吨产能，成为TDI领域里一支非常重要的力量和主流供应商。聚醚多元醇将是万华寄予厚望和今后贡献大量增量的重要力量，关于聚醚，等到后面谈到万华的规划布局时再详细谈。总之，万华的聚氨酯系列将愈发强大，会强大到没对手。

2）产能利用情况

对比2020年和2019年的产能利用情况，可以得出以下几个结论。

（1）聚氨酯综合产能利用率高达90%，MDI的比重最大，所以，极大可能不会小于90%。这个数据是我期盼许久的，它对判断景气周期及景气度作用巨大。这个90%是近几年的最高值，进一步证明了自2020下半年以来的涨价行情确实是由需求催生的，这确定是一个完整的景气周期。考虑到2020年上半年的低迷行情，测算当时万华的产能利用率只有7成左右，那么下半年，特别是四季度的产能利用率会非常高，才能加权平均出90%的结果。而且很可能超负荷运行，超过100%。对比2017年时的不到88%，这个周期的景气度可能超过2017年的景气度。因此，对2021年的业绩应适度乐观，看高一线。

（2）精细化学品及新材料产品产能利用率实质性提高，从侧面证实了产销两旺，高速增长。

（3）烟台工业园聚氨酯产业链一体化和乙烯项目两个超级大项目，一期已完工投产,陆续开始释放产能,万华已拥有高密度聚乙烯(HDPE)、线性低密度聚乙烯(LLDPE)、聚丙烯(PP)及聚氯乙烯(PVC)等通用塑料,以及100万吨乙烯、75万吨丙烯及EO、PO的巨大产能。看看这两个总预算为465亿元的"巨无霸"项目,万华无疑是要搞大事情的。

3)有息负债和在建项目

万华在高速扩张,资金非常紧张。2020年的短期借款大幅创下历史纪录,负债率接近安全边际。进一步扩大负债规模,加杠杆的空间已不大。一年内到期的长短借有389亿元,一年以上长期借款有118亿元,带息负债合计507亿元。而万华手里的类现金大约有220亿元,扣除分红的40亿元,还剩180亿元,单纯还债还需200亿元。2021年可获得经营性现金流输血大约300亿元,还债几无压力。

万华的资金压力大小全看资本支出了。我仔细研究了在建项目,算了算尚需投入的资金额。如果预算可靠,那么所有的在建未完工项目,不包括美国一体化项目,一共还要投入205亿元。考虑临时的零星小项目大约需要220亿元。这里面投入超过10亿元的有聚氨酯产业链延伸及配套66亿元、乙烯项目二期33亿元、宁波技改13亿元、异氰酸酯新建(应该就是福建的工业园)57亿元、高性能改性树脂项目10.7亿元。就算所有项目均在2021年完工,借新债还旧债,万华也没有太大压力。

另外,还需要考虑未开工,但计划2021年开工建设的项目的资金需求。2021年的投资计划公布——245.5亿元。未来几年,乙烯二期、福建和眉山基地的建设需要持续投入大量资金,万华的资金链将承压。

4)万华的规划布局

通过对上述各点进行比较详细的梳理,我清晰地看出了万华今后数年的规划布局。而这次的认识是对过去认知的一次颠覆,这是这次分析的最大收获。

聚氨酯始终是万华的根本,万华在不断加深它的优势。MDI技改、新建扩张产能后,产能会达到330万吨,牢牢把持一枝独秀的地位;TDI产能会达到80万吨,能和巴斯夫、科思创平起平坐;聚醚也是今后几年万华重点要做大、做强的。总结一句:万华的聚氨酯在全面升级。

但是,聚氨酯的市场毕竟有限,万华的增量就这些了。万华一直对标巴斯夫，在10年之内，万华要想和巴斯夫掰掰手腕，走综合性化工是必由之路。之前我的认知一直是万华要大力发展精细化学品及新材料，石化板块配套支撑，精细化学品及新材料百花齐放。精细化学品及新材料是万华的另一条腿。但经过这次年报的分析，我发现，经过5年的发展，精细化学品及新材料虽然快速成长，但体量太小，对万华的贡献实在有限。并且项目众多，哪一个也不具备做大做强，独自撑起一片天的潜质。

那么，万华的另一条腿是什么？高端聚烯烃。确定无疑。这另一条腿必须满足体量巨大、市场空间巨大的条件，万华选择的领域正是高端聚烯烃。在年报第10页里有一句非常重要的话：石化业务沿着"双核驱动，多点支撑，协同发展"的战略，继续深耕LPG/烯烃商业模式。继续深耕LPG/烯烃商业模式的含义无比清晰。LPG是石化产业链的原材料，是源头，而烯烃则是终端，是最终产品。原来如此，石化产业链的作用不仅仅是配套，为聚氨酯和精细化学品及新材料提供支撑，它的的确确是一条真正意义上的完整产业链。整个石化产业链是以烯烃为最终目的之一的。

因此，几年后，当万华的所有规划落地时，会形成聚氨酯和高端聚烯烃双轮驱动、精细化学品及新材料百花齐放（都是小花，成不了气候）的格局。

5）关于万华化学价值的思考

该如何看待万华化学周期性与成长性的关系？该如何衡量万华化学的价值？这是两个没有标准答案但又不得不面对的问题，特别是在现在景气周期，股价又高企的时候。一千个人眼里有一千个哈姆雷特，一千个人眼里也有一千个万华化学。

在这里，我想提几个并不太被关注的点，可能对辩证看待万华的估值问题有所帮助。

首先，万华拥有隐形资产。

我统计了万华近10年的研发费用，每年占营收2~3个百分点不等，逐年增加。10年的研发花掉110亿元，这些研发全部费用化，没有一分钱转资。但我们都清楚这些研发形成了多少成果，这些成果为万华带来了多少收益和竞争力，虽然无法量化，但它们的价值是巨大的。如果把这些成果资本化，那么是不是资产增加了，利润也相应增加？

再举一个例子，万华的两套MDI装置值多少钱？一套MDI装置折旧不到20年就折完了（万华的折旧政策是机器设备采用年限平均法，折旧年限为6.67~20年），账面可能已经接近零了。但在世界范围内，大多数MDI装置都是几十年的老设备。有哪套装置重置了？又有哪套装置报废了？重置一套，大几十亿元、上百亿元的资金可能还不够。万华烟台技改花了不足3亿元，增加了50万吨产能。这套装置就只值3亿元？

我想表达的是，万华是典型的拥有隐形资产的企业，它的表外资产值多少钱？虽然无法定量，但感受出其巨大的价值并不难。这些看不见的东西，在给万华定价时是需要考虑的。

其次，从现金流角度看万华。

内在价值的含义是自由现金流折现，和利润无直接关系。与其所有人都盯着利润，不如稍微关注一下现金流。

在2011—2020年的10年里，万华的经营性现金流一共有979亿元，利润是567亿元，现金流大约是利润的1.73倍。

在2016—2020年的5年里，万华的经营性现金流一共有796亿元，利润是456亿元，现金流大约是利润的1.75倍。

好巧，是巧合吗？

这两个5年基本上涵盖了两个完整的涨跌周期，能完美平抑周期属性的影响。我看到的是万华的现金流超级稳定，稳定在净利润的170%以上。从现金流角度是不是应该比利润角度得出的结论多出70%？

我还看到了万华显而易见的高增长平抑了周期波动的真实的高增长。第一个5年，现金流是183亿元，第二个5年，现金流是796亿元，5年4.35倍。在下一个再造一个万华化学的新5年里，万华能挣回多少现金流？到2030年，万华跟巴斯夫掰手腕时呢？

6）给万华化学估值

最后，我尝试估算一下万华化学的内在价值，目的不是得出一个尽量接近事实的准确值，只是想一眼定胖瘦，看一看万华最少值多少钱。

假设条件很关键。5年后现有的在建项目全部落地，大约会有3 000亿元营收，其中无效的LPG贸易有500亿元营收。在正常年份里，其余2 500亿元营收的整体毛利率为25%，净利率为18%，净利润为450亿元，自由现金流约为500亿元。假设以后不再成长，万华保持这种状态再存活20年。未来4年的自由现金流根据万华周期性的大逻辑，分别粗略按200亿元、200亿元、300亿元、300亿元计。这样假设，对自由现金流的估计基本合理，对于万华的成长性和存活年限极其保守。依此假设，可以得出万华化学的内在价值远大于4 000亿~5 000亿元的结论，见表6-2。

表6-2 万华化学估值折算

单位：亿元

年数	1	2	3	4	之后20年	内在价值
自由现金流	200	200	300	300	4 909	
折现系数8%	0.925 9	0.875 3	0.793 8	0.735	0.680 6	
折现值	185.18	175.06	238.14	220.5	3 341.07	4 159.95
自由现金流	200	200	300	300	5 734.5	
折现系数6%	0.949 3	0.89	0.839 6	0.792 1	0.747 3	
折现值	189.86	178	251.88	237.63	4 285.39	5 142.76

3. 点评

深入了解企业的发展史，对理解企业是十分必要的。企业的过往经历会塑造企业的性格。流淌在企业血液里的气质是最本质的企业文化，它远比口号、标语等外在表现形式纯粹且真实。我们只有通过历史探寻企业文化的根源，才能真正理解企业文化的内涵。

投资是面向未来的，未来是逐步走进视线里的。万华化学从专注MDI到四面出击，对投资者能力的要求不可同日而语。追踪企业的变化，应该把握一条主线，这条线即投资的核心逻辑。将树的根扎牢，再去开枝散叶，就不会偏离方向。新知识的缺漏、新业务的理解可以慢慢来，不影响定性。先确保不断发展后的企业还在你的能力圈里，再让能力圈的边界变得越来越清晰。

对企业的理解是渐进式的，分析年报应该根据年报中不断出现的新线索更新对企业的认知，从而不断加深对企业的理解，目的是对企业的未来有更准确的把握。投资不是一项静态的、一劳永逸的工作。

七、南极电商

南极电商是一个典型的由于认知错误导致失败的案例。同时，南极电商又有着非常独特的商业模式，值得深入探讨。本案例先谈商业模式，再深入剖析错误和失败。

1. 中国电商领域的"好市多超市"

如今鲜有人不网购，即便不买南极人的东西，但只要你网购，只要用过搜索关键词，相信没人会不跟南极人发生过接触。正是因为网购的经历，我对南极人产生了浓厚的兴趣。

查理·芒格对于一个行业里敢于另辟蹊径、不走寻常路的公司颇有好感，最典型的代表是好市多超市。芒格说，我们往往会发现，取胜的系统在最大化或者最小化一个或几个变量上走到近乎荒谬的极端，比如 Costco 仓储超市（好市多）。深受老先生思想的熏陶，我也对类似好市多这样的行业里的"另类"颇有好感。南极电商就是这样的一个"另类"。

从一定意义上讲，南极电商也是一个连锁的"好市多超市"，因为它的商业模式在本质上与好市多的商业模式有着诸多相似之处。为了讲清楚南极电商的商业模式的本质，我会经常将其与好市多进行类比。好市多是美国新型的仓储型超市，在美国遍地开花，但在中国只在上海开了一家店，去体验过的人可能并不多，我就先简单地说清楚好市多的商业模式，以便于接下来的类比。

好市多表面上是一家卖货的超市，而它的本质是一个为客户尽心办货的管家。它的竞争优势是同样品质的东西更便宜，同样价格的东西品质更高，一句话就是从它那买东西更划算、更实惠。为了做到这一点，好市多要保证售价比同行低得多。

它是怎样做到的？实际上，它做成了两件事：不靠卖东西挣钱，货物售价仅仅覆盖货物的成本和相关的费用；客户需要办会员，会员按年收取会员费。

因此，好市多的会员费收入就是它所有的利润。一个开超市的，竟然不靠卖货赚钱，这就从根本上颠覆了传统超市行业靠进销差价获利的盈利模式。将会员费作为它全部利润的来源，就确立了它以会员费形式作为"工资"的办货管家的身份。这是超市行业里独树一帜的模式创新。基于这一特殊的商业模式，异于同行业的极端现象就顺理成章了，比如，好市多追求销货毛利率最小化。在全球的好市多里都隐藏着关于"14"的神秘数字。任何商品定价后的毛利率最高不得超过14%。好市多的净利润就是会员费，会员费取决于会员的数量，吸引客户办会员付费的是它低价高质的高性价比，换一句学术性的说法叫"消费者剩余"。消费者剩余越大，客户的满足感越大。为了让客户满意，好市多想方设法提升消费者剩余，降低价格，提升性价比。而要达到这一目的，好市多采取了一系列措施，比如，极低的SKU，只将中端客户视为潜在客户，发展自有品牌，严格控制费用支出等。说到底，好市多是一种模式的创新，好市多的广受认可是一种创新的力量。

简单谈了一下好市多的商业模式，不夸张地讲，南极电商90%与好市多神似，而且在有的方面还要优于好市多。

南极电商表面上是一个代工贴牌的电商，而实际上它既不生产，也不卖货，它只是开了一家名为"南极人"的大超市，进驻这家超市的卖家要统一穿上"南极人"的马甲，接受它的统一管理和指导。这家超市开在各大电商平台上，它的竞争环境是标准的电商环境。可卖家进了这个南极人大卖场，会发现这里客流量大，货比在别处好卖，赚得多，于是心甘情愿地接受南极电商的管理和服务建议。买家进了这家超市，会发现在这里买东西性价比极高、服务极好，完全对得起这低廉的价格。所以，南极电商从事的实际是电商服务业，它的本质是"平台中的平台"。它的核心优势是在电商的环境里能同时满足两类人的两种需求：卖主有得赚，也赚得多；买主能获得较大的消费者剩余。

为了实现这一优势并且做到极致，南极电商的服务是全方位的，采取了一系列措施。首先，它服务这个产业链条上的各种角色。官方的说法叫"供应链整合"，使整条供应链非常有效率。在这里它服务的对象既有负责生产的工厂，也有负责卖货的商家。对于南极电商来说，就无所谓供应商和客户之分了，都是它的客户，服务两头，两头收服务费（有的工厂既自己生产也自己卖，这就出现了供应商和客户重叠的情况，市场质疑这一点，实际上是不理解南极电商的商业模式的表现）。所以，南极电商能使工厂和商家完美匹配，使供应链效率最大化。这样才能保证商品的成本最低，才能保证最终买家获得最高的性价比和消费者剩余。

其次，南极电商提供服务的多样性保证供应链的所有需求都能得到满足。例如，它让没牌的工厂贴上自己的牌生产，比没牌好卖，满足工厂的"商标"需求；为商家在不增加费用的情况下提供流量服务，满足商家最迫切的"流量"需求；还提供仓储、物流服务，甚至为了消化库存，有时还替商家卖货。

另外，它还有一项比较特殊的服务是"保理业务"。用白话讲，就是客户的应收账款暂时收不到，又需要用钱，可以把应收账款转给我，我先把钱给你，我再找别人收款。这是一项金融服务，所以，我买你的应收账款要打个折扣。这很像应收账款ABS，支付宝应收的借款就是通过ABS的方式把贷款的风险转嫁给银行系统的。而南极电商反其道而行，收集应收账款，挣折扣，主动承担风险，不违法也不违规。虽然这项业务规模不大，也挣不了几个钱，却充分体现了南极电商的服务意识。南极电商的应收账款高企，这也是一部分原因，是它主动收集的。供应链上有求必应，提供全方位服务。

最后，南极电商对电商行业的理解深刻，对规则的把握精准。它在利用免费搜索获取免费流量上下足了功夫，获取免费流量的能力无人出其右。对于电商来说，流量就是基础，就是血液，有了流量才能谈转化率和货币化率。流量对于电商无价，因为它关乎生存。而南极电商帮商家解决了最大的问题，而且是用免费的方式。在这家超市里卖货，流量不是问题。南极电商真正厉害的地方就在于此，它通过对规则的深入理解，用不花钱的方式做成了天大的事情。南极电商对众多商家的真正吸引力正在于此。理解了这些就能充分理解南极人为什么只能做低端了。它的内衣、袜子、家纺等主力品类都是利润很薄的产品，在电商平台上销售，根本没有利润空间去买流量，这给了南极电商一个相当大的"隐形冠军"市场，我只要进来不走，没人争得过我，因为我有拿手绝活你没有，我能玩转你就不行。

理解了南极电商生意的本质，成长空间和天花板问题也就不难解决了。很多人总爱拿贴牌、低端、不入流和消费升级没前途来思考南极电商的未来，可他们忘记了"存在即合理"。事实上，在电商领域里，存在针对整个电商产业链的服务需求。南极人服务于这样一个"隐形冠军"市场，踏进了市场它就是"冠军"，成绩斐然。而且这个"隐形冠军"市场在可预见的未来仍将继续存在。南极人的商标重要吗？不重要。客户最在意的是好的供应链综合服务，没了它的服务，生意做得不顺畅。消费者最在意的是高性价比和高消费者剩余的商品，至于它是叫"南极人"还是叫"北极人"，没人太在意。但是它的"超市"需要有一个名字，供应链里的货品需要挂一个吊牌，它只是恰巧叫了"南极人"而已。

它的品牌不值钱，它也不靠这个品牌赚钱。品牌授权业务只是很小的一块业务，只占到本部业务（不含时间互联）的大约5%。它的品牌是不入流还是"高大上"又有何区别呢？南极电商的商业模式决定了它只能做利润空间很薄的品类，薄到烧钱买流量行不通的程度，供应链上的每个节点都在赚辛苦钱。换句话表达，只要是利润空间很薄的品类，薄到烧钱买流量行不通的程度，理论上都可以被纳入"南极人超市"的柜台。

在这个大卖场里，需求的范围绝不仅仅是内衣、袜子、家纺，家庭日常吃的、用的，只要是利润空间足够薄的品类，南极电商都可以将其纳入超市的柜台。扩品类可以为南极电商带来无限的成长空间。2021年是食品品类在"南极人超市"的启动年。品类的扩展可以将更多的工厂、商家纳入供应链服务体系中来，这个成长的空间是巨大无比的。类比好市多的成长方式，只能靠扩充会员数量，而会员的数量在很大程度上取决于超市的覆盖区域，这就需要巨大的资本支出来四处开店，而南极电商的品类扩张的边际成本约等于零，从这一点来看，南极电商的商业模式无疑更为优秀。所以，现在提南极电商的天花板问题不是未雨绸缪，而是杞人忧天。南极电商品类扩容的成长模式和授权的连锁经营模式极其相似。连锁经营是快速成长的一种途径，特别是以授权方式。一说到授权连锁，很多人会想到小肥羊、吉祥馄饨，其实它们之所以失败，本质是因为"连而不锁"，规模扩大了，但没有锁住品质。因此，南极电商的核心任务是品控，保证纳入连锁超市的货品的品质对得起消费者，连锁模式的优势就会被无限放大。

理解了南极电商生意的本质，看清楚它的竞争壁垒和护城河也就不难了。南极电商的护城河不是物美价廉的产品，也不是高效的供应链整合能力，更不是一种创新的商业模式。这些别人想学都能学走。它真正的竞争壁垒是对电商行业和电商平台规则的深刻理解，是不烧钱就能寄生在电商平台获得免费流量的生存能力。

这种能力别人想学也学不走。这条护城河牢固吗？我认为短期内牢不可破。

打个比方，职场上需要一个手艺人，只有一个人有这门手艺，那他的饭碗别人抢得走吗？如果慢慢有人也摸索出些门道，那也能把活干了，但是请注意，这是对行业和规则的理解能力，是艺术性的，而不是技术性的。想学我，你的火候和境界大概率会永远欠我一筹。好吧，偶尔出现一个天赋异禀的，很快有了跟我不相上下的造诣，那还得问问我的客户愿不愿意换人呢，他们多数是靠我才能吃上饭的"苦力"，谁会冒着丢掉饭碗的风险去省几个服务费？

南极电商的客户黏性也是一项巨大的壁垒。对照好市多，南极电商的护城河明显更胜一筹。好市多的客户黏性其实很脆弱，充其量就是一年会员费，最多能强留一年。况且好市多的会员费随时可退，那么这种黏性就不存在了。一旦客户不满意，或者有更好的选择，说被抛弃就被抛弃了，好市多的护城河其实很浅。

那么，好市多有没有潜在的竞争对手？现在没有不代表以后没有。说到底好市多就是一种商业模式的创新，这种创新很容易被模仿。它是有先发优势，从而形成了很大的规模效应和成本优势。但是假设这种商业模式最终颠覆了整个超市行业，将超市行业都变成了管家模式。沃尔玛被迫来效仿的话，沃尔玛想做到好市多能做到的，难吗？我认为不难，沃尔玛只需把商品的进销差价变为会员费模式即可，它的低价进货渠道是现成的，导购人员不需要那么多，裁掉就是了。并且它的目标客户全面，渠道更丰富，它完全可以形成沃尔玛高端、沃尔玛中端和沃尔玛低端的差异性战略，这是好市多做不到的。

事物都具有两面性，太强大的护城河，如果它的根基受到了动摇，那后果是难以想象的。南极电商看似就受到了这样的威胁。淘宝修改平台运营规则，信息流推送、直播带货等新兴玩法的兴起，以及以前"人找货"，以后"货找人"的千人千面新模式，都从根本上动摇了南极电商最强大的优势——获得免费搜索流量，以后这种玩法可能就无用武之地了。市场对这种担忧也有了很充分的表达。

行业发展趋势和电商平台运营规则的变化并不是针对南极电商一家的，参与者都一样，谁更能适应谁胜出。但这种改变不是像新技术出现迅速颠覆一个行业那样的巨变，它改变不了优秀者优秀的基因。胜利者往往不是胜在表面的技能，而是胜在更深层次的能力和基因上。南极电商面对变化也一样，大概率还是它玩得最好。

对照好市多，我们会发现二者有诸多神似之处。好市多表面开超市卖货，实际是为客户办货，是管家。南极电商表面是电商卖货，实际是在电商平台上开了一家超市，服务于整条供应链，是服务员。二者在各自的行业里创造了全新的商业模式，改变了传统行业的玩法。二者的本质像极了：好市多的超市开在线下，南极电商的超市开在电商平台上；好市多的优势是物美价廉，南极电商对自己的客户的优势是服务到位，对消费者的优势也是物美价廉；二者都在极致地追求消费者剩余最大化，只不过南极电商的消费者意义更宽泛，包括它的客户和最终消费者；二者都服务于特定类型的客户，好市多的目标客户定位于中端，南极电商的目标客户定位于低端；二者的盈利模式都和卖货无关，好市多挣的是当管家提供办货服务的工资，南极电商挣的是当服务员提供供应链服务的工资。

南极电商又有很明显优于好市多之处，即成长空间更大，实现成长更容易，扩张的边际成本为零，被对手模仿的难度更大，客户黏性更大，竞争壁垒更高。如此比较下来，南极电商的商业模式更优于好市多的商业模式。好市多的商业模式好不好？能让芒格赞不绝口的，就不用过多论证了。同理，南极电商的商业模式无疑是极其优秀的。

最后，还需要说一下时间互联。子公司时间互联从事的是移动互联网广告业务，具体来说就是倒卖流量，挣流量的差价，挣个跑腿钱，毛利率极低（注意，这里说的流量和上面说的南极电商利用搜索获取的免费流量是两个概念，完全没有关系）。这项业务没有任何技术含量，也没有任何壁垒，谁都能做。前些年由于移动互联网广告行业的爆发式增长，时间互联的业务体量实现了爆炸式增长，但利润率极低，对南极电商的利润贡献不大。

如今连高增长的逻辑也没有了。这项倒卖流量的业务不但不赚钱，还得垫付大笔资金，夹在客户和供应商中间，两头"受气"。这门生意实在不是好生意。南极电商整体的应收账款占比高，时间互联占一大半原因。别看不赚钱，业务规模越大，垫付资金越多，所以，时间互联从事的是一项极没有前景的业务。我一直试图弄清楚南极电商当年收购时间互联的真实意图，其中有什么深意？

公司所谓的"协同效应"的真正内涵到底是什么？最后我发现，没有任何含义，"协同"无非是一个幌子，掩盖这笔失败的收购。南极电商和时间互联的业务能产生交集的，充其量不过是南极电商可以通过时间互联的移动互联网渠道进行品牌宣传。2019 年，二者之间合并抵销的关联收入仅仅有 50 多万元，换句话说，时间互联对于南极电商的实际作用仅仅是价值 50 多万元的品牌宣传。所以，时间互联对于南极电商来说宛如鸡肋，留着作用不大，还影响市场对南极电商的理解和估值。研究南极电商，需要将时间互联剥离，单独考虑，进行简化处理即可，而精力应集中于南极电商的"超市业务"之上。

2. 复盘南极电商的暴跌之旅

南极电商的市值从 2020 年 7 月的高点 590 亿元，到 2022 年 4 月的低点跌破 100 亿元，股价下跌超过 83%。在不到两年的时间里，市场对同一家公司的评价如此悬殊，要么是公司出了问题，要么是市场的核心逻辑发生了根本变化，更可能的是二者兼而有之。我们来复盘南极电商的下跌过程，看一看能带给我们哪些启示。

在南极电商的整个下跌过程中，我的认知过程鲜明地划分为三个阶段：阶段一，聚焦财务是否造假，商业模式是否切实可行；阶段二，聚焦 2020 年年报业绩受阻，聚焦拼多多的货币转化率；阶段三，聚焦南极电商主动"自救"。

关于南极电商财务造假的质疑，使得股价很快腰斩，跌进了我的"狙击范围"。但事后再看当时甚嚣尘上的质疑声，更像某些先知先觉在高点跑掉的机构落井下石的行为。至于那几点具体的质疑都很肤浅和荒唐，在这里没必要再详述了。在质疑财务造假的同时，对南极电商的业务及商业模式是否切实可行的质疑也就是必然的，市场对此也进行了激烈的争辩。

总之，财务造假的质疑阴云很快散去，市场对南极商业模式的理解和认可也进一步加深。我对南极电商的优缺点客观、辩证地总结如下：一是优点突出。没有明显的周期性；总体上处于快速增长阶段；轻资产模式；不需要大规模的资本支出；无研发的压力；客户黏性强；业务基本上属于"存量＋增量"的最理想模式；扩张的边际成本为零，无天花板限制；毛利率极高，基本属于无本经营；在拥有大量低效率现金资产的背景下，ROE 仍达 20% 以上。二是缺点也很明显。寄生于电商平台，受制于人；拥有大量现金，也没有用处，对股东的分红回报不足；处于行业变迁和规则变更期，增加了不确定性。

此时，我对南极电商下跌主因的认识是，并非因为财务造假的传言，而是因为业绩增长受阻的杀估值，叠加了行业发展趋势和电商平台修改运营规则增加的不确定性预期。这很容易理解，你的增速达不到高估值的要求，自然要杀估值。只是在这个过程中有人利用财务造假的传言兴风作浪，放大了杀估值的效应而已。这个阶段对于价值投资者而言，是"捕猎"或者"播种"最舒服的阶段，逻辑很简单，机会很确定，就是暂时的业绩受阻所带来的杀估值。我也是在这一阶段对进入狙击范围的"猎物"开了第一枪的。

随着 2020 年年报的披露，更多的线索和事实浮出水面。南极电商遭遇的困境绝不是业绩暂时受阻这么简单。先前在淘宝平台上创建的"帝国"开始萎缩，原因并非自己做得不好，而是"寄居"的环境受到巨大挑战。淘宝和拼多多正杀得刺刀见红，淘宝在拼多多的猛打猛冲下节节败退，导致南极电商在淘宝平台上的 GMV（Gross Merchandise Volume，商品交易总额）大幅下降，南极电商已有的阵地受到了巨大冲击。

到此时，我的认知依然是正面的。南极电商的业绩下滑只是说明淘宝的阵地失守了，到了拼多多的手里。随着南极电商在拼多多平台上的快速拓展，南极电商的阵地会在拼多多上失而复得。也就是说，无论电商大平台之间如何厮杀，南极电商都可以稳坐钓鱼台，这是我那时的核心逻辑。并且，主战场从淘宝向拼多多转移，更有利于南极电商发展追求极致性价比的低端用户。

但是，这个核心逻辑是不严密的，漏洞很大。我只考虑了客流量的因素，却对单客价值置若罔闻。淘宝是成熟的平台，而拼多多还在为了抢地盘不管不顾、四处烧钱。低价是拼多多的核心竞争力，同样一个消费者，在拼多多和在淘宝平台上贡献的 GMV 不可相提并论。假设将淘宝平台上的生意全部转移到拼多多平台上，在不考虑增量的情况下，南极电商的 GMV 肯定是大幅减少的。

尽管这种局面在拼多多增量的掩饰下还没有出现，但是 2021 年的数据已经明显出现乏力了。这还仅仅是流量的因素，更关键的是流量变现。拼多多 2019 年的货币化率是 4.27%，2020 年前三季度的货币化率是 5.04%，2020 年 Q4 直接降到了 1.4%，2021 年的货币化率是 1.72%。可以看出，流量变现能力是大幅下滑的。拼多多占的权重越多，流量变现能力越弱。这就证明了，平台不一样，规则不一样，流量和流量变现也不一样。之前的逻辑是大错特错的，拼多多的增量弥补不了淘宝的缩量。淘宝流量规则的改变是为了应对拼多多的咄咄逼人，却直接影响到了平台的"寄生虫"。

规则改变对所有人都是公平的，但对"搜索流量"规则理解最透、掌握最好的南极电商而言，近期的影响无疑是最大的。近期，在南极电商摸透新规则，适应千人千面的新游戏之前，南极电商在日渐缩小的淘宝平台上的竞争力无疑还小了很多。之前我显然低估了淘宝流量新规的不利影响。南极电商自己也清楚应对流量规则的改变晚了，后面也在积极探索。它从做爆款改为聚焦长尾，做柔性供应链，做中台，做厂家直发，来应对"千人千面"的变化。这是积极的因素。但这些措施都只是在摸索新规则，先不说效果几何，就算药到病除，其目的也只是稳住淘宝平台的基本盘，相比过去是在"填坑"而已，这个坑终究填不平。

至此，投资南极电商的核心逻辑完全变了，由业绩暂时受阻的"杀业绩、杀估值"的"双杀"导致的低估，变成了如何"填坑"保住基本盘，如何寻找"第二曲线"回到成长轨道上来的"困境里寻求反转"的逻辑。也是此时，我认识到自己的逻辑错了。

真正促使我放弃的是确定性不够，我无法确定是否大概率能赢，不确定如果输了究竟会输多惨。没有确定性，所有的逻辑推理比扔硬币决定生死强不了多少。

南极电商非常清楚，只依靠优秀的商业模式和现有业务来稳住基本盘是远远不够的，它需要成长。而基本盘到底是多少？我也无法判断。稳定的基本盘有赖于拼多多和淘宝的厮杀分出结果，有一方干掉对方，或者谁也干不掉谁，双方能达成某种平衡，不再干损人不利己的事情，都正常经营。

这时的局面才是南极电商的基本盘，是不强求它增长，市场愿意给它的生意的估值。这显然是无法预计的。近年来，南极电商唯一可以确定的就是GMV还在艰难增长，这也成了南极电商唯一可以大书特书的地方。然而，GMV对于预估南极电商的业绩毫无意义，原因有三。

其一，客户的具体收费标准不得而知，所谓货币化率是倒算的指标，无法合理确定货币化率，再精准的GMV统计也无济于事。

其二，GMV和整个综合服务收入是有一定的时间上的错配的，也就是说：GMV的实现与收入的确认不同步。2021年整个搜索渠道收入大幅下滑，但GMV仍在维持增长，就是因为在大量消化"库存标"，并不确认收入。同理，我们也可以认为过去的收入"虚增了"。

其三，GMV 不代表真实的成交额，仅代表"掺水"的成交额。正常的"掺水"行为包括取消订单、支付后退货等，不正常但是行业潜规则的更普遍的"掺水"行为是"刷单"。因此，GMV 与真实的成交额距离很远。

如今，一个还在艰难增长的不代表任何意义的 GMV 成了南极电商的遮羞布，在很大程度上是在为未来必定下滑的基本盘"画饼"。在基本盘不稳的情况下，强行寻求"第二曲线"，不确定性就更大了。但是，为了弥补未来必定下滑的基本盘，这种尝试又不得不做。

"跨境电商 + 多品类 + 多品牌 + 产业互联网"就是南极电商为保持成长性打出的组合拳。平心而论，想法都是好的，但能不能成、能成几个、需要几年，恐怕连董事长心里都没数。多品类符合"万物皆可南极人"的理念，但服装才是南极电商起家的核心能力圈。多品类相当于跨界，是需要学习和摸索过程的，是需要时间积累的，能做成什么样子不好说，在短期内更难形成贡献。已经开始做的食品大类是用前两年免费来积累客户的，千里之行仅仅是刚刚起步。

多品牌实际上是不得已违背了"做大、做强南极人主品牌"初衷的，是没办法的办法。跨境电商，雄心壮志，看上去很美，但这在不在南极电商的能力圈范围内？凭什么和别人争？更让人不安的是，不同于以一贯的方法向多品类渗透，做成了更好，做不成也没什么损失，多品牌和跨境电商是需要实实在在重金投入的，试错是有代价的，一旦做错会赔了夫人又折兵。南极电商的四面出击并不是雄心勃勃地开疆拓土，只是"广撒网"的无奈之举。换个角度评价，也可以说都是在"画饼"，是在摸着石头过河。一切都没有确定性。

至此，南极电商的继续下跌就演变为"逻辑杀"，投资人不愿陪着南极电商摸着石头过河，去赌一个没有丝毫确定性的未来。我也是在此时被套 15% 的情况下选择"割肉"，认赔离场的。

再往后，南极电商的投资逻辑就变成了寻找基本盘的底线，即在基本盘的商业模式仍成立的前提下，通过寻找新环境下基本盘的业绩底，来确定南极电商的价值底线。但时至今日，以我的理解力，这个基本盘的业绩底仍无法求证。因此，就算市值跌破 100 亿元，我也无法断定南极电商就有投资价值，就有安全边际了。

复盘南极电商的整个下杀过程，给我的启示如下。

（1）投资最重要的事是逻辑。投资面向未来，未来不可知，我们想探求一个大致正确的未来，要通过逻辑推理。确保核心逻辑是正确的，是把握投资大方向的关键。

（2）确定性就是价值。我之所以认赔出局，最根本的原因是没有确定性，无法对未来有所把握。价值投资是对未来进行事前把握的一种尝试，这种尝试蕴含风险，所以，要引入折现思想进行平衡。确定性越大，折现的对冲越小，确定性就是价值。确定性是估值的前提，没有确定性就无从谈价值。

（3）失败由错误导致，但错误不一定源于犯错。投资南极电商是一次彻头彻尾的失败，这源于对变化错误的认知与预判，但在根据后续事实加深认知的过程中，我并没有犯什么错。认知能力是有局限性的，这是风险产生的根源，错误是风险的附属品，这种错误不是保证不犯错就能避免的。坦然接受投资中的错误和失败，它们与生俱来，不可避免。

（4）辩证看待商业模式的优劣。商业模式是价值投资中非常重要的要素，商业模式优秀，赚钱容易，具有"花小钱挣大钱"的能力。市场对于优秀的商业模式往往给予很高的溢价。因此，很多投资者唯商业模式马首是瞻，我投资南极电商的动机也是被其商业模式吸引。但商业模式并不是投资的全部，商业模式随环境的改变会变化，给商业模式太高的权重是有待商榷的。万事万物都是辩证的，有好就有坏，不绝对。轻资产就好？"空手套白狼"的生意就好？南极电商因为行业环境生变，之前的赚钱方式受到威胁，如果不能适应变化，整个公司就不剩什么了。如果是传统的一般公司，赚钱的方式轻易无法改变，那么，即使公司做得不好，至少资产还有一些价值。

3. 点评

投资没有百分之百获利，风险如影随形。风险根源于认知错误。风险和错误会导致失败的发生，这无法避免。价值投资这门"生意"的商业模式跟保险业的商业模式颇为相似，知道某些时候一定会赔钱，无法避免，但是综合的结果是稳赢的。稳赢的秘诀在于概率，即确定性。坚持做大概率正确的事情，同时坦然接受无法避免的错误和失败，你的整个投资生涯就是稳赢的。

写在结尾的话

我不是一位职业投资者，但走上这条路却几乎是必然的。除此之外，我不知道有哪条路的大门还是为我敞开的。

命运是什么？命运就是一秒可以决定你的一生，而上一秒你却浑然不知。在我 16 岁那年，命运突然对我做了宣判，我遭遇了一场意外，我的人生由此改变。

我说的改变是途经的风景改变了，道路坎坷崎岖了，但路径并没有偏离太多。我的生活也像大多数人一样，求学、工作、结婚、生子，并无二致，大同小异。我的内心并不接受一些额外的褒奖，我就是一个普通人，干了力所能及的最普通的事。上苍垂怜，没有剥夺我身上的这些能力，当年倘若都拿走了也就拿走了，给我留下了就好好利用。

然而，我必须承认，我的确不普通。这是命运给我定了性的，它告诉全世界，身体和健康是 1，其他的是 0，我没了 1，挣来再多的 0 都是徒劳。好吧，怎么说随你，可我不接受，我就算是一只折翅的鹰，也要飞一飞试试。

可事实证明，即便我再能飞，我得到的也不过是一串 0 而已，命运早就把我装进了牢笼，由它主宰一切。在我的面前似乎只剩下一条路，那就是认命，接受平庸，否则越折腾越受伤，越优秀越心塞。

最终我没能说服自己，于是我只能另辟蹊径，开始了漫长的寻路之旅。看不到希望的黑暗是让人绝望的，在我差点投降之前，我给了自己最后一次机会。我在深思熟虑之后，从三个选项中选定了股票。其他两个选项分别是当个作家写两本书和当一名黑客。我在想，当年如果我没有选择股票，那么现在我会在干什么？富有戏剧性的是，14 年后，当年选定的股票这条路走通了，而没选的写书这条路也即将实现了。

我的开端是从 2009 年的 3 400 点开始的，彼时正是次贷危机引起的大熊市后，市场轰轰烈烈反弹的最后阶段，我自从进入，市场连跌 5 年。回头来看，我特别感谢这 5 年的历练，它逼着我如饥似渴地学习。我没有老师，一路都是慢慢摸索着过来的。一开始学技术分析，因为刚进来什么也不懂，铺天盖地都是技术分析的"玄学"，大把大把的"股神"在耳边聒噪。我学蜡烛图、学波浪、学江恩、学均线，什么都学却越学越糊涂，因为对与错的概率都是 50%，还不如扔硬币算了。

直到接触了趋势，我才慢慢有了一点感觉，算入了门。当时市场非常不好，我最初亏了多少钱早已忘却了。但入门以后，做技术分析就很少亏钱了。到了 2012 年，我做成了生平第一只翻倍的股票。也没什么高深的，就是发现了一条很标准的上升通道，上轨道抛，下轨道接回来，忘了做了多少次，就做成了翻倍。这是我第一次真正品尝到通过投资股票挣钱的滋味。至此，三年的光阴，为我带来的是宝贵的磨砺和成熟的心态，我对这种火中取栗的游戏也越来越有心得。

可到了 2012 年年底，当我接触到价值投资以后，我瞬间醒悟，之前追逐的把戏不过是难登大雅之堂的雕虫小技。于是，我果断清空了之前的技能包，只留了对趋势的应用。价值投资是这样的，如果你不接受这套理念，那么说再多你也置若罔闻；而如果你接受，从一开始你就会相信，我无疑属于后者。回望当年，我发现自己身上最大的优点其实在于懂得放弃，即便当下拥有的再美好，只要无益于未来，我都会果断放弃。

在做价值投资后，我一下发现一个崭新的世界出现在我的面前。一扇门，迈进去就是海阔天空。我一开始就着眼于名家和经典著作，采百家精华。当时，我读的第一本书是《聪明的投资者》，第二本书就是《证券分析》。读完《聪明的投资者》，我以为自己百分之百读懂了格雷厄姆和巴菲特。读《证券分析》却完全读不下去，硬着头皮读完，也完全不知所云。直到现在，《证券分析》还是我不敢去翻的山，当年的心理阴影过重。第三本书是费雪的《怎样选择成长股》，两种完全相对立的理念对当时的我冲击巨大。第四本书是《穷查理宝典》，至此，我才渐渐厘清有关巴菲特的来龙去脉。

"85% 的格雷厄姆和 15% 的费雪"，巴菲特的这句名言困扰过我很多年。从那时起，巴菲特对于我来说就是一个谜，而不是丰碑，直到现在。

我虽没有接纳巴菲特，但通过阅读《穷查理宝典》，我找到了自己的精神导师查理·芒格。他对待生活、对待读书的态度，甘愿立于人后的品质，特立独行又睿智木讷的形象，为我指明了一个努力的方向，这几乎就是我想要的生活的样子。

"即便你的特立独行让你在人群中不受欢迎，那就随他们去吧！"这句话至今都是我的座右铭。从那时起，读书和研究公司就占据了我生活的绝大部分，而且周围的环境容不下我的不羁，而别人想怎么议论我，随他们去吧。

我们常听人说，事业是事业，生活是生活，要分得开。可对我来说，读书和研究公司既是我的生活也是我的事业。读书为我架起了与各个领域的高人直接对话的桥梁，也成了我对抗周遭平庸世事的"武器"。它为我打开了一扇门，一扇跳出现实纷扰的门，让我有了超脱平庸的机会，使我可以平静地接受表面上死寂的生活，而内心却还可以怡然自乐，并相安无事地度过一年又一年。研究公司则不仅是生活，还是乐趣。花费一点时间，就能弄清楚一家企业甚至一个行业几十年的发展史，它的优劣，它的价值，并且有可能找到你的衣食父母，在你只垫付一点本金而无须做任何事的情况下，在未来为你提供丰厚的回报，且风险可控。我认为这是人世间性价比最高的好生意。我何乐而不为？

后来我读了《彼得·林奇的成功投资》，我才终于找到了自己的导师。彼得·林奇成了我最敬仰的人之一，不仅是因为他优异的业绩，更重要的是他的风格，还有他对事业、对生活的态度。我最赞赏的是他的不拘一格，也一直在学习他的不拘一格。他从不拘泥于领域和模式，价值龙头他做，成长股他做，周期股他做，起死回生的他做，不起眼的"小而美"他也做。

价值在他眼里有着最宽泛的理解。我深深地被他的不拘一格所吸引，很早就打上了彼得·林奇的烙印。我佩服彼得·林奇的还有他对待生活与事业的态度，他可以在48岁事业巅峰的时候选择隐退，能拥有这种胸怀的人不多。宠辱不惊，闲看庭前花开花落；去留无意，漫随天上云卷云舒。

我贪婪地、有选择地快速吸收着这些前辈的营养，也像一个消化不良的巨婴一样快速建立起了自己价值投资体系的框架，并在市场上急于验证。2013年年中，市场下探到1 800点的时刻，遍地是黄金。我还清楚地记得，当时的贵州茅台200元/股，五粮液13元/股，格力15元/股（都是当时价，复权后更低）……那时不怎么需要精挑细选，只要稍稍分析一下，就可以得出低估太多的结论，剩下的事情就是买入。而你买什么，更多地取决于你分析了什么。正好那年刚上融资融券，我谨慎地用了部分融资加上自己的几乎全部家当买了股票，结果我选对了，溢仓跑了整个牛市。

到了2015年6月，我早已将手里涨疯了的股票清理完毕，但并没有不讲理疯长的，我都留在了手里。但是，随后的股灾谁也没有放过，我手里留下的照样大幅回撤。然而，过后的2016年、2017年的局部白马股行情，让我手里经历重挫的白马股很快恢复了元气，屡创新高。至此，我保住了一轮牛市的全部收益，资产增值了5倍。我赚到了第一桶金。

如今回想起这段，我觉得自己的运气太好了，在对价值投资还没有太深理解的情况下，我误打误撞，跑了一个完整牛市，并且在大跌过后很快保住了盈利。运气真的是投资的一部分。但现在再看，我也坦然接受。因为好运气和坏运气对半，有好的时候，就有倒霉的时候。当你的投资生涯一直延续时，好和坏的概率是会完全对冲的，最终还是看能力。所以，占了便宜时不用沾沾自喜，倒霉时也不用怨天尤人，都是暂时的，决定你的高度的只能是你自己。

最近几年，我逐渐走向成熟，投资体系趋于完善，对价值投资有了较深刻的理解，真正把它变成了自己的东西。我坚持扎扎实实地拓展能力圈，还养成了写笔记和研报的习惯。如果说我有什么经验可以分享，那么，坚持将学到的新知识、领悟到的真谛、研究出的成果付诸于笔端，形成翔实的文字记录，是一种非常有效的快速自我提升的好办法。

写作的过程是对知识、真谛、成果深度思考和加工的过程。凡事都能做到融会贯通，长期积累下来的威力是惊人的。价值投资是认知能力的变现，积累学识，提升认知能力，是做好投资的必经之路。这是需要日复一日、踏踏实实将其融入生活中的。从这一点来讲，价值投资就是一种生活方式，求知、积累、质变、机遇、慢慢变富，长此以往，这就是一位价值投资者的生活。

每个人的境遇不同，命运安排不同，选择也各不相同。我的命运让我最终选择了价值投资这条路。14年过去了，说有多么大的成绩，实不敢当。但我的成绩对自己而言，意义非比寻常。价值投资让我给了自己一份事业，让我有资本选择自己想要的生活方式，也让我不用顾及世俗对我的评价。轻描淡写，随他们去，如此而已。

价值投资带给投资者的除了金钱，更多的是一份套餐，综合素质是另一份更为重要的财富。越往后，赚钱在这些财富中所占的比重会越来越小。在本书第三章中我也写过："多元化的思维方式，开阔的视野，远大的格局，对各种知识的好奇心和求知欲，终身读书和自觉学习的习惯，抓核心、关键问题的能力，对事物发展趋势的把握，敏锐的预测能力，强大的心理素质，都是价值投资带给你的优良品质和强大能力。当这些品质和能力集于一身，达到一定层次时，你会拥有一份极为平和的心态，处乱不惊。"走过 14 年，这是我最深刻的感受。

　　工作原因，我学过一段时间 ERP 的 BW 模块，这是一个很难的东西，逻辑错综复杂、千头万绪。我学了几个月差点儿崩溃，当时我很困惑、很无助，不知道该朝哪个方向努力。当时培训学校请来了 SAP 的顾问，高人指点，向我们征集问题。当时我提出的问题是：请问顾问，您当年是如何一步步将这么复杂的东西搞清楚的？您都经历了些什么？当时我特别想知道顾问是如何成为那个领域里的牛人的。这件事让我认识到，有的时候别人的经历是有很大的借鉴意义的。这也是我在本书的最后添加这一章的初衷。我希望在价值投资这条路上正处于困惑、迷茫和无助状态的人，能从我的经历中受到一些启发。